臺灣歷史與文化 研究輯刊

二五編

第 6 冊

紀念郵票與時代意涵
——兩蔣時期的研究（1945～1988）（下）

楊紫瑩 著

花木蘭文化事業有限公司

國家圖書館出版品預行編目資料

紀念郵票與時代意涵──兩蔣時期的研究（1945～1988）（下）
／楊紫瑩 著 -- 初版 -- 新北市：花木蘭文化事業有限公司，
2024〔民113〕
目 2+208 面；19×26 公分
（臺灣歷史與文化研究輯刊二五編；第 6 冊）
ISBN 978-626-344-696-0（精裝）
1.CST：郵票 2.CST：郵票發行 3.CST：歷史 4.CST：台灣
733.08   112022553

ISBN-978-626-344-696-0

臺灣歷史與文化研究輯刊
二五編　第 六 冊　　　　　ISBN：978-626-344-696-0

紀念郵票與時代意涵
──兩蔣時期的研究（1945～1988）（下）

作　　者　楊紫瑩
總 編 輯　杜潔祥
副總編輯　楊嘉樂
編輯主任　許郁翎
編　　輯　潘玟靜、蔡正宣　美術編輯　陳逸婷
出　　版　花木蘭文化事業有限公司
發 行 人　高小娟
聯絡地址　235　新北市中和區中安街七二號十三樓
　　　　　電話：02-2923-1455／傳真：02-2923-1452
網　　址　http://www.huamulan.tw 信箱 service@huamulans.com
印　　刷　普羅文化出版廣告事業
初　　版　2024 年 3 月
定　　價　二五編 12 冊（精裝）新台幣 36,000 元　　　版權所有‧請勿翻印

紀念郵票與時代意涵
──兩蔣時期的研究（1945～1988）（下）

楊紫瑩　著

目次

上 冊

緒 論⋯⋯⋯⋯⋯⋯⋯⋯⋯⋯⋯⋯⋯⋯⋯⋯⋯⋯⋯⋯⋯ 1

第一章　新式郵政與郵票的發展⋯⋯⋯⋯⋯⋯⋯⋯⋯ 19

　　第一節　近代新式郵政的興起⋯⋯⋯⋯⋯⋯⋯⋯⋯ 19

　　　　一、官辦郵政機構——文報局⋯⋯⋯⋯⋯⋯⋯ 23

　　　　二、民間通訊機構：民信局與批信局⋯⋯⋯⋯ 25

　　　　三、外人郵政機構——客郵⋯⋯⋯⋯⋯⋯⋯⋯ 30

　　　　四、海關大清郵政⋯⋯⋯⋯⋯⋯⋯⋯⋯⋯⋯⋯ 33

　　　　五、清代臺灣郵務⋯⋯⋯⋯⋯⋯⋯⋯⋯⋯⋯⋯ 40

　　第二節　郵票興起與圖像史料⋯⋯⋯⋯⋯⋯⋯⋯⋯ 53

　　　　一、郵票的誕生⋯⋯⋯⋯⋯⋯⋯⋯⋯⋯⋯⋯⋯ 53

　　　　二、郵票的發行與設計⋯⋯⋯⋯⋯⋯⋯⋯⋯⋯ 60

　　　　三、郵票的種類⋯⋯⋯⋯⋯⋯⋯⋯⋯⋯⋯⋯⋯ 68

　　　　四、紀念郵票與圖像史料⋯⋯⋯⋯⋯⋯⋯⋯⋯ 83

　　小結⋯⋯⋯⋯⋯⋯⋯⋯⋯⋯⋯⋯⋯⋯⋯⋯⋯⋯⋯⋯ 96

第二章　國家型塑與紀念郵票意涵⋯⋯⋯⋯⋯⋯⋯⋯ 97

　　第一節　政治節日與體制變革⋯⋯⋯⋯⋯⋯⋯⋯⋯ 97

　　　　一、政治節日之紀念郵票意涵⋯⋯⋯⋯⋯⋯⋯ 97

　　　　二、體制的變革與紀念郵票意涵⋯⋯⋯⋯⋯ 124

　　第二節　型塑領袖與愛國青年……………………143

　　　一、政治領袖形象的型塑…………………143

　　　二、愛國青年的型塑………………………172

　　小結……………………………………………185

下　冊

第三章　對外關係與紀念郵票意涵…………………187

　第一節　國際關係的千轉百折…………………187

　　　一、強國羽翼下的國際地位………………187

　　　二、對外關係的挫敗………………………212

　　　三、國民體育與國際地位…………………219

　第二節　戰雲密佈的臺灣海峽…………………238

　　　一、絕續存亡的古寧頭戰役………………238

　　　二、轉危為安的契機之戰──韓戰………242

　　　三、臺海危機………………………………253

　　小結……………………………………………266

第四章　經濟文化與紀念郵票之意涵………………267

　第一節　全民奮鬥的經濟奇蹟…………………267

　　　一、蔣中正主政時期………………………268

　　　二、蔣經國主政時期………………………295

　第二節　文化復興與國族教育…………………311

　　　一、文化復興………………………………311

　　　二、社會教育………………………………327

　　小結……………………………………………343

結　論……………………………………………………345

徵引文獻…………………………………………………351

第三章　對外關係與紀念郵票意涵

　　中華民國當代的對外關係錯綜複雜，在他國政策與領導人的風格轉換之下，國際局勢便會產生許多變異，對中華民國或多或少都產生一定程度的影響。中華民國為聯合國成立時的創始會員國，是聯合國安全理事會之常任理事國，但 1949 年國府遷臺後，在聯合國裏中國代表權的問題隨即浮上檯面。至於中華民國擁有聯合國代表權，則需要有兩個條件，其一、中共敵視美國的外交路線，其二、美國支持中華民國。〔註1〕因此，觀察此時期國家所發行關於國際主題取向的郵票與當時國家在國際的地位更迭，有著深切的關係；其次，觀察為因應在國際競技場上所發行具代表性的奧運與棒球之紀念郵票，透過探討此兩類郵票發行之始末，可瞭解我國在國際地位上的轉折過程，以及當代局勢和國內社會氛圍。第二節探討在兩岸關係屬於軍事對峙僵持時期，臺灣海峽上的戰火風雲，在冷戰的環境下，仍然延續著國共內戰的形勢，臺海兩岸籠罩在劍拔弩張的戰鬥氛圍裡，所衍生相關議題之紀念郵票，回溯當代的時局。本章共計 63 張圖表，紀念郵票共列舉 57 套。以下分別論述。

第一節　國際關係的千轉百折

一、強國羽翼下的國際地位

　　從 1949 春天到 1950 年 6 月韓戰爆發為止，美國對中華民國政府發表白皮書，採取觀望且悲觀的態度；同時美國於此時期曾多次表示願意與中共發

〔註 1〕 王正華，〈蔣介石與 1971 年聯合國中國代表權問題〉，收入於陳立文主編，《蔣中正與民國外交 II》（臺北：國立中正紀念堂管理處，2013 年），頁 398。

展關係，藉此抑制蘇俄在遠東的影響力及擴張，當毛澤東瞭解美國的動機後，提出「打掃房子乾淨再請客」，依然選擇向蘇聯「一面倒」，〔註2〕與莫斯科結成緊密的軍事同盟關係，將美國勢力逐出中國大陸。因此，到韓戰爆發之前，美國對華的政策是放棄臺灣，準備承認中共的。

經歷了 1950 年代韓戰與兩次臺海危機，美國與臺灣的關係益加緊密，臺灣雖在冷戰的結構下，獲得美國在軍事、經濟等各方面的支持與介入，但也使得「反攻復國」的軍事主動性受到美國的牽制。〔註3〕1953 年 3 月 19 日，中華民國駐美大使顧維鈞（1888～1985）受命，向美國國務欽杜勒斯（John Foster Dulles，1888～1959）正式提出締結共同防禦條約的建議，希望藉此與美軍合作鞏固臺、澎、金、馬的安全，然當時杜勒斯對此提議表示拒絕。〔註4〕直到 1954 年發生第一次臺海危機——九三砲戰，國際間預估臺海即將成為韓戰後的另一次亞洲戰場，鑑於嚇阻中共的軍事侵略行動，防衛臺海安全之迫切而重要的理由，艾森豪總統終於同意簽訂條約的提議，其中最關鍵的因素，在於此防禦本質即是限制蔣中正對大陸的軍事行動，而處於被動地位，並且藉此條約可使美方取得與運用臺灣的軍事基地、資源與設施，提供重要的法律依據，如此更符合美國的利益考量。〔註5〕1954 年 12 月 2 日，中美雙方政府代表，杜勒斯與葉公超（1904～1981）〔註6〕簽訂中美共同防禦條約，條約對於美國是否防衛外島地區，故意略而不提，以使中共有所警惕。簽約當日蔣中正在日記寫道：「此乃十年蒙恥忍辱，五年苦撐奮鬥之結果，從此我臺灣反攻

〔註 2〕 尹慶耀，《中共對外關係史料（上）》（臺北：作者自版，1999 年），頁 67。

〔註 3〕 在 1958 年臺海爆發第二次危機時，國際間呼籲國府放棄外島的呼聲愈來愈高時，蔣介石終於在記者會上強調：「今日的金馬，只是臺海的屏障，而不是我們反攻大陸的基地。」見〈總統九月二十九日中外記者招待會談話實錄〉，《中央日報》，民國 47（1958）年 9 月 30 日。基本上，美國不願見國府在「反攻大陸」的口號下，伺機發動第三次世界大戰，以透過書面承諾或正式條約，來約束國府的軍事行動。見張淑雅，〈中美共同防禦條約的簽訂：一九五〇年代中美結盟過程之探討〉，《歐美研究》第 23 卷第 3 期，1993 年 9 月，頁 88～93；張淑雅，〈一九五〇年代美國對台決策模式分析〉，《中央研究院近代史研究所集刊》第 40 期，2003 年 6 月，頁 18～19。

〔註 4〕 天津編輯中心編，《顧維鈞回憶錄縮編（下）》（天津：中華書局，1997 年），頁 1137～1142。

〔註 5〕 林孝庭，黃中憲譯，《意外的國度——蔣介石、美國、與近代臺灣的型塑》（臺北：遠足文化，2017 年），頁 337。

〔註 6〕 葉公超，原名崇智，字公超，後以字行，祖籍浙江餘姚，廣東番禺人，生於江西九江。中國學者暨外交家。

基地始得確定。」〔註7〕美國當時的對臺政策只是準備消極地「阻撓中共抵制臺灣」，並非「主動保衛臺灣」，甚至策劃如何讓中華民國軍隊（以下簡稱國軍）僅擁有防守的能力，而無發動攻擊的能力。〔註8〕

在美國與中共關係正常化之前，中華民國在聯合國的地位雖屢經共產勢力的挑戰，仍然安然居之，友好邦交國甚多，也因而為了配合聯合國與邦交國等等相關議題時，所發行的郵票琳瑯滿目，這段期間的紀念郵票，計有32套，以下介紹當代發行與國際相關的紀念郵票。

（一）與聯合國相關的紀念郵票

1. 聯合國成立週年紀念

聯合國為第二次世界大戰後所組織之國際機構，旨在維持世界和平與安全。1942年1月1日，中、美、英、蘇四國代表在華盛頓舉行會議，發起組織一維持世界和平安全之機構，以替代已失效用之國際聯盟。經美國前總統羅斯福提議定名為「聯合國 United Nations」。此後經數次會議，討論組織方案，並陸續有四十餘國贊同參加。1945年6月26日舊金山籌備會議，經五十一個國家代表簽署，通過《聯合國憲章》，隨即分送各該國政府，要求批准，至10月24日，已有半數以上國家批准，依照憲章規定，送達美國國務院，正式發生效力，聯合國正式成立。它的總部設在紐約以後，即以此日為聯合國成立紀念日。〔註9〕但是第一次會員國大會直到1946年1月10日才舉行。

基於至中華民國為聯合國最初發起國之一，十年來遵守憲章，秉持誠意與信心，1955年10月24日屆滿十週年，為闡揚聯合國「和平、安全、正義」之主旨，發行紀念郵票誌慶，一套3枚三種面值；（圖3-1-1）至1970年已屆二十五週年，中華民國為發起國之一，故印製郵票，以資紀念。〔註10〕（圖3-

---

〔註7〕 蔣中正，《蔣介石日記》，1954年12月3日。轉引自林孝庭，《意外的國度》，頁341。

〔註8〕 張淑雅，〈一九五〇年代美國對台決策模式分析〉，《中央研究院近代史研究所集刊》第40期，2003年6月，頁18。

〔註9〕 聯合國設立的宗旨有四：一、維護國際和平及安全。二、基於權利平等與民族自決原則，發展國際友好關係。三、經由國際合作，解決有關經濟、社會、文化及人類福利等問題。四、協調各國行動，以達成上述共同目標。中國文化大學製作，《中華百科全書》：http://ap6.pccu.edu.tw/Encyclopedia，檢索日期：2018/12/1。

〔註10〕 中華郵政全球資訊網，《郵票寶藏》：https://www.post.gov.tw/post/internet/W_stamphouse/post/internet/W_stamphouse，檢索日期：2018/12/1。

1-2）未料，在發行此次的聯合國紀念郵票發行後，次年，中華民國即被迫退出聯合國，遂於此後，未再發行以聯合國為題的郵票，而郵票上所題的「和平、正義、進步」，中的「正義」二字，對於聯合國與中華民國的關係而言，更顯諷刺與無奈。

圖 3-1-1　聯合國十週年紀念郵票（紀 044）
1955 年 10 月 24 日發行

說明：票面並列隨風飄揚之中華民國國旗與聯合國旗為圖案，國旗下橫列「和平、安全、正義」篆字，係由宗孝忱書寫。

圖 3-1-2　聯合國二十五週年紀念郵票
（紀 135）1970 年 9 月 19 日發行

說明：以中華民國旗與聯合國旗幟，一前一後構圖，並在「聯合國廿五週年紀念」字樣與標示代表成立至週年的時間「1945～1970」下，題上「和平、正義、進步」六字，寓意聯合國的基本特質。

2. 世界衛生類紀念郵票

郵政總局載：「1946 年聯合國經濟社會理事會在紐約召開國際衛生會議，由六十一國代表簽訂一項世界衛生組織憲章；至 1948 年 4 月 7 日已有足數的國家加入該組織為會員，憲章正式生效，使該組織成為聯合國的一專門機構。國際衛生會議乃該組織之最高立法機關，每年開會一次，由各會員國派遣代表出席。1958 年國際衛生會議於 5 月 28 日在美國明尼阿波利（Minneapolis）城集會，同時為世界衛生組織成立十週年舉行慶祝大會。」中華民國為該組織會員國之一，徇該組織西太平洋區署之請，遂發行紀念郵票一套 3 枚，同申慶

祝。〔註11〕（圖3-1-3）1968年該組織屆滿二十年，故郵政總局再度發行紀念郵票一套2枚，以表揚該組織對促進世界人類健康之貢獻，圖像以「20」為底圖代表二十週年，在置以世界衛生組織標誌於其中。（圖3-1-4）

圖3-1-3　世界衛生組織十週年紀念郵票
（紀056）1958年5月28日發行

說明：票值與圖色：4角－藍紫色漸層、1.6元－橘色漸層、2元－紫紅色漸層，圖案相同。郵票主題為世界衛生組織之徽誌，強光自左下方斜向徽誌照射。

圖3-1-4　世界衛生組織二十週年紀念郵票
（紀118）1968年4月7日發行

1960年10月28日聯合國世界衛生組織執行會議第廿六次會議決議，籲請各會員國於1962年4月7日（即世界衛生日）同時發行抗瘧郵票，並請萬國郵政聯盟協助推行，旨在喚起世人對於抗瘧工作之關切，實施世界性根除瘧疾計劃。臺灣自1952年開始推行抗瘧工作，歷經十年，在世界衛生組織協助下，瘧疾幾至絕跡。為響應此富有意義之國際運動起見，印行全球抗瘧紀念郵票一套兩枚。〔註12〕（圖3-1-5）

〔註11〕中華郵政全球資訊網，《郵票寶藏》：https://www.post.gov.tw/post/internet/W_stamphouse/post/internet/W_stamphouse，檢索日期：2018/12/1。

〔註12〕中華郵政全球資訊網，《郵票寶藏》：https://www.post.gov.tw/post/internet/W_stamphouse/post/internet/W_stamphouse/index.jsp?ID=2803&file_name，檢索日期：2018/12/1。

圖 3-1-5　全球抗瘧紀念郵票（紀 077）1962 年 4 月 7 日發行

說明：圖案係以世界衛生組織之圓形標誌，置於瘧蚊之上端，表示全世界聯合抵抗瘧疾之意。

3. 世界人權宣言相關郵票

　　世界人權宣言為聯合國大會於西元一九四八年所通過的宣言，揭示所有人民在政治、經濟、社會及文化上的權利及自由。1948 年 12 月 10 日，第三屆聯合國大會在巴黎舉行，通過世界人權宣言；次年，美國總統杜魯門宣布是日為世界人權節，1950 年，聯合國通告各會員國遵行，簡稱為「人權節」。其宣言前文簡述如下：

　　　　鑑於對人類家庭所有成員的固有尊嚴及其平等的和不移的權利的承認，乃是世界自由、正義及和平的基礎，鑑於對人權的忽視及侮蔑已發展為野蠻暴行，這些暴行玷污了人類的良心，而一個人人享有言論和信仰自由並免於恐懼和匱乏的世界的來臨，已被宣布為普通人民的最高願望，鑑於為使人類不致迫不得已鋌而走險，對暴政和壓迫進行反抗，有必要使人權受法治的保護，鑑於有必要促進各國間友好關係的發展，鑑於聯合國國家的人民已在聯合國憲章中重申他們對基本人權、人格尊嚴和價值以及男女平等權利的信心，……鑑於各會員國都已誓願同聯合國合作，以促進對人權和基本自由的普遍尊重和遵行。〔註 13〕

　　從前文可知，參與此宣言之締約國，亦為聯合國之會員國，並且各國須遵

〔註 13〕天主教輔仁大學圖書資訊學系：http://lins.fju.edu.tw/mao/humanrights.htm，檢索日期：2018/12/5。

守宣言內容，「本公約締約國，鑒於依據聯合國憲章揭示之原則，人類一家，對於人人天賦尊嚴及其平等而且不可割讓權利之確認，實係世界自由、正義與和平之基礎，確認此種權利源於天賦人格尊嚴，確認依據世界人權宣言之昭示，……鑒於聯合國憲章之規定，各國負有義務，必須促進人權及自由之普遍尊重及遵守，明認個人對他人及對其隸屬之社會，負有義務，故職責所在，必須力求本公約所確認各種權利之促進及遵守。」〔註 14〕以維持世界自由與和平，以保障人權，既是締約國之權利，亦是義務。

　　中華民國發行與人權相關的紀念郵票有四套，其中國際人權為特種郵票，概略介紹如下：一、聯合國經濟社會理事會於 1957 年 7 月 24 日開會議決，要求萬國郵政聯盟各會員國郵政，經國際郵政公署轉函各國郵政查照辦理，於 1958 年 12 月 10 日同時發行世界人權宣言十週年紀念郵票，一套 4 枚，圖案相同，票值依色彩不同以區別之，以慶祝聯合國公佈世界人權宣言十週年。（圖 3-1-6）二、至 1963 年 12 月 10 日欣逢聯合國公佈世界人權宣言十五週年紀念，為表慶祝，發行「世界人權宣言十五週年」紀念郵票，一套 2 枚。（圖 3-1-7）三、1964 年 12 月 10 日為世界人權宣言紀念日，羅斯福夫人生前倡導自由平等，曾為世界人權宣言之起草人，故發行「羅斯福夫人紀念郵票」1 種。（圖 3-1-8）〔註 15〕

圖 3-1-6　世界人權宣言 10 週年紀念郵票
（紀 059）1958 年 12 月 10 日

說明：圖案繪一支火炬，發出自由光焰，環繞地球，象徵自世界人權宣言公佈以來，人權思想之迅速傳佈，遍及全球，不因膚色、性別、宗教之不同有所區別。

〔註 14〕天主教輔仁大學圖書資訊學系：http://lins.fju.edu.tw/mao/humanrights.htm，檢索日期：2018/12/5。

〔註 15〕中華郵政全球資訊網，《郵票寶藏》：https://www.post.gov.tw/post/internet/W_stamphouse/post/internet/W_stamphouse，檢索日期：2018/10/30。

圖 3-1-7　世界人權宣言 15 週年紀念郵票
（紀 089）1963 年 12 月 10 日發行

說明：以聯合國徽誌為中心，並以不同膚色的人民協力高舉自由火炬，以表示自由平等之人權思想。

說明：以天秤及各民族攜手合作為題材，表示各民族之平等與團結。

圖 3-1-8　羅斯福夫人紀念郵票（紀 102）1964 年 12 月 10 日發行

說明：羅斯福夫人生前倡導自由平等，曾為世界人權宣言之起草人。圖面以一座天秤作為人人平等之意，右上角繪羅斯福夫人之人頭畫像。

4. 聯合國教育科學文化組織新廈落成

聯合國教育科學文化組織為聯合國經濟社會理事會下專門機構之一，其總部辦事處設在法國巴黎，透過教育、科學、文化以促進各國之間的合作，以促進對正義、法治以及聯合國憲章所確認之世界人民均享人權與基本自由之尊重，其目的係為促進各國文化事業之協調合作。該組織成立於 1946 年 11 月 4 日，我國亦派有常任代表駐在該處。法國政府曾在巴黎芳丁諾瓦廣場（Place Fontenoy）撥地 7.5 英畝，由聯合國文教組織總部建造新辦公處及集會場所。自 1954 年 4 月破土，集合世界各國最傑出之建築與裝潢專家，共同研究設計，並由八國著名工程公司承包建造。於 1958 年 11 月 3 日落成並舉行開幕典禮，各會員國均派遣代表參加。際此盛會，各國多發行紀念郵票念郵票一套 4 枚，以資慶祝。（圖 3-1-9）〔註 16〕

〔註 16〕中華郵政全球資訊網，《郵票寶藏》：https://www.post.gov.tw/post/internet/W_stamphouse/post/internet/W_stamphouse，檢索日期：2018/10/30。

圖 3-1-9　聯合國教育科學文化組織新廈落成紀念郵票
（紀 058）1958 年 11 月 3 日發行

說明：以聯教組織新建大廈之鳥瞰全景為中心圖案。

5.「國際合作」相關紀念郵票

　　1922 年國際合作聯盟通過提案，決議自 1923 年起每年 7 月之第一個星期六為國際合作節，以消費合作與農業合作為主。我國於 1928 年政府規定黨政工作要務的七項運動中，「合作」為其一，故於 1928 年始配合國際合作聯盟的決議，舉行慶祝活動。〔註 17〕1962 年 7 月 7 日為第四十屆國際合作節，特發行「第四十屆國際合作節紀念郵票」一套 2 枚。（圖 3-1-10）1965 年逢聯合國廿週年，依照聯合國大會決議，指定此年為國際合作年，因此，發行「國際合作年」紀念郵票，一套 2 枚，圖案相似，票值與色彩不同，以誌紀念。〔註 18〕（圖 3-1-11）

圖 3-1-10　第 40 屆國際合作節紀念郵票
（紀 079）1962 年 7 月 7 日發行

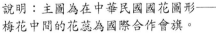

說明：主圖為在中華民國國花圖形——　　說明：繪圖以地球圖前一雙握手之圖，
梅花中間的花蕊為國際合作會旗。　　　代表全球各國合作之意。

〔註 17〕中國文化大學，中華百科全書：http://ap6.pccu.edu.tw/Encyclopedia/data.asp?id= 6364，檢索日期：2018/10/30。

〔註 18〕中華郵政全球資訊網，《郵票寶藏》：https://www.post.gov.tw/post/internet/W_ stamphouse/post/internet/W_stamphouse，檢索日期：2018/12/1。

圖 3-1-11　國際合作年紀念郵票（紀 106）
1965 年 10 月 24 日發行

說明：數字代表發行年，麥穗（代表農業）中間握手圖形，代表合作。

6. 第五屆世界森林會議紀念郵票

此項會議係由聯合國糧食農業組織所發起，聯合國八十餘會員國及聯合國之相關機構均派遣代表參加，據估計各國出席此次會議者多達兩千人。此項會議之目的：（1）促進國際協調與合作，以充分發展森林資源，供世人最有效益之利用；（2）相互交換有關森林之知識與技術；（3）增進國際林業領袖技術專家之密切聯繫。1960 年 8 月 29 日第五屆世界森林會議，在美國西雅圖舉行。為促請世人注意森林問題之重要性起見，以森林作業之三種情形繪為三幅圖案，印行「第五屆世界森林會議紀念」郵票及小全張一組。小全張係以第五屆世界森林會議紀念郵票 3 枚聯刷之森林圖組成。〔註 19〕（圖 3-1-12）

圖 3-1-12　第 5 屆世界森林會議紀念郵票
（紀 067）1960 年 8 月 29 日發行

說明：繪製山林河流景色，顯示森林與水土保持關係。

說明：以繁茂壯碩之森林為圖。

說明：畫面為森林空中纜線輸送木頭作業情形。

說明：小全張以三張郵票連結成完整一幅畫。

〔註 19〕中華郵政全球資訊網，《郵票寶藏》：https://www.post.gov.tw/post/internet/W_stamphouse/post/internet/W_stamphouse，檢索日期：2018/12/1。

7. 聯合國兒童基金會成立 15 週年紀念郵票

聯合國兒童基金會成立於 1946 年 12 月，為聯合國援助各國辦理兒童福利之專門機構。於 1950 年在臺設立聯合國兒童基金會駐華辦事處，展開有關促進兒童福利之活動，協助臺灣防治白喉、百日咳、撲滅砂眼、肺結核等傳染病，供應學童牛乳，並在保健工作下訓練醫師及助產士等，貢獻甚多。為紀念聯合國兒童基金會十五年來對世界兒童之貢獻，發行「聯合國兒童基金會成立十五週年紀念」郵票及小全張一組。同日發行小全張一種，以 0.8 元及 3.2 元票各 1 枚組成。〔註20〕（圖 3-1-13）

圖 3-1-13　聯合國兒童基金會成立 15 週年紀念郵票
（紀 076）1962 年 4 月 4 日

說明：以兒童基金會分贈牛乳及聯合國會徽繪為圖案。　　　　小全張

8. 國際獅子會系列紀念郵票

此會於 1917 年由美國人茂文鍾士（Melvin Jones，1879～1961）所創立，為風行全球規模宏大服務性質之社會團體，其分支會幾遍佈於世界自由國家及地區之每一重要城市。其最大宗旨「We Serve」乃是服務社會，造福人群，引導人類走向自由、和平、康樂的境界，各地獅子會之活動範圍甚廣，其工作可歸納為 10 大項目：（1）農業、（2）兒童、（3）公民與愛國、（4）城市改進、（5）社會改善、（6）教育、（7）衛生與福利、（8）安全、（9）護目與防盲、（10）聯合國等等。

1962 年為國際獅子會成立四十五週年，發行「國際獅子會成立 45 週年紀念」郵票誌慶。郵票圖案係以國際獅子會會徽為中心。同日發行小全張一種，以 8 角及 3 元 2 角票各 1 枚組成。（圖 3-1-14）1977 年 10 月 8 日為國際獅子會成立六十週年紀念日，因此印製一套 2 枚的郵票，圖案相同，以色彩區分票值 2 元（綠色）與 10 元（藍色），以資紀念。（圖 3-1-15）1987 年 7 月 1 日國

〔註20〕中華郵政全球資訊網，《郵票寶藏》：https://www.post.gov.tw/post/internet/W_
stamphouse/post/internet/W_stamphouse，檢索日期：2018/10/1。

際獅子會第七十屆世界年會在臺北召開，郵政總局為配合推展國民外交，同時希望能喚起國人重視，共同為需要幫助的人們提供大公無私的服務，將獅子會之信念在國內發揚光大，印製紀念郵票一套2枚。（圖3-1-16）〔註21〕

圖3-1-14　國際獅子會成立45週年紀念郵票
（紀080）1962年10月8日發行

說明：獅子會的標誌為主，右繪人杵拐杖，協助弱勢或殘障者。

小全張

圖3-1-15　國際獅子會成立60週年紀念郵票
（紀164）1977年10月8日發行

說明：郵票圖案以國際獅子會會徽及該會所倡導之十項主要活動圖記：護目、防盲、防聾、公民愛國、教育獎助、環境衛生、保健、國際瞭解青年交換、公共關係、康樂服務及社會服務為題材。

圖3-1-16　國際獅子會第70屆世界年會紀念郵票
（紀220）1987年7月1日發行

〔註21〕中華郵政全球資訊網，《郵票寶藏》：https://www.post.gov.tw/post/internet/W_stamphouse/post/internet/W_stamphouse，檢索日期：2018/10/30。

9. 國際扶輪社紀念相關郵票

　　扶輪社係由美人保羅哈里斯（Paul Harris）律師於 1905 年在美國芝加哥創設。因其最初規定須在各社員執業所在地輪流開會，故取名為扶輪，扶輪社原屬地方性社團，至 1910 年擴展為國際性組織，全世界一百五十三個地區，設有 18,000 處扶輪社，社員八十餘萬人。是一個非政治和非宗教的組織，不分種族、膚色、信仰、宗教、性別或政治偏好，開放給所有人參與。其宗旨為藉由匯集各領域的領導人才，提供人道主義服務，改善社會關係為宗旨之民間組織，其目的在於鼓勵社員提高服務精神，從事改善社會環境之各項活動，藉以增加國際間之相互瞭解進而促進和平。1965 年適逢國際扶輪社成立六十週年，發行紀念郵票，一套 3 枚。（圖 3-1-17）1980 年 2 月 23 日為國際扶輪社七十五週年紀念日，郵政總局印製紀念郵票一套。〔註22〕（圖 3-1-18）

圖 3-1-17　國際扶輪社 60 週年紀念郵票（紀 104）1965 年 2 月 23 日發行

說明：圖案以扶輪社標誌及代表原動力之發條為題材，兩者互相配合，以象徵扶輪社所倡導之服務精神。

圖 3-1-18　國際扶輪社 75 週年紀念郵票（紀 176）1980 年 2 月 23 日發行

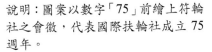

說明：圖案以數字「75」前繪上符輪社之會徽，代表國際扶輪社成立 75 週年。

說明：圖案以扶輪社七十五週年標誌為主題，在地球圖上數字為成立年 1980 年，英文字為國際扶輪社，票面兩側的圖形象徵國際扶輪社在全球各國的各種服務項目。

〔註22〕中華郵政全球資訊網，《郵票寶藏》：https://www.post.gov.tw/post/internet/W_stamphouse/post/internet/W_stamphouse，檢索日期：2018/12/1。

10. 國際水文十年紀念郵票

郵政總局載：「聯合國教育科學文化組織於 1964 年 11 月第 13 屆大會中決議：1965 年製 1974 年為國際水文 10 年。此項活動自 1965 年元月 1 日正式開始。其目的在增進各國科學知識及協調水文科學之研究發展，使各國認清水資源價值，溥利民生。我國水文國家委員會係於民國 54 年成立，積極推動各項有關水文之研究與發展計劃。」因此，郵政總局為介紹水文科學，特以水之循環不息為主題印製郵票，於 1968 年水利節 6 月 6 日發行。〔註23〕（圖3-1-19）

圖 3-1-19　國際水文 10 年紀念郵票（紀 119）1968 年 6 月 6 日發行

說明：圖案主題為水之循環不息，故以烏雲下雨至河流，豔陽下，使水遇熱蒸發為水氣至天空為雲，遇冷為烏雲落下雨水，如此不斷循環。

11. 國際勞工組織週年紀念

國際勞工組織（International Labour Organization，簡稱 ILO），成立於 1919 年，為聯合國專門機構之一。二十八個國家在凡爾賽簽和約組織國聯（League of Nations）時，認為和平如無「社會公平」作基礎，則世界永無公平，原文為「The universal and lasting peace can be established only if it is based upon social justice.」至今，聯合國國際勞工組織仍奉此信條。勞工組織當初以協調勞工、僱主及政府三方面，從事社會公平的種種措施，勞工組織設管理委員會（Governing Body），由每一會員國推舉政府代表四人，雇主代表一人，勞工代表一人，再互選二十四個政府代表，十二位雇主代表，十二位勞工代表組

〔註23〕中華郵政全球資訊網，《郵票寶藏》：https://www.post.gov.tw/post/internet/W_stamphouse/post/internet/W_stamphouse，檢索日期：2018/12/1。

成為決策機構，向各國政府提供勞工政策性的建議。管理委員會下設立總辦事處，負責研究、調查及技術合作（包括出版）事宜，辦事處附設兩個機構，一為國際勞工問題研究所，一為國際職訓及技術訓練中心。〔註24〕多年以來該組織不斷致力促進世界各國經濟之發展、工業技術之改良、勞工生活之改善，貢獻良多。

　　第四十屆國際勞工大會於 1959 年 6 月 15 日在瑞士日內瓦開會，同時舉行四十週年紀念大會，中華民國應邀派遣代表前往參加，為同申慶祝起見，發行紀念郵票，一套 4 枚。（圖 3-1-20）〔註25〕迄民國 58 年屆滿五十週年。郵政總局為宏揚該組織五十年來，促進全世界勞工福利之貢獻，因而發行「國際勞工組織 50 週年紀念」郵票，一套 2 枚，以誌紀念。（圖 3-1-21）

圖 3-1-20　國際勞工組織四十週年紀念郵票
（紀 061）1959 年 6 月 15 日發行

圖 3-1-21　國際勞工組織五十週年紀念郵票
（紀 127）1969 年 6 月 15 日發行

12. 國際自由工會聯合會

　　國際自由工會聯合會，簡稱「國際自由工聯」，乃第二次世界大戰後西方民主國家為對抗共產極權所控制之「世界職工聯盟」而發起組織之自由工會

〔註24〕中國文化大學，《中華百科全書》：http://ap6.pccu.edu.tw/Encyclopedia，檢索日期：2018/12/1。

〔註25〕中華郵政全球資訊網，《郵票寶藏》：https://www.post.gov.tw/post/internet/W_stamphouse/post/internet/W_stamphouse，檢索日期：2018/12/1。

最高領導組織，該會於 1949 年 12 月初在英國召開第一屆會員大會，正式宣佈成立，總部設在比利時首都布魯塞爾。中華民國全國總工會亦為該工聯成員之一，1959 年 12 月 7 日自由工聯在布魯賽爾舉行成立十週年紀念大會。中華民國派遣代表前往參加大會，郵政總局印行郵票，以為紀念。〔註 26〕（圖 3-1-22）

圖 3-1-22　國際自由工會聯合會成立十週年紀念郵票 （紀 063）1959 年 12 月 7 日發行

說明：一套 3 枚，票值分別為 4 角、1 元 6 角、3 元等三種。

（二）邦交國相關紀念郵票類

此期間所發行與紀念郵票相關的紀念郵票有四種，美國、約旦、菲律賓、阿根廷等四國。

1. 美國開國兩百年紀念

美利堅合眾國於 1776 年 7 月 4 日獨立，1787 年 9 月 17 日公佈憲法，成為獨立民主國家。自二次大戰以來，誼屬同盟，1976 年欣逢盟國開國兩百年，為增進中、美兩國傳統友誼，並配合美國費城郵展之開幕，於 5 月 29 日發行紀念郵票一組，以資慶祝。〔註 27〕（圖 3-1-23）

2. 約旦建國 50 年紀念

約旦為中華民國在中東友邦之一，兩國訂有文化專約，1971 年欣逢約旦建國五十年紀念，為敦睦邦交，促進友誼，印製紀念郵票。〔註 28〕（圖 3-1-24）

〔註 26〕中華郵政全球資訊網，《郵票寶藏》：https://www.post.gov.tw/post/internet/W_stamphouse/post/internet/W_stamphouse，檢索日期：2018/12/1。

〔註 27〕中華郵政全球資訊網，《郵票寶藏》：https://www.post.gov.tw/post/internet/W_stamphouse/post/internet/W_stamphouse，檢索日期：2018/12/1。

〔註 28〕中華郵政全球資訊網，《郵票寶藏》：https://www.post.gov.tw/post/internet/W_stamphouse/post/internet/W_stamphouse，檢索日期：2018/12/1。

圖 3-1-23　美國開國 2 百年紀念郵票（紀 159）
1976 年 5 月 29 日發行

說明：以兩國國旗並列為主圖，表示兩國友誼。

圖 3-1-24　約旦建國 50 年紀念郵票（紀 140）
1971 年 12 月 16 日發行

說明：以兩國國旗並列為主圖，表示兩國友誼。

3. 中菲友誼年紀念

當年中華民國與菲律賓共和國邦交夙睦，而民間對於貿易、科學技術研究及文化交流方面，交往頻繁。為增進中菲友誼，於 1966 年 3 月 25 日共同宣佈：「1966 至 1967 年為中菲友誼年」。〔註29〕蔣中正在〈對菲華商聯總會第六次代表大會書面致詞〉上，其言：「貴會成立以來，對於團結旅菲僑胞，發展僑社福利，促進當地經濟繁榮，支援祖國反共大業，貢獻良多，至堪欣慰。年來大陸各地反共運動風起雲湧，吾人自應掌握敵消我長之契機，加緊準備，加強奮鬥，期能早日達成光復大陸，拯救同胞之任務，中菲兩國同為維護亞洲自由安全之屏藩，利害相關，休戚與共，允宜認清共同敵人，加強互助合作，為消滅共產災禍而努力，茲值中菲友誼年，貴會於此時舉行第六次代表

〔註29〕〈對菲華商聯總會第六次代表大會書面致詞〉（中華民國五十五年八月二十一日），《總統蔣公思想言論總集》，卷 40，書面致詞，頁 179。

大會，商討會務深具意義，尚希一本精誠團結，親仁睦鄰之精神，各抒智慮勤求進步，對於抵制匪貨運動，粉碎共匪一切誘騙詭計與分化陰謀，尤望妥擬對策，切實進行，以期對促進中菲兩國友好合作，支持祖國反攻復國大業作更大之貢獻。」為紀念兩國間此一富有意義之活動，中菲協議同時印製紀念郵票於友誼年內發行，一套 2 枚。〔註30〕（圖 3-1-25）

圖 3-1-25　中菲友誼年紀念郵票（紀 113）
1967 年 12 月 30 日發行

說明：以中菲兩國國旗為圖案，馬尼拉中國公園正面牌坊為背景。

4. 阿根廷獨立一百五十週年紀念

阿根廷原為西班牙屬地，西班牙於 1526 年在阿境移民設治，歷時近 300 年，至 1810 年阿根廷愛國志士發起獨立運動，布宜諾斯艾利斯人民在革命領袖莫雷諾（Mariano Moreno，1778～1811）和貝爾格拉諾（Manuel Belgrano，1770～1820）等人領導下發動革命，成立拉布拉他臨時政府，史稱「五月革命」（May Revolution）。經過長期艱苦奮鬥，於 1816 年 7 月 9 日，通過《獨立宣言》（Argentine Declaration of Independence），宣告成立阿根廷共和國。1966 年 7 月 9 日為阿根廷共和國獨立一百五十週年紀念，為加強敦睦中阿兩國邦交，發行「阿根廷獨立一百五十週年紀念」郵票一種。〔註31〕（圖 3-1-26）

5. 中非技術合作紀念郵票

此為促進中非農業技術合作，並協助非洲國家農業經濟發展，以加強中非間之友誼。我政府於 1961 年成立「先鋒案執行小組」進行「先鋒計畫」，派遣農耕隊針對非洲國家之糧食需求提供農業技術協助；1962 年擴大組織為「中

〔註30〕中華郵政全球資訊網，《郵票寶藏》：https://www.post.gov.tw/post/internet/W_stamphouse/post/internet/W_stamphouse，檢索日期：2018/12/1。

〔註31〕中華郵政全球資訊網，《郵票寶藏》：https://www.post.gov.tw/post/internet/W_stamphouse/post/internet/W_stamphouse，檢索日期：2018/12/1。

非技術合作委員會」；1972年「中非技術合作委員會」與「外交部海外技術合作委員會」合併為「海外技術合作委員會」（海外會），專責農漁業技術團隊之派遣，以協助友好開發中國家農業發展，於1996年月稱為「國際合作發展基金會」。〔註32〕在中非技術合作委員會策劃下，曾先後派遣各類技術合作工作團隊赴非工作，並設置非洲農業技術人員講習班，訓練非洲農業從業人員。1971年為中非技術合作十週年，印製紀念郵票，於5月20日該委員會成立10週年紀念日發行，以資紀念。〔註33〕（圖3-1-27）

圖3-1-26　阿根廷獨立150週年紀念郵票
（紀109）1966年7月9日發行

說明：以兩國國旗並列為主圖，表示兩國友誼。

圖3-1-27　中非技術合作紀念郵票（紀136）
1971年5月20日發行

說明：票面皆置上委員會徽章，繪我國農業技術人員對非洲農民作教育訓練圖。

〔註32〕國際合作發展基金會：https://1207835208943.tw66.com.tw/，檢索日期：2018/12/1。

〔註33〕中華郵政資訊網，《郵票寶藏》：https://www.post.gov.tw/post/internet/W_stamp house/post/internet/W_stamphouse，檢索日期：2018/12/3。

（三）其他與國際相關紀念郵票

1. 郵政聯盟組織類紀念郵票

（1）國際聯郵會七十五週年紀念郵票

十九世紀中葉，世界各國文化與商業發展甚速，國際交通日見頻繁，國際郵政聯合運動風起雲湧，由各國國內邦際郵政之聯合，演進為各國郵政間之聯合。1874 年於瑞士城伯爾尼（Berne, Switzerland）舉行會議，共廿三國代表，會中通過條例，規定普通信函重量單位，確立資費劃一原則，並創設聯郵公署，國際聯郵組織至此正式奠立。其後每隔若干年，即輪流在各國首都開會一次。至 1949 年，為七十五週年，中華民國為國際聯郵會之主要會員國，於同年 8 月 1 日印行紀念郵票，以誌慶賀。〔註 34〕（圖 3-1-28）

圖 3-1-28　國際聯郵會 75 週年紀念郵票
（紀 031）1949 年 8 月 1 日發行

說明：以聯合國徽及雙鴿對飛傳書為圖案，由大東書局上海印刷廠以雕刻凹版印製，當時未印面值，隨後空運廣州，另交南京印務局，以 5 號楷字及阿拉伯數字活版，加印黑色「壹圓」銀圓。

（2）亞洋郵盟

亞洲暨大洋洲郵政聯盟（簡稱亞洋郵盟）為該區域郵政間所組成之國際機構，首由中華民國倡議，繼由菲律賓郵政正式發起，經日、韓、泰等國響應後，於 1961 年 1 月在馬尼拉舉行亞洲郵政會議，此公約旋經中、韓、菲、泰四國政府批准，並同意自 1962 年 4 月 1 日實施，同日亞洋郵盟亦正式成立。當時澳大利亞、紐西蘭所派觀察員獲其政府授權為出席代表，因出席代表既包括大洋洲國家，即決議組織亞洲暨大洋洲郵政聯盟，簡稱亞洋郵盟，並簽訂亞洲暨大洋洲郵政公約。最初僅有中、韓、菲、泰四個會員國，其後寮國、日本、澳大利亞、紐西蘭、印尼先後相繼加入，已有九個會員國。自 1962 年 4 月 1 日成立後，對於改進並擴展該區域之郵務工作及增進各會員國郵政間之

〔註 34〕中華郵政資訊網，《郵票寶藏》：https://www.post.gov.tw/post/internet/W_stamp house/post/internet/W_stamphouse，檢索日期：2018/12/3。

合作，貢獻良多。郵盟執行委員會年會於 1971 年 11 月 8 日至 15 日在臺北舉行，此為中華民國首次舉辦國際郵政會議，故印製紀念郵票，於 1971 年 11 月 8 日年會揭幕之日發行。（圖 3-1-29）為實現郵盟改進郵務，加強合作之宗旨，各會員國間實行郵政人員交換考察，互相觀摩切磋，並設立郵政學校，訓練郵政幹部，對於改進郵政服務，促進國際合作及減低亞洋地區郵資等貢獻甚多。1972 年為該郵盟成立十週年紀念，而印行紀念郵票一套 2 枚，1 元與 5 元票值，以誌慶祝。〔註 35〕（圖 3-1-30）

圖 3-1-29　亞洋郵盟執行委員會 1971 年年會紀念郵票
（紀 139）1971 年 11 月 8 日發行

說明：一套 2 枚，2.5 元與 5 元票值。郵票圖案以亞洋郵盟會徽為主題。

圖 3-1-30　亞洋郵盟十週年紀念郵票
（紀 142）1972 年 4 月 1 日發行

說明：以象徵通信、自由、正義、和平與幸福之鴿子，繪製 9 隻鴿子翱翔於空中，代表九個會員國，並於左下角繪亞洋郵盟徽誌為圖案。

2. 博覽會

日本萬國博覽會於 1970 年 3 月 15 日在大阪開幕，展出期間六個月，係

〔註 35〕中華郵政資訊網，《郵票寶藏》：https://www.post.gov.tw/post/internet/W_stamp house/post/internet/W_stamphouse，檢索日期：2018/12/3。

首次在亞洲舉辦之萬國博覽會，其主題為「人類之進步與調和」。中華民國應邀參加，並在會場建築一座美侖美奐之中國館，其主旨在介紹中國與世界之關係。發行一套兩枚，以茲紀念。〔註36〕（圖3-1-31）1974年世界博覽會，於1974年5月4日在美國西北部華盛頓州史波肯市揭幕。為慶祝此盛大國際展覽會之展出，印製紀念郵票一組，計分一元及八元兩種面值，分別以「中國館」及「世界博覽會平面圖」為主題，並以青天白日滿地紅國旗，標示中華民國館場位置，圖案左上方各加繪博覽會標誌。參加展出共有十餘個國家。中華民國館展出內容以「倫理、民主、科學」為主題。（圖3-1-32）

圖3-1-31　日本萬國博覽會紀念郵票
（紀132）1970年3月13日發行

說明：圖案依照展館的建築風格為題材。該館位於「主題館」之西，「星期二廣場」之東，為兩個高聳之三角形主柱所構成，狀如巍峨之門樓，象徵中華文化不僅兼容並蓄，且與世界溝通。為配合此一盛舉，發行紀念郵票。

圖3-1-32　1974年世界博覽會紀念郵票
（紀155）1974年10月10日發行

說明：1974年世界博覽會展出主題為「慶祝明日清新的環境」，標誌為白、藍、綠三色之六角形。圖形無起點，亦無終點，以代表生命之連綿不絕。白色代表新鮮空氣，藍色代表純淨之水，綠色代表花草樹木之天然美。

〔註36〕中華郵政資訊網，《郵票寶藏》：https://www.post.gov.tw/post/internet/W_stamphouse/post/internet/W_stamphouse，檢索日期：2018/12/3。

3. 國際青商會

國際青年商會係世界性民間組織，國際青年商會之理想與運動發源於美國，1944 年 12 月 11 日在墨西哥正式成立，為青年人之世界性民間組織，凡年齡在 18 歲至 40 歲，不分宗教、種族、職業均可參加，是全世界最大之國際性青年團體。國際青年商會中華民國總會（簡稱青商會）於 1953 年 3 月 1 日成立，以「服務人群、訓練自己」為最高的理想，為鼓勵青年服務社會、創造事業，發揚傑出成就，其宗旨在鼓勵青年訓練自己，並貢獻智慧與心力以服務人群，進而共同創造更繁榮與和諧之社會。自 1963 年開始舉辦「十大傑出青年」選拔。〔註37〕為宏揚青商會崇高宗旨並加強國民外交，國際青年商會第 27 屆世界大會於 1972 年 11 月 12 日至 19 日在臺北舉行，印製郵票一組 3 枚，圖案相同，票值以色彩區隔，於大會揭幕之日發行。（圖 3-1-33）第 38 屆世界大會於 1983 年 11 月 6 日至 12 日在臺北市舉行，有七十餘會員國約 8,000 餘國際青商領袖參與盛會，舉辦該項國際性之大規模會議，不僅可加強國際貿易及文化交流，更可藉此增進國際人士對中華民國之認識。為配合推展國民外交及發展觀光事業，印製紀念郵票一套 2 枚，於大會揭幕之日發行。〔註38〕（圖 3-1-34）

圖 3-1-33　國際青年商會第 27 屆世界大會紀念郵票
（紀 145）1972 年 11 月 12 日發行

說明：以國際青年商會會徽及第 27 屆世界大會標誌（鳳眼）為主題，象徵青商會日漸擴大與起飛。

〔註37〕國際青年商會中華民國總會，http://www.taiwanjc.org.tw，檢索日期：2018/12/3。

〔註38〕中華郵政資訊網，《郵票寶藏》：https://www.post.gov.tw/post/internet/W_stamphouse/post/internet/W_stamphouse，檢索日期：2018/12/3。

圖 3-1-34　國際青年商會第三十八屆世界大會紀念郵票
（紀 195）1983 年 11 月 6 日發行

說明：郵票圖案 2 幅均以國際青年商會及本屆世界大會之標誌為題材。

4. 亞太國際營聯會第 12 屆大會紀念郵票

　　亞洲暨西太平洋營造業公會國際聯合會（簡稱亞太國際營聯會）第十二屆大會於 1973 年 4 月 2 日至 10 日在中華民國臺北市舉行。為加強國際聯繫，敦睦與會人士友誼，推展國民外交，印製紀念郵票一套 2 枚，於 4 月 2 日大會揭幕之日發行，以示歡迎，此項郵票每幅圖案均加繪亞太國際營聯會標誌及相關文字。〔註39〕（圖 3-1-35）

圖 3-1-35　亞太國際營聯會第 12 屆大會紀念郵票
（紀 146）1973 年 4 月 2 日發行

說明：以營造業常用器材：工字　　　　說明：以推土機操作情形為主題，並以興建中
鋼、吊鉤與挖土杓為圖案。　　　　　之高樓大廈為背景。

5. 國際刑警組織 50 週年紀念郵票

　　國際刑警組織係於 1923 年成立，中華民國為該組織會員國之一。國際刑

〔註39〕中華郵政資訊網，《郵票寶藏》：https://www.post.gov.tw/post/internet/W_stamp
house/post/internet/W_stamphouse，檢索日期：2018/12/3。

警組織，係奧國內閣總理兼維也納警察廳長約翰休貝爾於 1923 年在維也納倡導成立，其宗旨在根據「世界人權宣言」之精神，保證並促進各國刑警依其本國法律規定，達成充分之互助，建立及發展各項機構，以有效預防及消滅一般犯罪行為。曾因國際局勢關係，曾一度中止活動，直至 1946 年始由比國警察當局重新召集，並將總部遷往巴黎。歷年來該組織對於促進各國警察間之相互瞭解與合作，頗具貢獻。1973 年為國際刑警組織五十週年紀念，為宣揚其對預防及消滅犯罪行為之貢獻，以該組織之徽誌為中心，印製紀念郵票一套 3 枚，此套郵票每一全張於右方紙邊加印「國際刑警組織五十週年紀念」字樣。〔註40〕（圖 3-1-36）

圖 3-1-36　國際刑警組織五十週年紀念郵票
（紀 148）1973 年 9 月 11 日發行

6. 亞洲生產力組織

亞洲生產力組織於 1961 年在日本東京成立，我國為發起國家之一，現有會員國包括日本等十七個亞洲國家及地區。係一非營利及非政治性的國際組織，為配合各會員國經濟發展之實際需要，每年均選派專家分赴各國指導，以推介新知識、新觀念及新技術。旨在對各國工、農與服務業提供技術、管理等之服務，以倡導全面生產力之提昇，促進各會員國經濟之繁榮及改善人民之生活。為慶祝亞洲生產力組織成立廿五週年並配合中國生產力中心成立卅週年，印製紀念郵票一套 2 枚。〔註41〕（圖 3-1-37）

〔註40〕中華郵政資訊網，《郵票寶藏》：https://www.post.gov.tw/post/internet/W_stamp house/post/internet/W_stamphouse，檢索日期：2018/12/3。

〔註41〕中華郵政資訊網，《郵票寶藏》：https://www.post.gov.tw/post/internet/W_stamp house/post/internet/W_stamphouse，檢索日期：2018/12/3。

圖 3-1-37　亞洲生產力組織廿五週年紀念郵票
（紀 215）1986 年 6 月 3 日發行

說明：此票面以該組織及中國生產力中心之標誌為主題圖案。

　　以上各類與國際相關發行的紀念郵票，在中華民國退出聯合國之後，由於原本響應聯合國各項活動而發行的紀念郵票，或是世界郵盟要求所發行的紀念郵票，以及邦交國陸續離去後，因此皆大幅減少。

二、對外關係的挫敗

　　1970 年代至 1980 年代初期，美國與中共的戰略互動，是以蘇聯作為共同抗衡的對象為基礎，在蘇聯越擴展勢力時，則美國與中共的戰略利益，便越趨於一致性。〔註 42〕在 1960 年代後期，美國基於國內外形勢的轉變，而開始考慮調整其中國政策。美國在越南戰事陷入僵局時，開始考慮與中共合作。〔註 43〕1969 年 3 月，中、蘇共爆發珍寶島事件〔註 44〕，此後中、蘇共之間關係更加惡化，〔註 45〕蘇聯提出隨時準備進行「毀滅性的核回擊」，〔註 46〕這對中共威脅甚大，〔註 47〕使毛澤東（1893～1976）決定緩和與美國的關係，以打

〔註 42〕陳建民，《兩岸關係中的美國因素》（臺北：秀威資訊，2007 年），頁 105。

〔註 43〕時報文化出版事業有限公司譯，《季辛吉回憶錄──中國問題全文》（臺北：時報文化，1979 年），頁 37、53。蘇俄塔斯社亦指責中共於 1969 年 6 月至 8 月中旬，總共有紀錄地侵犯蘇俄邊界 488 次，挑起武裝衝突。

〔註 44〕中共中央文獻研究室編，逄先知、金沖及主編，《毛澤東傳（1949～1976）》（北京：中央文獻出版社，2004 年），頁 1561；李福鐘，《世紀大革命──中華人民共和國史》（臺北：三民書局，2018 年），頁 247～249；楊奎松，《走向破裂──毛澤東與莫斯科的恩恩怨怨》，頁 461～467。

〔註 45〕（美）麥克法夸爾、（美）費正清編，《劍橋中華人民共和國史，下卷，中國革命內部的革命：1966～1982》（北京：中國社會科學出版，1992 年），頁 289。

〔註 46〕《人民日報》，1969 年 6 月 3 日；中共中央文獻研究室編，逄先知、金沖及主編，《毛澤東傳（1949～1976）》，頁 1561。

〔註 47〕楊奎松，《走向破裂──毛澤東與莫斯科的恩恩怨怨》（香港：三聯書局，1999 年），頁 472～474。

擊主要敵人。〔註48〕相對的，美國政治界與學術界也提出了「聯中制蘇」的議題，1968 年美國尼克森（1913～1994）當選總統，對中共改採「以談判代替對抗」的策略。

　　1971 年，中共邀請在日本名古屋參加第三十一屆世界錦標賽的美國乒乓球隊前往大陸，展開所謂的「乒乓外交」，〔註49〕同年 7 月尼克森接受中共的邀請，派遣國家安全顧問的季辛吉（Henry Kissinger，1923～）〔註50〕密訪北京，〔註51〕並約定次年親訪北京。此消息在 7 月 15 日透過電視媒體傳播全世界，〔註52〕造成所謂的「尼克森震撼」，其宣佈美國將向中國開啟門戶時，但支持臺灣之意明確。〔註53〕然，對當時的中華民國政府而言，更是一大衝擊，因為直接帶來的效應，將是在聯合國中國代表權的問題。

　　造成中華民國退出聯合國的關鍵因素在於美國，美國急於與中共關係正常化，促成了中共進入聯合國的契機。〔註54〕兩岸政府每年都在聯合國上演著中國代表權的保衛戰。〔註55〕一連串的外交風暴，在 1970 年代席捲而來，基於國際情勢對中華民國種種不利的演變與意外的衝擊，蔣中正以總統身份，在其各項演講與書告上，不斷地宣講，堅定立場外，並訓勉國民，保持著莊敬自強、處變不驚的態度，面對一切，並且同仇敵愾，上下一心，建設復興基地。其於 1971 年 6 月 15 日國家安全會議宣示〈我們國家的立場和國

〔註48〕因珍寶島事件，使中共的外交出現新的趨向。楊奎松，《走向破裂——毛澤東與莫斯科的恩恩怨怨》（香港：三聯書局，1999 年），頁 483～489。

〔註49〕中共中央文獻研究室編，逄先知、金沖及主編，《毛澤東傳（1949～1976）》，頁 1629。

〔註50〕季辛吉於 1973 年後兼任國務卿。

〔註51〕時報文化出版事業有限公司譯，《季辛吉回憶錄——中國問題全文》（臺北：時報文化，1979 年），頁 140；王正華編，《中華民國與聯合國史料彙編——中國代表權》（臺北：國史館，2001 年），頁 522。

〔註52〕時報文化出版有限公司譯，《季辛吉回憶錄——中國問題全文》，頁 183～185。

〔註53〕李潔明、林添貴譯，《李潔明回憶錄》（臺北：時報文化，2003 年），頁 146。

〔註54〕王正華，〈蔣介石與 1971 年聯合國中國代表權問題〉，收入於陳立文主編，《蔣中正與民國外交》（臺北：國立中正紀念堂管理處，2013 年），頁 398。

〔註55〕對美國而言，兩岸政府皆有席位，此為上策，然兩岸政府皆無法接受，中華民國以「漢賊不兩立」拒之，中共則不同意在中華人民共和國之外，有其他「中國」的存在，不論是「中華民國」、「臺灣中國」、「臺灣政府」、「臺灣當局」或其他名義出現，中共寧可不參加。李福鐘，《臺灣全志·外交志》，卷 7，國際組織篇，（南投：國史館臺灣文獻館，2015 年），頁 123～125、151～152；周恩來，《周恩來外交文選》（北京：中央文獻出版社，1990 年），頁 257。

民的精神〉，其中講到：「莊敬自強，處變不驚，慎謀能斷，堅持國家及國民獨立不撓之精神，鬥志不鬥氣。」並強調「形勢是客觀的，成之於人；力量是主觀的，操之在我。」〔註56〕對於聯合國的席次問題，即使已是風雨如晦，但尚未完全的悲觀。〔註57〕然，在9月16日下午，尼克森公開宣布，美國支持中華人民共和國加入聯合國，並取得安理會席位。〔註58〕此時中華民國已經明白再難力挽狂瀾。〔註59〕蔣中正在10月10日之〈中華民國六十年國慶紀念告全國軍民同胞書〉上，其道：「今天自由基地軍民，在如此騷亂劇變、危疑震撼的世界形勢之前，不但絕不氣浮心動，且又能在堅苦中強固奮發，突破黑暗，傳播光明，這就是處變不驚、莊敬自強」〔註60〕其勉勵國人以堅忍為要。

　　1971年10月下旬，第26屆的聯合國大會於紐約召開。關於中國代表權議案有三項：一、美國提出「將臺灣排除於聯合國會籍是一重要決議案」；二、阿爾巴尼亞提出2758號決議案（排除中華民國容納中共案）；三、美國提出雙重代表權案。10月25日，聯合國先表決「重要決議案」，結果，55票贊成，59票反對，而遭否決，因此中共入會，中華民國排除已成定局，中華民國代表深知大勢已去，為維護國家尊嚴，電請蔣中正同意後，在2758號決議案交附表決前，中華民國政府代表發表演說後率代表團離開會場，而此2758號決議以贊成76票，反對35票通過「恢復中華人民共和國在聯合國認識中的合法權利問題」之決議。〔註61〕

〔註56〕〈我們國家的立場和國民的精神──中華民國六十年六月十五日在國家安全會議宣示〉，秦孝儀編，《總統蔣公思想言論總集》，卷29，演講（臺北：中國國民黨中央委員會黨史委員會），頁253。

〔註57〕陶文釗主編，《美國對華政策檔集（1949～1972）》第三卷下冊（北京：世界知識出版社，2005年12月），頁1080～1081。《國史館期刊》第26期。「總統蔣中正接見美國總統私人代表墨菲大使談話紀錄」（1971年4月23日），〈黨政軍文卷／05 國際情勢與外交／128 外交──蔣中正接見美方外交大使談話紀錄〉，《蔣經國總統檔案》，國史館藏。

〔註58〕中華民國檔案「外交部長周書楷致外交部常務次長陳雄飛政務次長蔡維屏電」（紐約，1971年9月16日19時發，9月17日15時收），聯合國代表權，《外交部祕書處檔案》，檔號：818.4/0003。

〔註59〕中華人民共和國外交部聲明，1971年8月20日。

〔註60〕〈中華民國六十年國慶紀念告全國軍民同胞書〉，秦孝儀編，《總統蔣公思想言論總集》，卷34，書告，頁253。

〔註61〕高明士主編，《中國近現代史──大國崛起的新詮釋》（臺北：五南出版，2009年），頁310。

　　蔣中正在臺灣省光復廿六週年紀念的書告上說：「我們要懍於『處變不驚、莊敬自強』的真義，把握『操之在我、盡其在我』的契機。」〔註62〕1972年，在〈中華民國六十一年元旦告全國軍民同胞書〉〔註63〕內容上，說明中華民國面對中共在聯合國的勝利，在去年是處境最為難堪，並強調著中華民國不是一個可以侮辱出賣的國家，暗喻著美國的背信作為，主動退出聯合國是為了維護公理正義的勇敢作為，絕非衝動。在該年國慶日時，此時尼克森已訪問過北京，正式開啟與中共合作之門，此對中華民國又是另一傷害，故，蔣中正對全國同胞發表的書告上言：「近年以來，大家更是接受了國際姑息黑流一次又一次的打擊與挑戰，可是我們不僅處變不驚，抑且志士之氣益堅益盛；這就是由於國家的立場『慎謀能斷』，國民的精神『莊敬自強』……。」〔註64〕對於接二連三外交衝擊下的中華民國，全國上下愁雲慘淡，但在政府的因應作為下，全國人民奮起經營，配合國家努力建設，自國府遷臺以來，即使遭遇各種令人難堪的國際現實，中華民國依然團結，堅定立場，處變不驚，這些表現，亦讓國外人士敬佩。〔註65〕

　　郵政總局於 1972 年 5 月 20 日，以蔣中正的訓詞「莊敬自強」四字為圖案主題，印製「莊敬自強郵票」一套 9 枚的常用郵票，（圖 3-1-38）此套郵票發行甚久，自 1972 起，1973、1974、1975、1976、1978、1980、1982 等年，皆加印發售。〔註66〕時時提醒著人民莊敬以自強的堅定態度，也同時昭告各國，中華民國的立場，這套郵票可謂是與全國人民一同走過那一段風雨歲月。

〔註62〕〈臺灣省光復二十六週年紀念告全省同胞書〉，秦孝儀編，《總統蔣公思想言論總集》，卷34，書告，頁257。

〔註63〕〈中華民國六十一年元旦告全國軍民同胞書〉，秦孝儀編，《總統蔣公思想言論總集》，卷34，書告，頁264～265。

〔註64〕〈中華民國六十一年國慶紀念告全國軍民同胞書〉，秦孝儀編，《總統蔣公思想言論總集》，卷34，書告，頁275。

〔註65〕例如，季辛吉對臺灣的處境曾經表示懺悔，其在 1973 年 3 月 2 日尼克森總統的一份備忘錄上寫下：「我們不應有任何幻想，我們最後的措施必將相當痛苦──世上少有朋友像我們的臺灣盟友那麼可敬（decent）。」李潔明，林添貴譯，《李潔明回憶錄》，頁148。

〔註66〕原版 0.5 元面值郵票發行數額 1 億枚中，有 8,000 萬枚。中華郵政資訊網，《郵票寶藏》：https://www.post.gov.tw/post/internet/W_stamphouse/post/internet/W_stamphouse，檢索日期：2018/12/1。

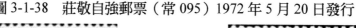

圖 3-1-38　莊敬自強郵票（常 095）1972 年 5 月 20 日發行

　　其次，在此時期，與華僑相關紀念郵票有兩套，可看出在中華民國退出聯合國前後印製票面圖像意涵的差異。第一次發行時，依郵政總局所載：「我國僑民寄居海外，以勤儉愛國著稱於世。辛亥革命，推翻帝制，賴僑胞全力支援；8 年對日抗戰，更踴躍捐輸，共赴國難，其忠貞體國，急公好義，久已彪炳史冊。迨中共倡亂，竊據大陸，政府遷臺，旅居海外之 1,300 萬僑胞，更能明順逆、辨忠奸，萬眾一心，擁戴自由祖國（此指中華民國）。僑務委員會為增僑胞與祖國之團結，並以向世界人士表示僑胞愛護祖國之熱誠，爰於 41 年10 月 21 日在臺北召開僑務會議，聚各地僑胞代表於一堂，意義至為重大，會中並建議政府，規定每年 10 月 21 日為華僑節，以誌歷史盛會。並由香港集郵界回國觀光團建議印製紀念郵票，於第 2 屆華僑節日開始發行。」〔註67〕因此1954 年此紀念郵票一套 2 枚之圖像如下。（圖 3-1-39）而第二套與華僑相關的紀念郵票為「莊敬自強」四字為主圖，是以當時政府倡導的口號為主題，郵政總局於 1972 年 10 月 24 日至 11 月 5 日在國立歷史博物館舉辦郵票展覽，邀請各友好國家郵政，國內外集郵團體暨華僑集郵社團參加展出，各國華僑返國者眾，故名「四海同心郵票展覽會」。為增進紀念意義，則印製紀念郵票小全張，以紀念之。（圖 3-1-40）〔註68〕

　　中華民國退出聯合國之後，國際處境日益顯得艱難，與中共建交國家日多，代表中華民國的盟邦逐漸減少。兩岸雙方皆無「雙重承認」的空間。先後有英國、挪威、瑞士、芬蘭、瑞典、丹麥、古巴、法國、義大利、加拿大、智

〔註67〕中華郵政資訊網，《郵票寶藏》：https://www.post.gov.tw/post/internet/W_stamp house/post/internet/W_stamphouse，檢索日期：2018/12/1。

〔註68〕中華郵政資訊網，《郵票寶藏》：https://www.post.gov.tw/post/internet/W_stamp house/post/internet/W_stamphouse，檢索日期：2018/12/1。

利、比利時、奧地利、土耳其、伊朗、科威特、黎巴嫩、秘魯等國斷交，中華民國於 1950 年有 37 個邦交國，至 1970 年有 66 個邦交國，1971 年退出聯合國後，與中華民國之斷交而承認中華人民共和國政權者，快速增加。〔註 69〕而當 1972 年 2 月尼克森親訪北京展開破冰之旅時，〔註 70〕中華民國與美國的關係，已岌岌可危了。

圖 3-1-39　第 2 屆華僑節紀念郵票（紀 040）
1954 年 10 月 21 日發行

說明：以僑務會議之會徽為圖案，繪地球、拱橋、帆船等，寓意華僑旅居世界各地，足為中華民國與各友邦間之橋樑。圖中花框內刊「第二屆華僑節紀念」。

圖 3-1-40　四海同心郵票展覽會紀念郵票小全張
（紀 144）1972 年 10 月 24 日發行

說明：以莊敬自強郵票 2 元及 3 元兩種面值之常用郵票，合印在棕紅色底紋上，製成郵展紀念郵票小全張。

〔註 69〕1971 年至 1972 年間，中華民國的邦交國，減少了幾十個。高朗，《中華民國外交關係之演變（1950～1972）》（臺北：五南圖書，1994 年），頁 89。

〔註 70〕中共中央文獻研究室編，逢先知、金沖及主編，《毛澤東傳（1949～1976）》，頁 1635；《尼克森回憶錄》，中冊，頁 249～250。1972 年 2 月 21 日尼克森與其夫人，季辛吉一行行抵達北京機場，周恩來、葉劍英等至機場迎接，尼克森與毛澤東會談了近一小時。

　　自 1970 年代起，美國與中共陸續簽署「上海公報」、「建交公報」與「八一七公報」三個公報。在 1977 年 1 月，自卡特（James Earl Carter，1924）就任美國總統後，繼續推動與中共建交的方針。1977 年 6 月，美國國務院建議在不損害臺灣的安全之下，完成美國與中華人民共和國關係正常化，接受中共提出的建交「三條件」：斷交（華盛頓停止承認中華民國臺北為中國政府）、廢約（廢除《中美共同防禦條約》）、撤軍（撤出美國在臺灣餘留軍事人員）；〔註71〕認為與中共建交可以改善亞洲環境安全。於是，1978 年 12 月 15（16）日美國與中共發表《建交公報》，宣佈兩國將於 1979 年 1 月 1 日正式建交，此為中華民國政府退出聯合國後，又一次的大挫敗，美國卡特總統在電視媒體宣佈說：「在 1979 年 1 月 1 日，美國承認中華人民共和國是中國唯一合法政府……未來，美國人民和臺灣人民將在無官方政府代表與無外交關係之下，維持商務、文化及其他非政府關係。」〔註72〕更嚴重的是美國同時宣佈終止《中美共同防禦條約》，於 1980 年 1 月 1 日正式失效，此事對中華民國的國防安全又是一大衝擊。

　　蔣經國對美國在 1979 年 12 月發出廢約通知後，次年仍提出嚴重抗議：「中華民國政府一向審慎信守其在共同防禦條約下之義務，從未違反該條約之任何規定。美國政府無合理之理由即片面通知中止該條約，實屬完全不可理解。依照國際法之原則……未經事先諮商及片面終止共同防禦條約，實違反條約規定之基本精神。」〔註73〕幸而美國國會對於其總統未事先與其商討改變與中華民國的關係，大感不滿，並認為卡特政府在對中共建交談判有關臺灣的內容，將危及臺灣的安全，尤其接受「斷交、廢約、撤兵」之要求，可能影響東亞國際政治不安與島鏈戰略防線的完整性，因此，美國國會議員不分黨派聯手制定在 1979 年 4 月 10 日通過了具有美國國內法效力的《臺灣關係

〔註71〕（美）麥克法夸爾、（美）費正清編，《劍橋中華人民共和國史，下卷，中國革命內部的革命：1966～1982》（北京：中國社會科學院，1992 年），頁 439。在1978 年 5 月，美國國家安全事務顧問布里辛斯基（Zbigniew Brzezinski，1928）5 月 20 日訪問北京，蘇俄此時陳兵百萬於中蘇邊境，並在中南半島擴大勢力，使中共腹背受敵，國務總理鄧小平與布氏進行談判。

〔註72〕黃剛編著，《文獻析述：中華民國／臺灣與美國間關係運作之建制（1979～1999）》，頁 19～20。Jay Taylor 陶涵著，林添貴譯，《臺灣現代化的推手：蔣經國傳》（臺北：時報文化，2000 年），頁 371～372。而在美國宣佈對台斷交之後，連續兩天，臺灣成群的青年民眾則對美國大使館投擲石頭與雞蛋抗議。

〔註73〕黃剛編著，《文獻析述：中華民國／臺灣與美國間關係運作之建制（1979～1999）》（臺北：政大國研中心，2000 年），頁 22。

法》（Taiwan Relations Act），提供了臺灣安全所需的保障，同時化解美國行政部門與國會之間的爭端。〔註74〕

美國對兩岸關係的重要原則，此後便以《八一七公報》、《上海公報》、《建交公報》與《臺灣關係法》為前提，〔註75〕藉此，美國和海峽兩岸都保持關係，此雙軌政策所含的目標是使美國保留了重新介入臺灣問題的權利；〔註76〕此「三報一法」的規範，使美國與兩岸間形成了三角關係，一種模糊而穩定的關係，即使《八一七公報》與《臺灣關係法》在軍售問題上互相矛盾，〔註77〕不過，三方自此達成一種共識：建立「一個中國」的原則，以及美國希望和平解決兩岸問題而不介入其中，穩定的臺海關係，才是符合美國的最大利益。

三、國民體育與國際地位

體育類的郵票，有其與一般發行的紀念郵票不同的特色，〔註78〕尤其是在當代的國際外交環境變化下，體壇的國際競賽，也成了另一種外交角力，因此透過探討郵票發行之始末，可瞭解時代背景與社會氛圍，與臺灣的外交困境與轉折過程。在此僅探討具代表性的奧運與棒球之紀念郵票，在國家被邊緣化

〔註74〕此1979年6月22日，白宮宣佈：美國總統卡特以簽署臺灣關係法的行政命令。關係法宣示美國嚴重關切任何以非和平方是決定臺灣前途的舉動外，並將繼續供應臺灣必要的防衛性武器，以維持臺灣足夠的自衛能力。黃剛編著，《文獻析述：中華民國／臺灣與美國間關係運作之建制（1979～1999）》（臺北：秀威資訊，2017年），頁25～27；周湘華、董致麟、蔡欣容，《臺灣關係史——理論與史實的視角（1949～1991）》，頁223～227；李本京，《七十年中美外交關係》（臺北：黎明文化，1988年），頁153。

〔註75〕美國雷根總統表明減少對台軍售是以中共繼續承諾和平解決臺灣問題為條件，售臺武器的質量以中國的威脅而定。高明士主編，《中國近現代史——大國崛起的新詮釋》（臺北：五南圖書，2009年），頁313。1982年8月17日，財團法人張榮發基金會國策中心臺灣史料編纂小組編纂，《戰後臺灣歷史年表》電子索引，第三冊，中央研究院：http://twstudy.iis.sinica.edu.tw/twht/，檢索日期：2018/12/1。

〔註76〕陳正茂、林寶琮編著，《中國現代史（含臺灣開發史）》（臺北：新文京，2007年），頁357。

〔註77〕軍售問題是中共最為在意之處，然美國在此問題上，承諾兩岸，卻又模糊不清，頁88～95。

〔註78〕體育類的郵票上除了票銘、面值、圖案外，亦出現各運動賽事的標誌，而標誌的運用則遵照各運動協會組織之規範，不得擅改其標誌形狀顏色等；說明文字部份多是載上紀念之文字或是繪製的運動項目；再者，在圖案部份，以運動選手表現各運動項目動作為主軸。李鳳然，《臺灣體育郵票之歷史圖像研究（1960～2012）》（臺北：臺灣師範大學體育學系碩士論文，2014年），頁33。

的時期，面對日本、美國的矛盾情節，加上兩岸在外交折衝較勁時，似乎可以看見一種國族主義的情懷，一種政治外交的民族主義，透過奧運、棒球兩者，有時可以看出我國在六、七○年代對外關係的一個縮影。〔註79〕

（一）奧運郵票

近代奧運的興起跟十九世紀末廣泛性的國際性比賽有著密切的關係，而這些比賽，一方面對內具有使國境範圍內的居民、不分地區、不分宗教，團結在國族主義下的功能，另一方面對外而言，是國際體育競賽，在透過相對平和的國與國的競技時，達成對內凝聚國族主義的效果，所以奉行國族主義的中產階級對國際運動大為推廣；〔註80〕因此，奧運的比賽活動是這樣具有目的性又具國威的誇示、族群的優越性與現代化的展現互相結合。〔註81〕

中華民國之奧委會（以下簡稱中華奧會）成立於1922年，原名「中國奧會」（Chinese Olympic Committee），〔註82〕國府自遷臺以來，中華民國在國際上之外交情境多有波折，相對的，在參加國際運動賽事時亦發生諸多紛擾，但也可說由於這些波折，使國家從奧運中取得國族主義的養分；〔註83〕在1950～1980年代，每當舉行國際運動賽事，兩岸雙方皆無法接受「兩個中國」或「一中一臺」的模糊路線，因此常為了出賽資格與參賽國之名義而產生諸

〔註79〕謝仕淵，〈奧運、棒球、臺灣：北京奧運與運動民族主義〉，《文化研究月報》第85期，（2008年10月25日），頁49。

〔註80〕各國的中產階級經常積極推廣該國擅長的體育項目推入奧運會中，從奧運競賽項目的變化，更加印證各國在奧運中各取所需，以達到其特定的目的。謝仕淵，〈奧運、棒球、臺灣：北京奧運與運動民族主義〉，《文化研究月報》第85期，頁43。

〔註81〕例如：1936年希特勒主政時期德國所舉行的柏林奧運，德國藉由柏林奧運表現種族優越、現代化展示，證明德國已從一次大戰的創傷中興起，希特勒本人更藉著每天出席觀賞柏林奧運鞏固其個人領導權威，並藉由相關紀錄片的拍攝廣泛流傳。而在1964年日本舉行的東京奧運中，也意味著日本已從戰後的蕭條中興起。謝仕淵，〈奧運、棒球、臺灣：北京奧運與運動民族主義〉，《文化研究月報》第85期，頁43。

〔註82〕1922年4月3日，原名為中華業餘運動聯合會(China National Amateur Athletic Federation)。同年國際奧會於第21屆巴黎年會中承認我中華業餘運動聯合會為中國奧會（Chinese Olympic Committee），1924年7月，中華全國體育協進會在南京成立，取代原有之中華業餘運動聯合會並為國際奧會所承認（英文會名未改）。

〔註83〕謝仕淵，〈奧運、棒球、臺灣：北京奧運與運動民族主義〉，《文化研究月報》第85期，頁43。

多紛爭。〔註84〕1952 年中共組織「中華全國體育總會」(All-China Athletic Federation)，自稱「取代」了「中華全國體育協進會」及其在國際奧會的會籍，〔註85〕同年 7 月時，企圖以冒名頂替的方式參加芬蘭赫爾辛基奧運會，國際奧會同意兩岸運動團隊皆可參加，但兩岸雙方有著「天無二日、地無二王」與「漢賊不兩立」的文化價值觀，因此中華民國以「漢賊不兩立」的原則退出比賽；1954 年國際奧會允以中共參與墨爾本奧運，1956 年兩方同時參加，然主辦國於選手村掛上中華民國國旗，使中共代表為維護「一中原則」而退出比賽，〔註86〕自此「兩個中國奧會」在國際體壇上爭議不斷。〔註87〕為了正名問題，中華民國遂與國際奧會有所衝突，因此在 1989 年之前，中華民國出賽奧會的名稱、會旗、會歌更迭不斷。〔註88〕

　　國府為了提昇國際形象與表示對奧會的重視，希冀藉由郵票的發行，來展現其對奧運的重視，以達到國際宣傳的目的，擴展國際外交，得以維護其在國際奧委會中的會籍與地位，以求獲得國際奧委會之認可，因此郵政總局由奧委會提供相關資料，提請郵政總局統籌，〔註89〕於參與奧運會之年度開幕之日或是奧林匹克日，以為紀念或慶賀，發行與奧會主題相關的紀念郵票，但第一套以特種郵票發行，特此說明：〔註90〕

1. 1960 年第十七屆世界運動會之體育郵票

　　在 1959 年國際奧委會舉辦年會時，中共與蘇俄聯手影響國際奧會委員，

〔註84〕張啟雄，〈1960 年前後中華民國對國際奧委會的會籍名稱之爭〉，《中央研究院近代史研究所集刊》第 44 期（2004 年 6 月），頁 118。

〔註85〕湯銘新編著，《我國參加奧運滄桑史》下冊（臺北：中華臺北奧林匹克委員會，1999 年），頁 1～2。

〔註86〕雖然退出比賽，但也讓中共在國際社會上受到注意，對其而言，不能說不是另一種勝利。

〔註87〕呂芳上總纂，《中華民國近六十年發展史》下冊（臺北：國史館，2012 年），頁 26。

〔註88〕中華民國代表團的參賽的名稱，在 1949 年之前稱之為「China」，此後名稱演變：1956 年「Formosa China」、1960 年「Formosa」、1964 年與 1968 年稱之「Taiwan 中華民國」、1972 年在德國慕尼黑初賽時稱：「Republik China」（德語），自 1984 年參加美國洛杉磯舉辦的奧會後，至今皆以「Chinese Taipei」為名。中華奧林匹克委員會官網，http://www.tpenoc.net/，檢索日期：2018/10/11。

〔註89〕交通部，1968 年 4 月 3 日發函至行政院文，〈呈送「第十九屆世界運動紀念郵票」圖案，敬祈　鑒核示遵由〉，交郵 5604～0124。

〔註90〕交通部，1975 年 8 月 21 日發函至行政院，〈函送六十五年版體育郵票圖案，請核示〉，交郵（64）字第 07417 號文。

提出臺灣代表中國奧委會適切性的問題，因此當年度國際奧會修訂憲章，以實際控制領域的原則來處理會籍案，修正後條文為：「下列各奧林匹克委員會已經國際奧林匹克委員會依其活動之地區名稱，予以承認。」經大會決議，需更改名稱。〔註91〕而羅馬年會據此作為決議：「根據1959年慕尼黑年會的決議，來自臺灣的運動員代表團，將在其奧會所控制之奧林匹克運動的領域名稱下，即臺灣，參加開幕典禮即運動項目。要注意的是，用臺灣之名，主要是基於國際奧林匹克委員會內部的考量，未來應稱臺灣為中華民國奧林匹克委員會。」〔註92〕因此在同年6月時政府以「中華民國奧會」之名向國際奧委會提出申請，以維護在國際上「唯一合法」之正統地位，然此舉並未成功，國際奧委會採取「事實上」（de facto）的現狀認定政策，以中華民國之「實際控制的體育領域」僅止於臺灣為由，強迫中華民國出賽時以「臺灣」稱之，以求名實相符；〔註93〕中華民國嚴詞拒絕，引發中華民國與國際奧會的正名衝突。〔註94〕在幾經交涉後，國際奧會允許位於臺灣之奧委會使用「中華民國奧林匹克委員會」（Republic of China Olympic committee，COC）的會籍名稱，但出席開幕典禮、制服、名牌即文件等，一律採用「臺灣」為名。此對於國府而言，違反其東方式的「名分秩序論」，〔註95〕故中華民國在1960年參加羅馬舉

〔註91〕 在1959年的慕尼黑年會中，以會址在臺灣的中國奧會未能控制中國大陸的體育運動為由，決議「不能以該名義（中國奧會）繼續接受承認」，但在政治不干預體育的原則下，同時在決議案中附加「倘其以另名義申請，國際奧林匹克委員會將與考慮」之但書。張啟雄，〈1960年前後中華民國對國際奧委會的會籍名稱之爭〉，《中央研究院近代史研究所集刊》第44期（2004年6月），頁107～108。

〔註92〕 張啟雄，〈1960年前後中華民國對國際奧委會的會籍名稱之爭〉，《中央研究院近代史研究所集刊》第44期，頁118、135。《國際奧會公報》自第72期（1960年11月）起，將中華民國奧會之會籍名稱，改稱之為：「Taiwan: Republic of China Olympic Committee」湯銘新編著，《我國參加奧運滄桑史》下冊（臺北：中華臺北奧林匹克委員會，1999年），頁175。

〔註93〕 劉進枰、蔡禎雄，〈中華民國參加奧林匹克運動會會籍問題之探討──1949～1993〉，《體育學報》第15期（1993年7月），頁4。張啟雄，〈1960年前後中華民國對國際奧委會的會籍名稱之爭〉，《中央研究院近代史研究所集刊》第44期，頁118。

〔註94〕 張啟雄，〈「法理論述」vs「事時論述」：中華民國與國際奧委會的會籍認定交涉，1960～1964〉，《臺灣史研究》第17卷第2期（2010年6月1日），頁85。

〔註95〕 中華民國政府在「名分秩序論」的觀念下，認為「中國奧林匹克委員會」代表包含海峽兩岸在內，是獨一無二且名實合一的中國席位代表權；而「中華民國奧林匹克委員會」雖只代表涵蓋臺、澎、金、馬等實際控制之體育領域，但在

辦第十七屆的世界運動會，〔註96〕代表團為表不滿，遂於 8 月 25 日開幕典禮繞場時，舉著寫上「在抗議下」（Under Potest）的白布條抗議，表達國家的立場。〔註97〕

　　1960 年郵政總局為紀念我國選手參加第十七屆世界運動會（奧運）賽事，發行奧運紀念郵票，原定發行時間在 9 月的第十七屆世界運動郵票，該年中華民國選手中有「亞洲鐵人」封號的楊傳廣（1933～2007），〔註98〕在 9 月 6 日榮獲十項全能運動亞軍，〔註99〕此為國家參加世界級運動比賽（後人習稱奧會）第一面獎牌，揚名國際，楊傳廣也是羅馬奧運會田徑比賽項目，唯一拿到獎牌的亞洲選手，故這面銀牌也奠定了他在亞洲體壇的知名度和地位；在諸多考量後，郵政總局以促進國人注意體育活動起見，以此主題在 10 月 25 日，「臺灣省第十五屆運動會」開幕日發行特種郵票，此為中華民國發行首張體育郵票亦為第一套奧運郵票，是單次發行最多枚者的體育郵票，（圖 3-1-41）〔註100〕然而此套體育郵票雖非紀念郵票，但為首套之奧運郵票，故在此列舉之。

2. 1964 年的「第十八屆世界運動紀念郵票」

　　基於奧會會籍正名之問題，國府召集「中華全國體育協進會」、教育部、

　　　　　　法理上（de jure）它仍代表正統且唯一合法的中國。張啟雄，〈1960 年前後中華民國對國際奧委會的會籍名稱之爭〉，《中央研究院近代史研究所集刊》第 44 期，頁 118。

〔註96〕第十七屆羅馬奧運會從 1960 年 8 月 25 日開始，至 9 月 11 日結束，共有 83 個國家或地區，此次羅馬奧運會是奧運史上第一次透過電視作全球實況轉播。《中華奧林匹克委員會》官網，http://www.tpenoc.net/，檢索日期：2018/10/11。

〔註97〕代表團在通過司令台時，由總幹事林鴻坦展示抗議的白布條。行政院體育委員會，《建國百年體育專輯──奧林匹克活動》（臺北：行政院體育委員會，2011 年），頁 71；湯銘新，《奧運百週年發展史》（臺北：中華臺北奧林匹克委員會，1996 年），頁 335～336；〈對國際奧會不公正行為，我代表團強硬抗議〉，《中央日報》，1960 年 8 月 27 日，版 1。

〔註98〕楊傳廣為台東阿美族原住民，在 1954 年在菲律賓馬尼拉舉辦的第二屆亞洲運動會中，初試啼聲的楊傳廣，以 5454 分擊敗日本名將，替中華隊拿下十項全能的金牌。而 1958 年，楊傳廣又在東京亞運會中，以 7101 分刷新亞洲紀錄，奪下十項全能的冠軍，成為亞洲備受矚目的運動明星，也獲得「亞洲鐵人」的封號。

〔註99〕朱文原編撰，《中華民國建國百年大事記（上）》（臺北：國史館，2012 年），頁 660。

〔註100〕中華郵政全球資訊網，《郵票寶藏》：https://www.post.gov.tw/post/internet/W_stamphouse/post/internet/W_stamphouse，檢索日期：2018/10/30。

外交部等相關單位，組成「正名小組」，透過駐外使領館支援，對各友好國家
國際奧會委員等相關單位，自 1963 年起，在巴登巴登（Baden-Baden）年會上
提案爭取以中華民國名義參與奧會，〔註101〕自此展開歷時五年的遊說與部署
工作；〔註102〕而在次年日本東京的奧運會上，獲允在體育服裝繡上「R.O.C.」
字樣，並且獲得日方承諾與兌現，在奧運典禮上，代表體育領域的「代表團名
牌」上，上行使用英文「TAIWAN」，下行則加書了日文漢字「中華民国」的
名稱。〔註103〕

圖 3-1-41　體育郵票（特 018）1960 年 10 月 25 日發行

說明：郵票圖像主要以游泳、田徑、籃球、足球、跳遠、賽跑為題材。

　　1964 年第十八屆東京奧運會是首次在亞洲舉辦的奧運會，奧運聖火於希
臘點燃，一路從歐洲傳遞到亞洲，由菲律賓馬尼拉傳遞北上到臺北，此為有
史以來奧運聖火首次進入臺灣，受到全國矚目，臺北市湧進十萬人自發性的
夾道歡迎聖火，盛況空前，中華民國特別鑄造一大型毛公鼎以迎接奧運聖火。
〔註104〕由於上一屆楊傳廣的優異表現，使國人對其寄予厚望。因此，在東京
舉辦的第十八屆的世界運動會開幕之日，郵政總局即發行「第十八屆世界運動
紀念郵票」，圖像以自行車、田徑、體操、跳高為題材，而其中一枚面值八角

〔註101〕〈我國參加市運會正名案節要〉，1964 年 2 月，《第十八屆東京奧運會案》
　　　　（1964 年 1 月 9 日～6 月 30 日），冊 1，中華民國外交部藏，648-0040·0041；
　　　　張啟雄，〈中華民國與國際奧委會的法理主張與事實論述——墨西哥奧運會的
　　　　正名交涉，1965～1968〉，《近代史研究所集刊》第 73 期（2011），頁 151。
〔註102〕遊說對象包括了：國際奧會主席和出席巴登巴登（Baden-Baden）、茵斯布茹
　　　　克（Innsbruck）、東京（Tokyo）等地舉辦的國際奧會執行委員會、年會以及
　　　　日本的東京奧運組織委員會。張啟雄，〈「法理論述」vs「事時論述」：中華民
　　　　國與國際奧委會的會籍認定交涉，1960～1964〉，《臺灣史研究》第 17 卷第 2
　　　　期（2010 年 6 月 1 日），頁 85；呂芳上總纂，《中華民國近六十年發展史》下
　　　　冊（臺北：國史館，2012 年），頁 28。
〔註103〕張啟雄，〈「法理論述」vs「事時論述」：中華民國與國際奧委會的會籍認定交
　　　　涉，1960～1964〉，《臺灣史研究》第 17 卷第 2 期（2010 年 6 月 1 日），頁 86。
〔註104〕中華奧林匹克委員會官網，http://www.tpenoc.net/，檢索日期：2018/10/11。

的郵票圖像，為身上穿著繪有中華民國國旗運動服的自行車選手，隱喻選手勇往直前，邁向目標。面值 1 元郵票，則為徑賽選手抵達終點，衝過白線的姿態，寓意為我國選手一馬當先。四枚郵票除了繪製運動項目之外，同時將奧運五環的標誌、說明文字、年度標示之，以紀念此一活動。（圖 3-1-42）〔註 105〕

圖 3-1-42　第 18 屆世界運動會紀念郵票
（紀 099）1964 年 10 月 10 日發行

3. 1968 年「第十九屆世界運動紀念郵票」

經過正名小組多年的努力，終於在 1968 年 10 月墨西哥年會上通過了「正名」之提案，確定會籍名稱為「中華民國奧林匹克委員會」，在奧會公報上列明於 China R. O. 之下，並且以中華民國國旗為會旗。〔註 106〕此屆運動會在墨西哥舉行，第十九屆世界運動大會於 1968 年 10 月 12 日在墨西哥首都揭幕，我國派遣代表團參加競賽，郵政總局於同年發行「第十九屆世界運動紀念郵票」，郵票一套四枚，同上一屆世界運動會郵票，選手身著繪有國旗圖案，背景加上五環的奧運標誌與說明文字與年度。（圖 3-1-43）〔註 107〕這一年得獎的選手最著名者為獲得短跑銅牌的紀政（1944～），其在奧運會上的成就，也成為彰顯國族主義的代言者。〔註 108〕

〔註 105〕中華郵政全球資訊網，《郵票寶藏》：https://www.post.gov.tw/post/internet/W_stamphouse/post/internet/W_stamphouse，檢索日期：2018/10/30。

〔註 106〕呂芳上總纂，《中華民國近六十年發展史》下冊（臺北：國史館，2012 年），頁 28；徐亨口述，遲景德、林秋敏訪問，林秋敏整編，《徐亨先生訪談錄》，頁 52。

〔註 107〕中華郵政全球資訊網，《郵票寶藏》：https://www.post.gov.tw/post/internet/W_stamphouse/post/internet/W_stamphouse，檢索日期：2018/10/30。

〔註 108〕紀政的言行舉止都被視為華夏之子女的典範，運動場上黃皮膚女性擊敗高大白人與黑人更具有以小博大的反差。在那個的年代，奧運的成就與國族主義的彰顯，主要是以紀政為主，而對於紀政的期待，更反映出國族主義所投射出的想像及其具體內涵。謝仕淵，〈奧運、棒球、臺灣：北京奧運與運動民族主義〉，《文化研究月報》第 85 期，頁 44。

圖 3-1-43　第 19 屆世界運動會紀念郵票
（紀 122）1968 年 10 月 12 日發行

標槍　　　　　　　舉重　　　　　　　撐竿跳　　　　　　　跨欄

4. 1974 年「國際奧林匹克委員會成立八十週年紀念郵票」

　　1974 年「國際奧林匹克委員會成立 80 週年紀念郵票」，於 1974 年 6 月 23 日國際奧林匹克委員會成立屆滿八十週年而發行之。此郵票一套 2 枚，以運動選手跑步姿勢為題材，選手身著繪有國旗的服裝，而兩枚郵票所繪製的人物，依其神韻可分辨是曾在奧運會上奪得獎牌的兩位運動員──楊傳廣與紀政；〔註109〕郵票邊框除印有「國際奧林匹克委員會成立 80 週年紀念」之文字說明外，將國際奧林匹克委員會（Internation Olympic Committee）之英文縮寫「I.O.C」與「1894～1974」運作屆滿八十年的時間標示之。（圖 3-1-44）〔註110〕

圖 3-1-44　國際奧林匹克委員會成立 80 週年紀念郵票
（紀 152）1974 年 6 月 23 日發行

楊傳廣　　　　　　　　　　　　　　紀政

〔註109〕 李鳳然，《臺灣體育郵票之歷史圖像研究（1960～2012）》（臺北：臺灣師範大學體育學系碩士論文，2014 年），頁 54。

〔註110〕 中華郵政全球資訊網，《郵票寶藏》：https://www.post.gov.tw/post/internet/W_stamphouse/post/internet/W_stamphouse，檢索日期：2018/10/30。

5. 1984 年「洛杉磯奧運紀念郵票」

第 23 屆奧林匹克運動會於 1984 年 7 月 28 日在美國洛杉磯揭幕。此次奧運會，中華民國首次以「Chinese Taipei」為名參加，發行 3 枚，以柔道、射箭、游泳為主題材繪製而成。（圖 3-1-45）〔註 111〕但圖像上的選手服卻不再出現中華民國國旗的圖像。

圖 3-1-45　1984 年「洛杉磯奧運紀念郵票」
（紀 199）1984 年 6 月 23 日發行

說明：以我國參加競賽項目中之「柔道」、「射箭」及「游泳」為主題，配襯以洛杉磯奧運會徽誌，此票於國際奧林匹克委員會成立 90 週年紀念日發行。

主要原因在於中共於 1971 年進入聯合國後，積極運作「一中政策」，以影響中華民國在國際上體育組織與活動，使得國際總會或奧運會主辦國排擠中華民國之現象，幾番對中華民國代表隊刁難，〔註 112〕使得中華民國多次奧會賽事無法順利參賽。1979 年國際奧會主席基蘭寧（Mihael Morris, 3rd Baron Killanin）為拉攏中共，透過通訊投票方式違法將 4 月蒙特維多（Montevideo）決議案〔註 113〕變更，即北京的中國奧會之旗、歌、徽、會章合格，而臺北的

〔註 111〕　中華郵政全球資訊網，《郵票寶藏》：https://www.post.gov.tw/post/internet/W_stamphouse/post/internet/W_stamphouse，檢索日期：2018/10/30。

〔註 112〕　例如：1976 年，蒙特婁（Montreal）奧運會開始前，加拿大總理杜魯道（Joseph Philippe Pierre Yves Elliott Trudeau）曾以「中國」名稱問題，拒發簽證給中華民國奧運代表團，並要求中華民國代表團改稱「臺灣」，才准予入境參賽。同年 7 月，紀政與楊傳廣為闖關進入蒙特婁而引起國際媒體關注，國際奧會委員召開緊急會議，決議中華民國奧運代表團以臺灣名稱參加比賽，中華民國奧會主席沈家銘立即宣佈退出該屆奧運。〈沈家銘發表嚴正聲明〉，《聯合報》，1976 年 7 月 17 日，版 1；〈社論—最光榮的十八天奮戰——迎接我奧運代表團的歸來〉，《聯合報》，1976 年 7 月 19 日，版 2。

〔註 113〕　國際奧會為處理兩岸會籍問題，組成調查小組。最後決議，既承認在北京的中國奧會（Chinese Olympic Committee, Peking），並且繼續承認在臺北的中國奧會（Chinese Olympic Committee, Taipei）。

中華奧會則必須修改。〔註 114〕這變更使得中華民國奧會與國際奧會委員徐亨
（1912～2009）分別向國際奧會總部瑞士洛桑（Lausanne）法院提出控訴，
〔註 115〕經過幾番波折，直至 1980 年 2 月美國靜湖年會修改國際奧會於 1979
年對中華民國歧視的不當作法。〔註 116〕最後在 1981 年 3 月 23 日，中華民國
奧會與國際奧會簽署「洛桑協議」，〔註 117〕自此中華民國在國際奧會會籍名稱
為「中華臺北奧林匹克委員會（Chinese Taipei Olympic Committee），會歌改為
國旗歌，會旗與會徽為中華民國國徽與五環標誌的梅花圖案，此後中華民國參
與奧會時再也不見青天白日滿地紅的旗幟與圖案，因此在奧會郵票上不再出
現國旗之圖像。

其次有關冬季奧運的郵票，中華郵政多以發行體育郵票的特種郵票紀念
之，因此本文不列舉之。〔註 118〕中華民國自 1949 年後，參加奧會的會籍名
稱、會旗與會歌，歷經了諸多轉折，這些轉變的過程，反映於奧會郵票上，1964
年與 1968 年尚可見國旗之圖像，然之後由於奧會模式，便不再出現國旗圖
像，再次躍於郵票上的旗幟圖像時（2004 年），則是中華奧會會旗的圖像。（圖
3-1-46）〔註 119〕

〔註 114〕 行政院體育委員會，《中華民國建國 100 年體育專輯──圖說體育》（臺北：
行政院體育委員會，2011 年），頁 156。

〔註 115〕 呂芳上總纂，《中華民國近六十年發展史》下冊（臺北：國史館，2012 年），
頁 29。

〔註 116〕 修改重點為：一、各國的國家奧會使用國家名稱、國旗與國歌參加奧會之規
定，改為以代表團之名稱與旗幟與代表歌曲；二、參加名義以本身名義參加
奧會；三、在奧運期間，所使用的代表團的旗幟與標誌，皆需送審國際奧會
後核准。呂芳上總纂，《中華民國近六十年發展史》下冊，頁 29。

〔註 117〕 湯銘新編著，《我國參加奧運滄桑史》下冊，頁 469～473。

〔註 118〕 中華郵政全球資訊網，《郵票寶藏》：https://www.post.gov.tw/post/internet/W_
stamphouse/post/internet/W_stamphouse，檢索日期：2018/10/30。

〔註 119〕 在 1981 年時為無法以國旗出戰奧運的中華民國設計奧會旗的藝術家林幸雄
說，當初設計的理念為白日，原本沒有後面的藍底，經過當時體育會理事長
蔣緯國的協調才加入，「與黨徽最大不同就是沒有碰到邊」林幸雄說，1971 年
我國退出聯合國後，讓國際奧會不承認中華民國後，當時中華民國體育學會
理事長蔣緯國，想要設計出一款可以代表中華民國，但又可以參加比賽的旗
幟，才委託他創作。林幸雄表示，他設計出 3 個外圈分別代表青天、白日及
滿地紅，而中間的旗幟則代表無限光輝，「原本沒有藍底」，僅有藍色線條勾
勒出太陽，後經協調才會加上藍底讓太陽光輝更加明顯。「一開始並不是奧
運 5 環」，林幸雄指出，起初設計是太極圖樣，象徵中華文化 5000 年文化，
「也是民國 67 年的中華男子足球隊參賽旗幟」，但僅使用一次後，送審時又
被更改，才有現在設計。因此中華奧會旗內的圖樣不是黨徽。《聯合影音網》，

圖 3-1-46　中華奧會會旗圖案

說明：三個外圈分別代表青天、白日及滿地紅，而中間的旗幟則代表無限光輝。五環標誌代表世界奧運會。

　　對於世界各國而言，奧運所蓄積的國族主義，不僅是在奧運場上為國與國對抗，奧運對於各國而言，是個大舞台，弱小的國家視參加奧運為參與現代文明的盛會，彰顯其為國際社會之一員，奪牌並非主要目的，從某種角度看，也是彰顯小國或體育弱國的國族主義，從中華民國在奧會奪得獎牌的那一刻起的效應，即可印證。〔註 120〕

（二）棒球郵票

　　棒球運動起源於美國，臺灣棒球運動起於日治時期，臺灣第一場球賽於 1906 年，由國語學校中學部與國語學校師範部進行，〔註 121〕日本以「野球」一詞，取代「baseball」，日本推動臺人棒球運動，除為了建立自由競爭與守規則的運動觀念外，亦視為宣傳殖民統治成效的工具之一。〔註 122〕日本推廣棒球運動，實踐國族認同的重要路徑，透過「甲子園大會」、「武士道野球」的精神，透過犧牲奉獻、效忠團結精神的實踐，競爭與合作的形式，表現殖民地的進步以及對日本的忠誠態度，體現日本 1920 年代的同化政策。〔註 123〕早期成立的球隊較有名者為「高砂棒球隊」，於 1921 年為花蓮原住民所組成。〔註 124〕

2016 年 8 月 15 日，林良齊報導，https://video.udn.comhttps://video.udn.com，檢索日期：2018/10/18。

〔註 120〕謝仕淵，〈奧運、棒球、臺灣：北京奧運與運動民族主義〉，《文化研究月報》第 85 期，頁 49。

〔註 121〕臺灣體育協會，《臺灣體育史》湯川充雄，《臺灣野球史》，謝仕淵、謝佳芬，《臺灣棒球一百年》（南投，玉山社，2017 年），頁 9。

〔註 122〕張凱翔，〈臺灣棒球運動的發展與回顧〉，《台中教育大學體學學系系列》第 3 期，2008 年），頁 2。

〔註 123〕謝仕淵、謝佳芬，《臺灣棒球一百年》，電子書，頁 9；第一章，頁 7；謝仕淵，〈帝國的體育運動與殖民地的現代性：日本時期臺灣棒球運動研究〉，（臺灣師範大學歷史學系碩士論文，2011 年），摘要。

〔註 124〕以臺灣人為主的棒球隊真正有成績的以 1919 年為學校棒球隊的主力投手林佳

　　戰後初期，民眾生活的娛樂選擇不多，而對於日本時代的野球記憶猶深，對於戰後改稱為「棒球」的熱衷程度依舊。1948 年代表臺灣的棒球隊參加上海舉行的第七屆全國運動會的棒球與壘球比賽，大穫勝利，〔註125〕冠軍的捷報傳遍臺灣，使得臺灣掀起棒球熱潮，各工商團體分而組織棒球隊，〔註126〕如合庫、臺銀、華銀、一銀、彰銀與土銀等六家金融機構之間的比賽，成為戰後初期受到矚目的棒球賽事；〔註127〕唯其後囿於資源有限，因此又日漸沒落。

　　直至 1960 年代，在臺北舉行的第四屆亞洲盃棒球賽，帶動人民觀賽之熱潮，棒球運動再度受到重視。1968 年由於臺東紅葉少棒隊的崛起，更對棒球運動有著深遠的影響；緣於位於臺東平時以石頭與木杆苦練所組成的紅葉少棒隊，在 1968 年 8 月，中、日兩國少年棒球隊首次在臺灣的比賽，紅葉棒球隊以兩戰全勝的戰績擊敗了設備精良的日本少棒冠軍代表隊──日本關西聯盟明星隊，使得全臺再度掀起一股棒球熱潮，同時也引起政府對棒球之重視，紅葉少棒隊除受到臺灣省主席黃杰（1902～1995）致電嘉勉外，教育部長嚴振興（1912～2005）與救國團主任蔣經國也親自接見，這是一般運動員少有的殊榮。〔註128〕

　　接著，1969 年金龍少棒對於擊敗了關島與日本，而取得遠東區代表權參加 8 月的世界棒球賽中，榮獲冠軍，中華民國在當時遭受外交挫敗的環境之下，而少棒隊卻能在世界棒球錦標賽中屢屢奪得最高榮譽，因此回國時由政府首長接機，甚至獲得總統蔣中正於中山樓裡接見這些小選手們，並在體育節（9月 9 日）表揚這些為國爭光的選手們優異的表現，彰顯其榮耀事蹟；〔註129〕

　　　　興所指導的高砂棒球隊。黃成志、蔡守浦，〈臺灣日據前期棒球史中運動文化的塑造〉，《大專體育》第 61 期（2002 年 8 月 1 日），頁 124。

〔註125〕簡永昌，《中華棒球史記》（臺北：簡永昌，1993 年），頁 7。

〔註126〕陳嘉謀，〈臺灣棒球運動發展之研究（1945～1968）〉（國立臺東師範學院教育研究所體育教學碩士論文，2002 年）。

〔註127〕戰後臺灣的棒球發展，國史館《國家歷史資料庫》：http://museum02.digitalarchives.tw/ndap/2005/AHDPortal-DRNH/nhd.drnh.gov.tw/AHDPortal/banner.html，檢索日期：2017/6/5。

〔註128〕林琪雯，〈運動與政權維繫──解讀戰後臺灣棒球發展史〉（國立臺灣大學社會學研究所碩士論文，1995 年），頁 3～4。

〔註129〕1941 年 9 月 9 日公佈「國民體育法」，以 9 月 9 日為體育節，並於此節日舉辦各項體育競賽與表演，同時表揚成績優秀人員與工作人員。行政院體育委員會，《中華民國建國 100 年體育專輯──體育政策》（臺北：行政院體育委員會，2011 年），頁 84。由於各級棒球賽事比賽時間不一，因此，多安排於體育節日表揚選手們的優異表現。

當時陸軍總部更曾派遣吉普車隊載著這群為國爭光的少棒球員，在臺北市街上英雄式的遊行，接受人民的歡呼。〔註 130〕

　　1970 年代中華民國在外交與經濟的環境上，雙雙受到嚴重的打擊下，此時期臺灣的棒球代表隊多次擊敗日本等國家，取得亞洲出賽的代表權，各級棒球隊在國際賽事中，頻頻傳出令世人讚嘆的佳績，表現優異的棒球選手們幾乎年年奪冠，屢報佳音，頓時臺灣棒球隊所向披靡的風采，在世界盃的冠軍賽中，獲得少棒、青少棒、成棒的冠軍以及接連拿下「三冠王」的成績；〔註 131〕在棒球場上贏得到世界冠軍的榮耀，讓中華民國在世界嶄露頭角，讓世界無法漠視世界第一的臺灣棒球隊，增強了人民對國家的認同感，振興民心士氣。

　　每當棒球國際賽事實況轉播時，全臺可謂陷入瘋狂之境，通宵達旦地守在電視機前漏夜觀看，凝神關注這攸關國家榮譽的世界大賽，直到球賽結束。當勝利的一擊透過螢光幕上播出時，全臺人民在深夜裡歡聲雷動，鞭炮聲傳遍大街小巷的景象，成為當代的國民共同的歷史記憶，而這些出賽的青少年棒球隊歸國時，民眾爭相歡迎，〔註 132〕棒球選手們頓時成為國人心中的擊敗世界各國的英雄，蔚為風潮；棒球運動對當代民眾而言，似乎成為跨越省籍與性別的共通語言，全民在電視機前吶喊加油，在逆轉勝而感動落淚的同時，民心頓時凝聚在一起。〔註 133〕即使當代在海外的華人，亦莫不為之感到與有榮焉，在海外的比賽場合，亦想盡辦法至現場觀看球賽為中華隊加油打氣。〔註 134〕

　　這些情景使得政府認識到運動文化對於國民在民族情感上的奧妙作用，因而積極提倡棒球運動。棒球隊的優異表現，使國人重拾對棒球的熱愛，全國各級學校積極推廣棒球運動，棒球頓時成了臺灣「顯學」，〔註 135〕成為民眾心中的「國球」運動。據資料統計，少棒於 1969 年首次參加第廿三屆世界少棒賽（威廉波特）獲得冠軍後，第 24～28 屆、第 31～35 屆皆獲得冠軍獎盃；青

〔註 130〕林琪雯，〈運動與政權維繫——解讀戰後臺灣棒球發展史〉，頁 3～4。

〔註 131〕1974 年、1977 年與 1978 年，皆獲得三冠王。田毅，〈漫談臺灣棒球發展史〉，《兩岸關係》（2008 年第 8 期，2008 年 8 月 10 日），頁 1。

〔註 132〕Jay Taylor 陶涵著，林添貴譯，《臺灣現代化的推手：蔣經國傳》（臺北：時報文化，2000 年），頁 337。

〔註 133〕謝仕淵，《臺灣棒球一百年》（南投，玉山社，2017 年），電子書，序，頁 3。

〔註 134〕例如學者陳鵬仁在 1972 年秋季，即為了鼓勵這些年輕的少棒代表隊，親自到紐約洋基棒球場為之加油打氣，供應餐飲，當年是臺北市議員張建邦擔任領隊。以上為陳鵬仁口述，2018 年 11 月 23 日。

〔註 135〕謝仕淵，〈《故事》，看球五十年，見證臺灣棒球崛起的第一代球評〉，《自由評論網》2018/8/27 http://talk.ltn.com.tw，檢索日期：2018/10/6。

少棒於 1972 年開始參加（蓋瑞）世界青少棒錦標賽，從 1972～1980 年及 1983 年皆為冠軍得主，青棒自 1974 年首次參加（羅德岱堡）世界青棒錦標賽起，至 1978 年每年皆獲得冠軍，1981、1983、1984 亦為冠軍得主。〔註 136〕因此，運動競賽所激盪出的國族主義，原寄予奧運選手楊傳廣與紀政，到了 1970 年代，轉而由各級棒球選手體現之。〔註 137〕

由於總統多在體育節日表揚棒球選手們的優異表現，因此，郵政總局皆於體育節發行相關棒球的郵品，除表揚選手的優異表現外，則是配合政府積極推廣棒球運動，自 1969 年起，中華郵政即開始發行與棒球相關的郵品。〔註 138〕關於棒球的郵票僅在 1971 年 7 月列為一般體育郵票（圖 3-1-47）外，〔註 139〕其餘自 1971 年至 1978 年皆為紀念郵票。另外，除了首張的棒球郵票（1971 年）是以投手、搶壘、打擊手、捕手為圖像主體外，其餘僅以繪製投手為主加上文字識別之。〔註 140〕

圖 3-1-47　體育郵票（60 年版）（特 078）1971 年 7 月 29 日發行

說明：為倡導全民體育運動，以棒球運動之投手、捕手及打擊手之姿態為主題，印製體育郵票一組。圖案及服裝係以參加第廿三屆世界少年棒球比賽榮獲冠軍之我國金龍少年棒球隊為藍本，寓有策勵之意。於 1971 年 7 月 29 日第廿五屆世界少年棒球賽，在臺灣舉行太平洋區預賽揭幕之日發行。

〔註 136〕臺灣省政府新聞處編印，《臺灣光復四十年專輯──教育文化的發展與展望》（台中，臺灣省政府，1985 年），頁 199～202。

〔註 137〕謝仕淵，〈奧運、棒球、臺灣：北京奧運與運動民族主義〉，《文化研究月報》第 85 期，頁 44。

〔註 138〕1969 年「中華少年棒球榮獲世界冠軍凱旋紀念明信片」、1975 年與 1976 年，皆發行「中華青年及青少年棒球雙獲世界冠軍紀念信封」。

〔註 139〕1971 年 7 月 29 日世界少年棒球賽在台舉行太平洋區預賽揭幕之日發行，圖像以棒球運動為主，以追念 1969 年之得獎光榮，並有鼓勵來茲之寓意。

〔註 140〕中華郵政全球資訊網，《郵票寶藏》：https://www.post.gov.tw/post/internet/W_stamphouse/post/internet/W_stamphouse，檢索日期：2018/10/30。

　　一般郵票圖像的繪製多以發行的主題為主，而以套票方式製作的郵票唯獨體育郵票，而棒球類的郵票即是明顯例子，其主要因素在於製作時間緊迫，當代一套郵票發行準備時間約莫半年以上，而棒球隊獲獎時間與總統表揚時間（體育節），過於短促、籌備不易，故以庫存量多的常用郵票套圖製作之；其次體育競技之成果勝負難料，無法預估，加上郵票製作繁複，時間冗長，故當捷報傳來，郵政總局遂採用套票方式製作發行，以慶賀之。

　　例如，1971 年慶祝中華少年棒球隊與青少年棒球隊獲獎的紀念郵票，其圖像背景不是棒球運動場而是中山樓〔註141〕，中山樓為紀念孫中山百年誕辰於陽明山興建，蔣中正以中山樓為「復興基地重建民族為化之標誌」。〔註142〕故中山樓為中央機關各項重大集會與接待重要賓客之用，而當年亦是蔣中正總統接見凱旋而歸的棒球選手之處，顯現當時的總統對這些為國爭光的棒球選手們的肯定。因此，此套紀念郵票以中山樓為背景圖，實深具其歷史文化意義，另外加上當年 8 月 28 日巨人少棒隊獲得世界少棒賽冠軍，距發行時間甚為緊迫，中華郵政遂將 1971 年 2 月之中山樓常用郵票，以套票方式製成「中華少年棒球世界冠軍紀念郵票」（圖 3-1-48），於 1971 年 9 月 9 日體育節發行。〔註143〕

　　其次，在 1972 年度的世界棒球錦標賽，臺北市少棒隊與中華青少棒隊雙雙獲得冠軍，中華郵政未預先籌備郵票印製，因此當年所發行的「中華青少年及少年棒球雙獲世界冠軍紀念票」（圖 3-1-49），則是套用當年度 5 月 20 日為慶祝蔣中正當選連任總統而印製發行的「莊敬自強」之常用郵票為底圖背

〔註141〕中山樓是 1965 年興建，1966 年落成後定名為中山樓。〈古色古香‧美侖美奐　中山樓今落成大典〉，《聯合報》，1966 年 11 月 12 日，版 2。

〔註142〕蔣中正，〈中山樓中華文化堂落成紀念文〉，收於僑務委員會編印，《中華文化復興運動論文集》（臺北：僑務委員會，1967 年 4 月 10 日），頁 3～4。蔣中正 1966 年 11 月 12 日中山樓落成典禮上言：「政府請於陽明山啟樓建堂，且乞以樓顏之曰『中山樓』，以堂顏之曰『中華文化堂』，意在紀念　國父手創民國之德澤，亦以發揚中華文化之裔皇。議其堂廡之制，……猷以為大；但自表彰中華文化博大悠久而言，雖重菑藻梲，猷以為小；……為此一堂廡僅略具我傳統建築範疇之一二，自不擇以代表中華文化之全貌！凡我國人，來瞻於此樓之下，顧其名思其義，應念　國父之遺志未竟，……又當思三民主義，乃為我民族之所託命，亦為我文化之所凝聚，願相與實踐而振德之！」

〔註143〕中華郵政全球資訊網，《郵票寶藏》：https://www.post.gov.tw/post/internet/W_stamphouse/post/internet/W_stamphouse，檢索日期：2018/10/30。

景，〔註144〕加蓋「中華青少年及少年棒球雙獲世界冠軍紀念票」的紀念文字，以及得獎年份與投手投球姿態為主，印製紀念郵票於體育節發行，以紀念之。〔註145〕

圖 3-1-48　中華少年棒球世界冠軍紀念郵票
（紀 137）1971 年 9 月 9 日發行

說明：為慶祝中華巨人少年棒球隊參加第 25 屆世界少年棒球賽，榮膺世界冠軍凱旋歸國，以中山樓郵票三種面值，由中央印製廠加蓋「中華少年棒球世界冠軍紀念」字樣，並加印棒球投手圖案，於體育節發行，以資紀念。

圖 3-1-49　中華青少年及少年棒球雙獲世界冠軍
紀念郵票（紀 143）1972 年 9 月 9 日發行

說明：為慶祝中華美和青少年棒球隊及臺北市少年棒球隊榮獲世界冠軍，為國爭光，以莊敬自強郵票 1 元、1.5 元、2 元及 3 元四種面值，由中央印製廠加蓋「中華青少年及少年棒球雙獲世界冠軍紀念」、棒球投手圖案及 1972 字樣。

1973 年的「中華青少年及少年棒球雙獲世界冠軍紀念郵票」（圖 3-1-50），則為參加 1973 年的世界棒球錦標賽的華興青少棒與巨人少棒隊再次獲得冠軍

〔註144〕「莊敬自強」為蔣中正在 1971 年 6 月主持國家安全會議上發表的〈我們國家的立場和國民的精神〉一文時，在精神訓詞中所講的「莊敬自強、處變不驚」，來勉勵全國人民，以表國家不屈不撓的精神與堅定的立場。

〔註145〕中華郵政全球資訊網，《郵票寶藏》：https://www.post.gov.tw/post/internet/W_stamphouse/post/internet/W_stamphouse，檢索日期：2018/10/30。

佳績，華興青少年棒球隊及巨人少年棒球隊，各以精湛球技，取得遠東區青少棒及少棒代表權，於 1973 年 8 月先後前往美國印地安那州蓋瑞城及賓夕法尼亞州威廉波特市角逐世界冠軍，經過多日奮戰，中華棒球隊終以破竹之勢，順利衛冕成功。郵政總局為慶祝之，特以世界少年棒球聯盟之標誌為郵票圖案主題，製作發行紀念郵票一套。〔註 146〕

圖 3-1-50　中華青少年及少年棒球雙獲世界冠軍
紀念郵票（紀 149）1973 年 9 月 9 日發行

說明：此票於冠軍捷報傳回國後，郵政總局臨時籌畫發行，因此發行日期在前，套號編列在後。

在世界棒球錦標賽的競技場上，1974 年中華棒球代表隊首次獲得三冠王時，全民歡聲雷動，四處鞭炮作響不絕於耳，在那風雨如晦的年代，能讓世界看見臺灣，是多麼令全民歡欣鼓舞之事，對加強總體外交及提高國際聲譽，尤具重大意義，當這些為國爭光的年輕戰將凱旋歸國，同年 8 月 28 日，時任行政院長蔣經國特以茶會接待青棒、青少棒隊職員，並宣佈政府決定在臺北興建一座夜間棒球場。〔註 147〕為此，郵政總局則繪製以三面冠軍錦旗，三位代表少年、青少年、青年的選手為圖案主題的紀念郵票，在同年 11 月 24 日發行「中華民國青年青少年少年棒球隊榮獲世界三冠軍紀念郵票」。〔註 148〕（圖 3-1-51）

〔註 146〕中華郵政全球資訊網，《郵票寶藏》：https://www.post.gov.tw/post/internet/W_stamphouse/post/internet/W_stamphouse，檢索日期：2018/10/14。

〔註 147〕財團法人張榮發基金會國策中心臺灣史料編纂小組編纂，《戰後臺灣歷史年表》電子索引，第三冊，中央研究院：http://twstudy.iis.sinica.edu.tw/twht/，檢索日期：2018/12/1。

〔註 148〕中華郵政全球資訊網，《郵票寶藏》：https://www.post.gov.tw/post/internet/W_stamphouse/post/internet/W_stamphouse，檢索日期：2018/10/14。

圖 3-1-51　　中華民國青年青少年少年棒球隊榮獲世界 3 冠軍
　　　　　　紀念郵票（紀 156）1974 年 9 月 9 日發行

說明：中華郵政為慶祝中華青年棒球代表隊、中華美和青少年棒球隊及中華立
德少年棒球隊分別榮獲世界冠軍，印製郵票 1 組，於體育節發行，以茲紀念。

　　而在 1975 年與 1976 年在國家棒球隊之比賽未獲得三冠王，因此郵政總
局在此兩年僅發行「中華青年及青少年棒球雙獲世界冠軍紀念信封」；其後於
1977 年與 1978 年再度榮獲三冠王時，則以常用郵票上加蓋紀念文字。1977 年
9 月 9 日為慶祝中華民國青年棒球代表隊、中華華興青少年棒球隊及立德少年
棒球隊，分別再度榮獲 1977 年世界棒球比賽冠軍，揚威海外，為國爭光，發
行的「中華青年青少年少年棒球隊再獲世界三冠軍紀念郵票」（圖 3-1-52），是
年係中華青棒隊第四度榮獲世界冠軍，青少棒隊第六度取得錦標，少年棒球隊
第六次贏得王座。

圖 3-1-52　　中華民國青年青少年及少年棒球隊再獲世界 3 冠軍
　　　　　　紀念郵票（紀 163）1977 年 9 月 9 日發行

說明：以 3 版九項建設郵票中之 2 元及 8 元票加蓋「中華民國青年、青少年及
少年棒球隊再獲世界 3 冠軍紀念」字樣及「1977」年份數字，由中華彩色印刷
公司印製加字紀念郵票一組，於體育節發行，以資紀念。

在 1978 年 9 月 9 日，發行「中華青年青少年少年棒球隊三獲世界三冠軍紀念郵票」（圖 3-1-53），是為慶祝中華民國青年棒球代表隊、中華榮工青少年棒球隊及屏光少年棒球隊分別榮穫 1978 年世界棒球比賽冠軍，再度為國爭光而製作發行；以上兩者皆以 1977 年 9 月發行的 3 版九項建設的常用郵票為版本，套用製作發行之。〔註 149〕從此些以「莊敬自強」、「九項建設」為底圖背景的棒球類郵票，讓人們在雁字往返或集郵時，無形中塑造國民對中華民國政府的政策以及積極建設臺灣的優良治績，有著基本的印象與認識。

圖 3-1-53　中華民國青年青少年及少年棒球隊 3 獲世界 3 冠軍
紀念郵票（紀 169）1978 年 9 月 9 日發行

說明：以添印 3 版九項建設郵票中之 4 元及 6 元票加蓋「中華民國青年青少年及少年棒球隊三獲世界三冠軍紀念」及「1978」年字樣，由中華彩色印刷公司印製加字紀念郵票 1 組，於體育節發行，以資紀念。

1970 年代的許多郵票，所彰顯的是延續法統與道統的中華國族主義。在這樣的背景下，中華民國國民在 1970 年代累積了十餘年對棒球的期待以及價值觀，由於外交上的困境，1980 年代的「奧會模式」，使得棒球運動實力再次於世界嶄露頭角，當 1984 年洛杉磯奧運會將棒球列為表演賽，使得棒球、國族主義、奧運三者匯集在一起。〔註 150〕

發行棒球郵票除為慶祝紀念外，同時提升國際知名度，並且可以傳達當時的政治意識，多套棒球郵票的圖像上，運用中山樓、「莊敬自強」及九項建設

〔註 149〕因應全球石油危機，1973 年時任行政院長之蔣經國所提出的基礎建設計畫，郵政總局為呼應此政策，宣傳政府績效，而發行之，其後又加上核能發電的完成，遂又於 1980 年發行十項建設郵票。中華郵政全球資訊網，《郵票寶藏》：https://www.post.gov.tw/post/internet/W_stamphouse/post/internet/W_stamphouse，檢索日期：2018/10/14。

〔註 150〕謝仕淵，〈奧運、棒球、臺灣：北京奧運與運動民族主義〉，《文化研究月報》第 85 期，（2008 年 10 月 25 日），頁 45。

為背景，〔註 151〕傳達即使中華民國在國際地位遭受丕變，被拒於許多國際組織於外，經濟亦因全球石油危機影響面臨嚴酷的考驗時，國民亦能團結一心、莊敬自強、處變不驚，配合政府的政策宣傳，全體積極建設臺灣，使國家仍屹立不搖的昂首向前邁進。

第二節　戰雲密佈的臺灣海峽

　　1949 年，對中華民國而言是至為關鍵的一年，而 1949 年 10 月發生在金門古寧頭的這場戰役，是國共兩軍內戰的延續，是國共雙方最後一次短兵交接的戰役，這一場古寧頭戰役後，兩岸分裂成了定局，似乎有如一戰定江山之狀，雖同為中華民族，惟在不同的政治體制之下生活著。〔註 152〕在 1949 年～1971 年退出聯合國之前，兩岸關係屬於軍事對峙僵持時期，也延伸出「漢賊不兩立」的零和外交，〔註 153〕中共的政策為「堅持以武力解放臺灣」，此時期雙方爆發多次的軍事衝突。〔註 154〕戰後冷戰格局的形成，已經使對立的雙方都徹底地意識形態化了，結果是每一方都在自覺或不自覺地把對方妖魔化。兩岸在冷戰的環境下，仍然延續著國共內戰的形勢。在臺灣的中華民國政府宣示「反攻大陸、消滅共匪」，在中國大陸的中華人民共和國則揚言「堅持以武力解放臺灣」，為激勵士氣，進行一次次的軍事行動，兩岸籠罩在劍拔弩張的戰鬥氛圍裡。大陸沿海島嶼原屬中華民國據守，然中共以武力不斷的進逼，最後，中華民國僅有金門馬祖緊鄰福建的島嶼金門、馬祖，與臺灣、澎湖等周圍小島，共軍仍陳兵於沿海地帶，臺灣海峽依舊是戰雲密佈。而面對軍事威脅的中華民國政府，在外交上亦是挫敗，美國的袖手不管政策，使中華民國更顯孤立無援。

一、絕續存亡的古寧頭戰役

　　1949 年 10 月 1 日中共在中國大陸成立政權後，美國召開遠東專家圓桌

〔註 151〕1971 年、1972 年、1977 年、1978 年。

〔註 152〕楊紫瑩，〈海峽兩岸對古寧頭戰役論著及史料之比較研究〉，《華岡史學》第 4 期（臺北：中國文化大學史學研究所，2016 年 12 月），頁 143。

〔註 153〕趙春山編，《兩岸關係與政府大陸政策》（臺北：三民書局，2013 年），頁 219 ～221。舉凡與中共建交的國家，均與我國斷交。

〔註 154〕自 1949 年起金門陸續遭受中共攻擊，戰事不斷至 1961 年秋，雙方仍陸續發生中共砲擊金門之戰事。朱文原等編輯，《中華民國建國百年大事記》（臺北：國史館，2012 年），頁 522、523、562、572、586、592、604、606、633、642、647、658、671。

會議，重新檢討對華政策。〔註155〕會中決議：美國應盡早承認中共，並促其加入聯合國。〔註156〕1949年10月12日美國政府宣稱臺灣與朝鮮半島不在美軍西太平洋的圍堵防線之內〔註157〕，即使12月23日中華民國政府正式籲請美國派遣政治、軍事及經濟上的顧問來臺，以協保臺灣之安全時，美國卻於1950年元月5日，由國務院向遠東地區使節發表秘密備忘錄，傳達其對臺灣「袖手不管政策」（Hands-off policy），杜魯門（Harry S. Truman，1884～1972）總統針對臺灣問題發表正式聲明，保證遵守開羅宣言與波次坦宣言中關於臺灣歸還中國的規定，亦表示美國與西方盟國向來尊重中國對臺灣的主權，避免捲入中國內爭的原則作為回應。〔註158〕

國共雙方在內戰數年後，國軍因基於國際上〔註159〕與國內〔註160〕各種因素，導致作戰失利，中華民國政府發現基本上已無法挽回劣勢，國共內戰勝負已成定數，蔣中正（1887～1975）決定撤退來臺，準備以臺灣海峽成為抵擋共軍攻勢的天險，堅守臺灣以圖東山再起。〔註161〕而毛澤東（1893～1976）

〔註155〕根據其中結論部分，制定美國在遠東的整體戰略，主要為美、蘇之間一旦發生戰爭，應在西方採取戰略進攻，在東方進行戰略防禦。

〔註156〕U. S. Department of State, *United States Relations with China, With Special Reference to the Perior 1944~1949*（稱為 *The China White Paper*），Vol.I, pp. 14~16.

〔註157〕黃榮華，〈近五十年來中美外交關係之演變〉，文化大學中美關係研究所碩士論文，1984年，頁80。

〔註158〕1950年元月5日，杜魯門總統正式聲明不再給中華民國軍事援助。參李本京著，蔣緯國主編，《蔣中正先生與中美關係：從白皮書公佈到韓戰爆發》（臺北：黎明文化出版，1992年3月），頁39～40。Hmngdan Chiu, ed., *China and Taiwan Issue, op. cit.*, p. 149.

〔註159〕邵宗海，《美國介入國共和談之角色》（臺北：五南圖書出版有限公司，1995年3月初版），頁339；陳之邁，《患難中的美國友人》（臺北：傳記文學出版社，1979年），頁154～174；*Statement on China White Paper* by American China Policy Association, Inc., Aug. 29, 1949, China White Paper Folder, Presidential Official Files, Truman Papers, Truman Library。1949年8月5日，美國國務卿艾奇遜（Dean Acheson）正式對華宣佈「對華政策白皮書」亦稱「美國與中國之關係」（United States Relations with China，1944～1949）打擊我軍士氣。

〔註160〕張火木，《金門古今戰史》（臺北：稻田出版社，1996年），頁40-1。

〔註161〕蔣中正早在1946年視察臺灣時對臺灣有了深刻的印象，在視察當年的10月26日的日記中寫道：「臺灣尚未被共黨分子所滲透，可視為一片乾淨土」，並自我期許「今後應積極加以建設，使之成為一模範省。」蔣看準中共無海、空軍，早已將國民政府準備移至臺灣，以臺灣海峽的天險擋住共軍的攻勢，堅守臺灣以圖東山再起。秦孝儀，《總統蔣公大事長編初稿》，卷10，1950年11

則加緊思索「解放臺灣」之策，其希望於夏秋之際完成各項準備，冬季出兵臺灣。〔註162〕事實上，毛澤東非常清楚，解放軍若無法出動海、空軍部隊，將難以拿下臺灣。〔註163〕但一時之間中共難以成立一支有戰力的海、空軍部隊以「解放臺灣」，不過中共高層並不以為意，認為國軍在中國大陸上兵敗如山倒之頹勢，即使擁有海、空軍之優勢，亦無法抵擋中共百萬大軍之攻勢，遂普遍存有輕敵思想，未審慎思考渡海登陸作戰的困難性，以致兩軍第一次的臺海之戰——古寧頭戰役，國軍初嚐大捷，而共軍苦嚐慘敗之戰果。〔註164〕

發生於1949年10月25日至27日的古寧頭戰役是中華民國得以延續的契機。此關鍵性戰役使中華民國於共軍汲汲東侵的威脅下，能夠力挽狂瀾，穩定挫敗危局，對當時中華民國的民心士氣，產生了極大的鼓舞作用，也遏阻了中共解放軍一舉殲滅國軍的夢想，造成共軍對此役失敗教訓甚為重視。蔣經國（1910～1988）曾在其日記中寫到關於古寧頭之役一事，道出了此戰役的意義：「金門登陸共軍之殲滅，為年來之第一次大勝利，此真轉敗為勝、反攻復國之『轉捩點』也。」〔註165〕而當時中共解放軍指揮這場戰役的第十兵團司令員葉飛（1914～1999）事後坦承：

> 那就是在現代戰爭條件下，沒有制海權、制空權，要實行大規模渡海登陸作戰是非常困難的。五〇年代，在我海、空軍還處於劣勢的條件下，僅僅靠木帆船，要橫跨臺灣海峽，解放臺灣，現在來看，恐怕是會比攻金失利更大的苦頭的。〔註166〕

這場金門鏖戰使得兵敗如山倒的國軍在臺、澎、金、馬地區，暫時穩住了

月14日，（臺北：中國國民黨中央黨史委員會，1978年），頁4404；陶涵，《蔣介石與現代中國的奮鬥》下卷，（臺北：時報出版社2010年8月），頁472；葉永烈，《毛澤東與蔣介石》，下篇・未完的棋（臺北：風雲出版社，1993年11月），頁571～572；吳興鏞《黃金檔案——國府黃金運台》（臺北：時英出版社，2007年10月），序。

〔註162〕金牛，〈劉少奇密訪克里姆林宮——來自俄國檔案的秘密〉，《百年潮》第5期，1997年，頁62～64。

〔註163〕齊茂吉，〈五〇年代毛澤東對臺灣問題的思考與轉變〉，《兩岸關係發展史研究》，創刊號（桃園：國立中央大學歷史研究所，2006年8月），頁107。

〔註164〕楊紫瑩，〈海峽兩岸對古寧頭戰役論著及史料之比較研究〉，《華岡史學》第4期，頁121。

〔註165〕國防部史政編譯局編印，《金門保衛戰》附錄：〈節錄中共有關金門戰役之著述〉（臺北：國防部史政編譯局，1997年），頁3。

〔註166〕齊茂吉，〈韓戰及臺海二次危機對臺灣安全之影響〉，《臺灣與四鄰論文集》（桃園：中央大學歷史研究所，1998年10月），頁71。

陣腳，同時也令共軍不敢再輕易發動渡海攻臺戰爭。正如共軍所說的：「一支橫掃千軍如席捲的驍勇善戰的勝利之師，驟然間，一個跟頭栽在彈丸之地——金門島上。……從此，海峽兩岸形成『楚河漢界』的長期對峙之勢。」〔註167〕故此次戰役對中華民國而言，實有絕續存亡之深刻意義。

　　在1952年，中華民國政府為表彰國軍戰士在此戰役的英勇表現，在金門金城鎮莒光湖旁，興建一棟三層樓高的建築，於1953年完成興建，以弘揚蔣中正對金門軍民提倡的「毋忘在莒」精神，稱之為「莒光樓」，其傳達著「固若金湯，雄鎮海門」的戰地精神。〔註168〕莒光樓作為戰地金門的精神象徵，在1959～64年間四度被做為常用郵票的主題，雖非以紀念郵票發行，但其意義深遠，其總發行量達1200萬套。〔註169〕（圖3-2-1）

圖3-2-1　金門莒光樓郵票（常086）1959年2月26日發行

說明：此年發行同一圖案，11種票值與顏色，票值最少新臺幣3分，最多3元。

　　金門戰役對中華民國之歷史意義，如同1979年蔣經國先生所回憶道的：「父親當時即說：『這是我們革命轉敗為勝的開始，是第一次把匪軍打得全軍覆沒，今後我們要在反共復國的基地，把三民主義好好的紮根。』」〔註170〕實

〔註167〕國防部史政編譯局編印，《金門保衛戰》附錄：〈節錄中共有關金門戰役之著述〉，頁1。

〔註168〕由當時金門防衛司令官胡璉負責興建，占地2千餘坪，風景秀麗，登臨頂樓，近可一覽金城鎮全景、浯江海潮，遠可眺望建功嶼、烈嶼風光及對岸。設計師沈學海，其造型源自於古典建築比例調整與形式轉化，使建築呈現雄壯磅礴氣勢。繼承南京《首都計劃》的中國固有形式，轉化了傳統城牆城市的角樓建築。

〔註169〕中華郵政全球資訊網，《郵票寶藏》：https://www.post.gov.tw/post/internet/W_stamphouse/post/internet，檢索日期：2019/6/25。

〔註170〕〈蔣總統經國先生撰「十月有感」〉，《中央日報》，1979年10月31日。

具有扭轉乾坤之意義。也因中共在金門之役的嚴重挫敗，而對臺灣的進取態度有所琢磨，往後推遲進攻時機。經過了金門古寧頭戰役的教訓，中共方面力圖改進在 1950 年時中共對於東南沿海島嶼作戰已有較前更充分準備，而因於 1950 年 6 月 25 日「韓戰」的爆發，中共攻金的時間繼續延遲，直至 1954 年再度攻擊金門，掀起臺海戰史上所謂的「九三砲戰」。

二、轉危為安的契機之戰──韓戰

韓戰，是「冷戰時期」民主國家與共產陣營的大對戰，雙方雖未宣戰，卻是動員眾多、戰況慘烈的國際戰爭。〔註 171〕韓戰對臺海兩岸局勢有深鉅的影響，1950 年 6 月 25 日韓戰的爆發，扭轉了美國對亞洲戰略情勢的評估，美國執行「臺海中立化」政策，訓令第七艦隊巡弋臺灣海峽，形成兩岸之間的一道防火線。美國面臨以蘇聯為首的共產集團朝鮮半島的軍事挑戰時，若中共再趁機發動攻臺戰爭，則將對美國在亞太地區的戰略部署產生極為不利的影響。若美國未協防臺灣，一旦共黨勢力侵入朝鮮及臺灣，則美國在亞太地區的戰略防線將可能被迫撤到菲律賓，甚至關島。有鑑於此，美國經戰略評估後，於 6 月 27 日派遣第七艦隊巡防臺灣，〔註 172〕以穩住臺海局勢，此舉激怒了中共當局，〔註 173〕同時也使中共不得不暫時擱置攻臺的計畫。故韓戰可說是臺灣安全及前途重要的轉機，使得國民政府在退守臺灣後與華府的關係更進一步。〔註 174〕

1953 年 2 月美國總統艾森豪（Dwight David Eisenhower，1890～1969）在其致國會的「國情咨文」（Stare of the Unian）中宣稱第七艦隊將不再防止國軍任何反攻大陸的軍事行動，〔註 175〕使情勢更顯緊張；直至 1953 年 3 月史達林

〔註 171〕李邁先，《西洋現代史》（臺北：三民書局，2008 年），頁 444。

〔註 172〕杜魯門認為共產黨軍隊之佔領臺灣，勢將直接威脅太平洋區域之安全，並威脅在該區旅行合法而必要之美國部隊為由，命令美國第七艦隊進入臺海。

〔註 173〕中共外交部長周恩來（1898～1976）於 28 日發表聲明，強烈指責美國：「我現在代表中華人民共和國中央人民政府聲明：杜魯門 27 日的聲明和美國海軍的行動，乃是對於中國領土的武裝侵略，對於聯合國憲章的徹底破壞。……我國全體人民，必將萬眾一心，為從美國侵略者手中解放臺灣而奮鬥到底。」參見世界知識出版社編輯，《中華人民共和國對外關係文件集》第 1 卷（北京：世界知識出版社，1961 年），頁 130-2。

〔註 174〕齊茂吉，〈韓戰及臺海二次危機對臺灣安全之影響〉，《臺灣與四鄰論文集》，頁 72。

〔註 175〕李本京，《蔣中正先生與中美關係：從白皮書公佈到韓戰爆發》，頁 59。

過世後，6 月時美國艾森豪總統又於白宮特別會議以後宣稱美國政府將領銜反對任何企圖引中共入聯合國的議案。共方始做讓步，蘇聯調整對朝鮮問題的政策，積極達成停戰協議，使戰俘問題談判走出僵局，終於 7 月 27 日簽訂了「板門停戰協定」。〔註176〕韓戰對海峽兩岸影響至深，使原本處於風雨飄搖的臺灣處境轉危為安，在冷戰架構下，使自 1949 年的兩岸（中國政權）分立局勢自此穩定。

　　1951 年 7 月進行停戰談判，〔註177〕在停戰協定確立前，雙方對於遣俘問題，民主與共產兩大集團難有共識，使停戰談判進度陷入膠著。1951 年 11 月 14 日，中共主張：「雙方遣返全部戰俘的原則交換。」〔註178〕而美國採取「志願遣俘原則」（The principle of voluntary repatriation）〔註179〕。中華民國外交部長葉公超（1904～1981）於 1952 年 2 月 25 日代表政府宣示歡迎反共戰俘來臺；〔註180〕12 月，聯合國通過第 610（7）號決議案，確立聯軍的韓戰政策及戰俘的命運；然中共仍是反對。〔註181〕

　　中華民國則為反共戰俘聲援一事，進行許多努力，除徵召的一批心戰人員，則為華籍戰俘來臺的工作奠下基礎，〔註182〕成立「中華民國宣慰韓戰華

〔註176〕李邁先，《西洋現代史》，頁 446；周琇環，《戰後外交史料彙編——韓戰與反共義士篇（二）》（臺北：國史館，2005 年），頁 114。

〔註177〕周琇環，〈韓戰期間志願遣俘原則之議定〉，《國史館館刊》第 24 期（2010 年 6 月），頁 52～53。

〔註178〕「毛澤東關於朝鮮停戰談判和中國國內情況等問題致史達林電」、「史達林關於朝鮮停戰談判問題致毛澤東電」，引自沈志華編，《朝鮮戰爭：俄國檔案館的解密文件》下冊（臺北：中央研究院近代史研究所，2003 年），頁 1103、1108。

〔註179〕外交部編，《處理反共義士歸國之經過》，頁 6，收入於《外交部（情報司）檔案》，國史館藏，檔號：172-3/5121；「宣慰韓戰反共戰俘參考資料」（民國 42 年 8 月 15 日），〈在韓中共俘虜〉，《外交部國際組織司檔案》，外交部藏，檔號：633.43/005。

〔註180〕周琇環，〈接運韓戰反共義士來臺之研究〉，《國史館館刊》第 28 期（2011 年 6 月），頁 125。周琇環編，「附件三、二月二十五日電話告知美聯社通訊員」，〈外交部情報司致中央社新聞稿謂愛國共俘聯名上書聯軍呼籲爭取自由〉，（民國 41 年 2 月 11 日），《戰後外交史料彙編——韓戰與反共義士篇（二）》（臺北：國史館，2005 年），頁 10。

〔註181〕周琇環，〈韓戰期間志願遣俘原則之議定〉，《國史館館刊》第 24 期（2010 年），頁 52～53。

〔註182〕1953 年春，國府積極佈署「組織戰俘」的工作，中央黨部第六組工作陳建中擔任，並至巨濟島會見反共戰俘領袖，指導其工作方針。邵毓麟，《使韓回憶錄》（臺北：傳記文學，1980 年），頁 355。

籍反共義士代表團」之外，〔註183〕亦發動國內外輿論與援助會〔註184〕等行動聲援之。而此期間，戰俘營也陸續傳達著許多反共的聲音，《中央日報》載：「彼等均係冒死自動投奔聯軍，現已在臂上刺出「反共抗俄」四個字，以示寧死不願再被遣回，落入匪共魔手。」〔註185〕次年，1月23日，第72戰俘營7,077名也聯名上書聯軍統帥部，表示：「讓我們回到自由中國臺灣去。」〔註186〕等，堅決表示彼等誓死反共抗俄爭取自由之決心；〔註187〕請求將其遣送前往臺灣，否則請將其就地集體槍決，〔註188〕表明誓死不回大陸。

　　除此，1952年另有許多在韓釜山的華籍戰俘發起刺血上書的活動，表明投向自由的中華民國之心志。〔註189〕例如：1952年4月外交部新聞稿載：「釜山的第十一俘虜收容所中全體共俘五百四十人又聯名上總統呼籲，情詞懇切，並且捺有刺血指模，感人至深。」〔註190〕外交部認為此類資料似頗具國際宣傳價值，宜相機運用之；〔註191〕參謀總長周至柔（1898～1986）亦表示「將是項資料交我駐美機構，運用國際輿論加強報導，以促使國際注意。」〔註192〕1953年9月24日《中央日報》上有一標題寫著：「一顆心回臺

〔註183〕周琇環編，「中華民國宣慰韓戰華籍反共義士代表團工作報告書」（民國43年（1953）9月21日），《戰後外交史料彙編——韓戰與反共義士篇（二）》，頁84～110。

〔註184〕中華民國各界援助留韓中國反共義士委員會，由448個團體組織而成。中央日報報導全力聲援反共義士事，《中央日報》，1953年10月4日。

〔註185〕「我們要回來，韓巨濟島共俘85人上書萬耀煌願回國効命」，《中央日報》，臺北，1952年1月27日，版1。

〔註186〕周琇環編，《戰後外交史料彙編——韓戰與反共義士篇（二）》，頁10。

〔註187〕中央社釜山1月30日航訊。《中華日報》，民國41（1952）年2月12日。

〔註188〕「七千共俘上書聯軍」，《中華日報》，民國41（1952）年2月12日，收入於〈韓境共俘問題〉，《外交部（情報司）檔案》，國史館藏，檔號：172-3/5908。

〔註189〕周琇環編，「中華民國宣慰韓戰華籍反共義士代表團工作報告書」（民國42年（1953）9月21日），《戰後外交史料彙編——韓戰與反共義士篇（二）》，頁59～83、107～110。

〔註190〕《中央日報》，1952年4月4日。

〔註191〕外交部情報司檔案，「外交部致電駐聯合國代表辦事處希查收上總統書並相機運用」，1952年4月11日，外交部藏，檔號：外（41）情二字第03384號；「外交部致電國防部關於韓境共俘上總統血書事」，1952年5月2日，外交部藏，檔號：外（41）情二字第04082號；周琇環編，《戰後外交史料彙編——韓戰與反共義士篇（二）》，頁63～64。

〔註192〕外交部情報司檔案，「國防部電請外交部設法加強報導遣俘事」，1952年4月21日，檔號：（41）茂萬1509號；周琇環編，《戰後外交史料彙編——韓戰與反共義士篇（二）》，頁64～65。

灣，一條命殺共匪」，其中談到義士為了表達堅定意志染了血旗，並在身上刺字；〔註193〕此後，「血的旗幟」幾乎成為義士精神的象徵，一種英雄形象的塑造。〔註194〕

　　韓戰期間，幾次戰役下來，聯軍俘獲的戰俘人數有173,700餘人，其中華籍戰俘佔21,300人。〔註195〕聯軍居留的屬於中共自願軍的戰俘中，有一萬四千多名選擇來到臺灣，〔註196〕1954年1月，聯軍統帥赫爾（John E. Hull）上將宣佈1954年1月，華籍反共戰俘將送往臺灣。〔註197〕其中第一批於1954年1月23日由韓國仁川由美艦運載至基隆，〔註198〕此事在當時使國內及國外僑團掀起一股歡迎熱潮，華僑救國聯合總會因此發起反共義士之友運動；〔註199〕「反共義士」一詞的出現，在中國國民黨中央委員會第四組擬定之「宣傳通報第二十七號」中所載：「對他們的稱呼，可稱『親愛的反共同胞』、或『可敬愛的反共義士』或『反共的戰士』、『親愛的同胞』等。」〔註200〕因此，在1953年8月至9月間，國內報紙如《中央日報》、《聯合報》等，皆以「反共義士」來稱呼不願遣返的戰俘，意味著由可憐悲慘的俘虜變成英勇不屈

〔註193〕《中央日報》，1953年9月24日。陳紀瀅〈巨濟島漢賊不兩立〉，《反共義士奮鬥史》（臺北：軍方出版品，1955年），頁45。

〔註194〕黃克武，〈一二三自由日：從一個節日的演變看當代臺灣反共神話的興衰〉，《一九四九年：中國的關鍵年代學術討論會論文集》（臺北：國史館，2000年），頁655～663。

〔註195〕中國大陸災胞救濟總會編，《韓戰反共義士歸國紀實》（臺北：中國大陸災胞救濟總會，1988年），頁10～12。

〔註196〕1954年1月28日《新生報》載陸續來臺義士為14,067人；臺北榮民之家統計為14,715人。〈義士總數〉，《新生報》，1954年1月28日，版1；蔣經國呈「反共義士就業輔導處工作總報告」（民國43年6月），《留韓反共義士處理案》，《國防部檔案》，國防部藏，檔號：000123800100144。

〔註197〕各界對這些反共義士的稱呼，有稱「匪俘」、「反共華籍戰俘」、「來臺志願軍戰俘」、「反共同胞們」等等。周琇環，〈接運韓戰反共義士來臺之研究（1950～1954）〉，《國史館館刊》，頁124。

〔註198〕該紀念日於1993年正式改名為「世界自由日」，而「一二三自由日」為「反共義士」恢復自由取得平民身份之日。周琇環，〈接運韓戰反共義士來臺之研究（1950～1954）〉，《國史館館刊》第28期（2011年6月），頁119。李邁先，《西洋現代史》（臺北：三民書局，2008年），頁446。

〔註199〕「反共義士之友運動簡則」，案名：「訪問韓戰反共義士捐款慰勞」，1943年，《外交部檔案》，管有機關：國家發展委員會檔案管理局，檔號：A303000000B/0043/005.7/0001。

〔註200〕周琇環編，《戰後外交史料彙編——韓戰與反共義士篇（一）》（臺北：國史館，2005年），頁164。

的英雄；〔註201〕從此「反共義士」這一名詞，在臺灣正式大量使用。

在 1953 年 12 月 7 日時，各界援助義士委員會遵照中央指示，發動「自由日運動」，〔註202〕在臺北中山堂舉行「自由日紀念會」的慶祝典禮，特定 1954 年 1 月 23 日為「反共義士自由日」〔註203〕，並發表自由日運動宣言，〔註204〕因此，後來通稱「一二三自由日」，並舉行紀念活動，〔註205〕世界許多反共國家已將義士的行為視為追求「自由」。1960 年，「自由日」由亞洲推向世界，在 1955 年 1 月 23 日為自由日一週年，各界召開紀念大會，而中華郵政總局經公開徵求圖案印製紀念郵票，全套 3 枚，圖案各不相同，於義士回國週年之日發行〈反共義士紀念郵票〉（圖 3-2-2），十週年時，發行了「一二三自由日」的紀念郵票（圖 3-2-3）。而 1966 年成立「世界反共聯盟」（World Anti-Communist League），次年在西貢舉行第二屆世盟大會，正式通過以每年 1 月 23 日定為「世界自由日」，〔註206〕年年盛大慶祝。在 1984 年 1 月 23 日逢「一二三自由日」運動推行 30 週年，為緬懷當年由韓歸國反共義士爭取自由之英勇奮鬥精神，以「世界自由日」為主題，印製特種郵票一套 2 枚，於自由日發行。〔註207〕（圖 3-2-4）

〔註201〕 沈幸儀，〈一萬四千個證人：韓戰期間「反共義士」之研究〉，（臺北：師範大學歷史研究所碩士論文，2008 年），頁 160。

〔註202〕 周琇環編，〈中華民國各界援助留韓中國反共義士委員會發起反共義士「自由日」運動計畫草案〉，《戰後外交史料彙編——韓戰與反共義士篇（一）》，頁 459～462。

〔註203〕 各界援助義士委員會於臺北舉行三次全體會議，一致決議。〈全國各界一致聲援，爭取義士自由〉，《中央日報》，1954 年 12 月 24 日，版 1。

〔註204〕 中國大陸災胞救濟總會編，《韓戰反共義士歸國紀實》（臺北：中國大陸災胞救濟總會，1988 年），頁 185。

〔註205〕 周琇環編，〈谷正綱電請外交部出席中華民國各界慶祝自由日週年紀念籌備會議〉（民國 43 年 12 月 28 日）；〈中華民國各界慶祝一二三自由日週年大會籌備委員會函請外交部參加商討慶祝大會籌備事宜〉（民國 44 年 1 月 22 日）；周琇環編《戰後外交史料彙編——韓戰與反共義士篇（二）》（臺北：國史館，2005 年），頁 377～385。

〔註206〕 世界反共聯盟中華民國分會，《世盟奮鬥二十年》（臺北：世界反共聯盟中華民國分會，1987 年），頁 5、56。

〔註207〕 中華郵政資訊網，《郵票寶藏》，https://www.post.gov.tw/post/internet/W_stamp house/post/internet/W_stamphouse，檢索日期：2018/5/10。

圖 3-2-2　反共義士紀念郵票（紀 041）1955 年 1 月 23 日發行

說明：繪一神態堅毅之反共義士，胸刺國徽，手繫已掙斷之鎖鍊，雄立於地球之上。由廖未林、何明績、席德進合作設計繪圖。

說明：繪一胸刺國徽及「反共抗俄」標語之反共義士，右手高擎自由火炬，左手緊握國旗，立於聯合國徽之前。由王述玉設計繪圖。

說明：繪巨型立體「1.23」日期及自由火炬。由廖未林、何明績、席德進合繪。

圖 3-2-3　自由日 10 週年紀念郵票（紀 092）1964 年 1 月 23 日發行

說明：繪製代表自由光明的火炬。

說明：束縛自由的手銬得以解除，象徵掙脫共產束縛，得到解脫。

圖 3-2-4　世界自由日郵票（特 203）1984 年 1 月 23 日發行

說明：圖案係以韓戰時我反共義士掙脫共產「魔掌」重獲自由之歡迎場面為題材。

說明：以世界各民族共同為人類自由而奮鬥之情景為題材。

　　世界反共聯盟（以下簡稱世盟）鑒於我國之自由日運動與其「為人類自由而奮鬥」之精神相符合，乃於 1968 年召開之世盟第二屆大會時通過決議，將此運動擴展為「世界自由日運動」。郵政總局載：「多年來，此運動在世盟各國會員單位之積極推動下，已發展成為鼓舞鐵幕內人民反共抗暴、爭取自由以及結合自由人士保衛自由之偉大號召與有力行動。」由於 1967 年 9 月 25 日至 29 日為世界反共聯盟在臺北召開第一屆大會之期，郵政總局遂印製世界反共聯盟成立紀念郵票，於大會開幕之日（9 月 25 日）發行，以茲慶祝。（圖 3-2-5）並且在十週年亦發行紀念郵票。〔註208〕（圖 3-2-6）

圖 3-2-5　世界反共聯盟成立紀念郵票（紀 112）
1967 年 9 月 25 日發行

說明：以世界地圖為底圖加上世界反共聯盟的英文簡寫。

圖 3-2-6　世界反共聯盟第十屆大會紀念郵票
（紀 1162）1977 年 4 月 18 日發行

　　說明：世界反共聯盟第 10 屆大會暨亞洲人民反共聯盟第 23 屆大會，於 1977 年 4 月 18 日在臺北舉行，為表慶賀，印製紀念郵票於大會揭幕之日發行。除了世界地圖為底圖加上聯盟英文縮寫外，並加上勝利的英文字代表，並繪上代表光芒四射的自由火炬，照耀世界各地。

〔註208〕中華郵政資訊網，《郵票寶藏》，https://www.post.gov.tw/post/internet/W_stamp house/post/internet/W_stamphouse，檢索日期：2018/5/10。

　　1958 年聯合國第 13 屆大會決議自 1959 年 6 月起為「世界難民年」，旨在喚起世人對於難民問題之注意，發動廣泛援助與支持，使流離失所之難民得以重新安定其生活。中華民國亦於 1959 年 6 月 15 日成立「世界難民年中國委員會」，以推行世界難民年活動。為擴大協助難民救濟工作，對中華流亡各地難胞寄予同情鼓勵，並響應此一富有意義之國際運動起見，依照世界難民年中國委員會及聯合國有關機構之建議，發行世界難民年紀念郵票。〔註 209〕（圖 3-2-7）

圖 3-2-7　世界難民年紀念郵票（紀 064）
1960 年 4 月 7 日發行

說明：一套 2 枚，票值 4 角、3 元圖案相同，色彩略有差異。以一棵大樹為主圖，樹葉繁茂，代表救濟事業猶如大樹般可以蔭蔽受難者，向下深繫的樹根，意寓使難民獲得救濟後，得以穩固茁壯。

　　中共的志願軍戰俘來臺，其投奔自由的行動，在當代具有相當重大的意義。在外交方面，可代表奉行三民主義的「自由中國」勝利，也提昇中華民國的國際地位。〔註 210〕在這一場「自由與奴役、正義與暴力」之爭，〔註 211〕中華民國政府打了一次漂亮的外交戰，當時行政院長陳誠說：「中韓反共義士，恢復自由，不僅是中韓兩國反共鬥爭中的一大勝利，也是整個世界反侵略、反

〔註 209〕　中華郵政資訊網，《郵票寶藏》，https://www.post.gov.tw/post/internet/W_stamp house/post/internet/W_stamphouse，檢索日期：2018/5/10。

〔註 210〕　「對留韓反共志士來台處理方案的意見」，〈留韓反共義士處理案〉，《國防部檔案》，國防部藏，檔號：0001238700060101。

〔註 211〕　周琇環，「外交部致電援助會關於反共義士自由日運動事」（民國 43 年 2 月 9 日），附件一，外交部情報司檔案，《戰後外交史料彙編——韓戰與反共義士篇（二）》（臺北：國史館，2005 年），頁 339。

奴役鬥爭中的一大勝利。」〔註212〕其次，反共義士的來歸，除使國軍注入新血外，〔註213〕對中華民國政府的軍心士氣大為提振，並有助於對於中共軍情的瞭解。〔註214〕

　　在此批反共義士來臺後，陸續有各類人員相繼投誠，有中共駐外代表處人員、駕機、駕船投誠者，而港澳地區亦出現大陸難胞逃亡潮，〔註215〕如大陸施行「三面紅旗」等政治運動，造成 1959～1961 年的「三年自然災害」大飢荒，使得許多人民紛紛出大陸，1962 年 5 月約莫十萬人的大批難民蜂擁至香港，次年郵政總局為促使世人注視大陸難胞嚮往自由之趨向，於 1963 年 6 月 27 日，即第一批大陸逃港難胞接運抵臺週年之期，發行「大陸難胞奔向自由」紀念郵票（圖 3-2-8）。

圖 3-2-8　大陸難胞奔向自由紀念郵票
（紀 086）1963 年 6 月 27 日發行

說明：圖像以大陸一窮苦婦女跌坐於地掩面哭泣，表現難民的無奈痛苦，而其眼光投向在寶島之「自由中國」，代表企盼到達臺灣脫離共產苦海。

說明：大陸同胞為爭取生存，成千上萬的難民攜老扶幼逃往港、澳，再奔向自由富庶的中華民國。大陸地區以深色表其黑暗，而臺灣則色彩鮮明且旁繪有飽滿稻穗，代表臺灣為自由光明、米糧充實的富庶之地。

〔註212〕易玲，〈從釋俘看亞洲大勢〉，《華僑日報》，民國 43（1954）年 1 月 25 日，版 3。

〔註213〕義士的出身多數是中共的士兵，多是來自農村的國軍舊部，被驅往戰場前線，因此全體義士加入國軍部隊的人數達 97.4%。蔣經國呈「反共義士就業輔導處工作總報告」（民國 43 年 6 月），《留韓反共義士處理案》，《國防部檔案》，國防部藏，檔號：0001238900090047、0001238900090042。江海東，《一萬四千個證人》（臺北：軍友報，1966 年），頁 170。

〔註214〕「對留韓反共志士來台處理方案的意見」，〈留韓反共義士處理案〉，《國防部檔案》，國防部藏，檔號：000123870006010；中國大陸災報救濟總會編，《韓戰反共義士歸國紀實》，頁 338～339。

〔註215〕周琇環，〈接運韓戰反共義士來臺之研究〉，《國史館刊》第 28 期，頁 146。

另外，1963 年萬國郵政聯盟促請各國於 3 月 21 日（即春分日）同時發行「免於饑饉之自由運動」紀念郵票，藉以引起世人對於世界若干地區遭受饑饉人民之關注，進而予以協助救濟，我國為響應此國際運動，發行「免於饑饉之自由運動」紀念郵票。〔註 216〕（圖 3-2-9）其後，1957 年 10 月 19 日，有中共十一名船員駕船艦曙光號漂流至琉球群島的與那國島，為美軍截獲後，船員要求來臺，成為反共義士；〔註 217〕1962 年起更有駕駛戰鬥機直達臺灣的中共飛行員，〔註 218〕而在大陸內部亦有北平民眾要求民主自由的大字報出現，至 1979 年由各種管道自大陸來臺者為數約十七萬人之多。〔註 219〕

圖 3-2-9　免於饑饉之自由運動紀念郵票
（紀 083）1963 年 3 月 21 日發行

說明：此項紀念郵票圖案係以臺灣廣大之農村及農民使用機械從事耕作情形為遠景，以農村婦女手抱豐收稻穀為主題，左上方繪我國飛機飛臨大陸上空，空投食糧救濟難胞，另於圖案右上方配置此項紀念郵票三顆麥穗之共同標誌。

〔註 216〕中華郵政資訊網，《郵票寶藏》，https://www.post.gov.tw/post/internet/W_stamp house/post/internet/W_stamphouse，檢索日期：2018/5/10。

〔註 217〕1962 年 3 月 3 日，共軍飛行員劉承司駕駛米格 15 戰鬥機從浙江起飛，降落桃園，成為第一位成功駕駛戰鬥機投奔自由的飛行員，引起各方矚目。「美方要求訊問中共俘虜與來台反共義士」，本檔案為國防部下令海軍總部派艦至與那國島接獲曙光號來臺之公文。檔案來源機關：外交部，檔案管有機關：國家發展委員會檔案管理局，檔號：A303000000B/0041/405.7/26。

〔註 218〕「基督教萬國聯合會挑選投奔自由難民赴美報導共匪罪行」，1962 年，《外交部檔案》，管有機關：國家發展委員會檔案管理局，檔號：A303000000B/004/405.7/34。1960 年有駕機投台者但在南澳迫降殞命，1961 年則有駕機於韓國濟州島成功投誠成功者。

〔註 219〕《自由必勝，暴政必亡》，《中央日報》，民國 68（1979）年 1 月 23 日，版 2。至 1983 年，則有奪取民航機來歸的「六義士」事件。陳冠維，〈中華民國反共政策下的六義士事件──以政府處置與媒體報導為中心〉，《新北大史學》第 16 期，2014 年 10 月，頁 1～51。各類反共義士報導資料可參見袁樹基，《反共義士專輯》（臺北：中華史記編輯出版社，1983 年）。

中華民國政府非常重視反共義士來歸一事，在 1950 至 1970 年代，全國上下對此亦津津樂道，形成一種特殊的社會風潮，當時行政院設立反共義士就業輔導處，運用美援與各界致贈的慰問金，〔註220〕以專款經費設置各種安置〔註221〕以及獎勵義士的辦法，而對駕機、駕艦脫離中華人民共和國的反共義士，更採取以巨額獎金給予反共義士的獎勵措施，關於獎勵「起義投誠」的獎金規定，皆以具流通性與保值的黃金為計量單位，〔註222〕據統計，中華民國政府前後發出的黃金多達五萬兩。這些獎勵政策，具有著政治意義、國防戰略價值以及民主尊嚴等作用〔註223〕。

隨兩岸軍事對峙的情勢降低，兩岸關係的改善，加上二十世紀末期開始，臺灣地區本土意識興起造成的分離意識，不再有「一個中國」「自由祖國」「三民主義統一中國」的論調，相對的，大陸地區經濟的成長，以及生活的改善，軍事與經濟實力已日漸超越中華民國所在的臺灣地區，大陸的軍民在當時五、六○年代投臺的動機也消失了，因此，「反共義士」這在反共時代的特殊名詞，便逐漸淹沒於歷史的浪潮中。

〔註220〕美援相對基金與國家預算支付總額為 1,306,600,165.84 元，各界慰問金 1,421,175.13 元。用於輔導教育與分撥各部隊。蔣經國呈「反共義士就業輔導處工作總報告」（民國 43 年 6 月），《留韓反共義士處理案》，《國防部檔案》，國防部藏，檔號：0001238900090042-50。

〔註221〕包含接運、編組、管理、教育、輔導就業（老弱殘障者給予養老、轉業、農墾的安置）。蔣經國呈「反共義士就業輔導處工作總報告」（民國 43 年 6 月），《留韓反共義士處理案》，《國防部檔案》，國防部藏，檔號：00012389000 90042。

〔註222〕頒授方式以初期直接頒予足額黃金，後期自 1983 年起則以小塊黃金作為代表，頒授「黃金支付憑證（或證明）」，政府國庫所計算獎金的方式都是以新臺幣為單位，義士們便被引領至臺灣銀行開戶，將黃金折現存入帳戶，因此，黃金獎勵較具有象徵的意義。倪孟安，《「反共義士」之研究——以投台中共飛行員為中心》（桃園：中央大學歷史研究所碩士論文，1995 年），頁 202～203。

〔註223〕政治上，代表隊投奔自由到中華民國地區者，服膺政府的「三民主義統一中國」的號召，對其冒險反共值得鼓勵；其次，在國防方面，每當解放軍駕機投奔來台事件發生，中共便採取停飛調查、政治批判學習、重整部隊等作為，對其平時戰訓準備工作有極大的影響，加上解放軍為了防止軍機叛逃，而規定「將臺海當面的軍用機場向內遷移二百五十里，而且飛行演訓採取嚴格的油量限制，飛航圖不標明臺灣的方位，甚至先進的機種也不敢調至東南沿海」，對於我國國防安全，甚有助益。其次，相較於民主自由的真諦，政府的獎勵金則不算什麼。《聯合報》，臺北：1990 年 7 月 14 日，版 2；倪孟安，《「反共義士」之研究——以投台中共飛行員為中心》，頁 183～184。

三、臺海危機

（一）第一次臺海危機——九三砲戰

　　1954 年日內瓦會議在韓戰及中共和印度之間的問題告一段落之後，中共當局又開始討論臺灣的狀況了，掀起一連串的對臺政治宣傳活動，在中共要求美國取消與我國之軍事合作事宜之時，而美國與我國正積極策劃太平洋反共的軍事協定。同年 8 月周恩來以外交部長的名義發表了一篇關於臺灣的聲明：「臺灣是中國的領土，中國人民一定要解放臺灣」、「這是中國的內政，絕不容許他人干涉」。〔註224〕接著，9 月 3 日中共基於「以向國際社會，特別是向美國表明中國人民解放臺灣的決心和立場」〔註225〕，共軍發動砲轟金、馬的行動，爆發第一次臺海危機，當時美國擔心國軍趁機擴大衝突，而首先約束國軍的游擊與報復行動，約束的程度甚至到讓國軍部隊覺得只能挨打的程度。〔註226〕

　　不過，中共此舉也使得猶豫不決中的美國華府做出了批准中華民國與美國之間共同防禦條約進行談判的決定，同月 9 日，杜勒斯提出一個走出困境的出路，亦即將沿海島嶼問題提交聯合國，使安理會做出維持現狀的決定。〔註227〕而藍欽（Karl L. Rankin，1898～1991）大使則向國務院建議：對金馬外島，不公開承認，也不公開一筆勾銷，而讓中共猜猜看的模糊策略，使中共無法確認。〔註228〕在簽訂此約時，雙方就此條約有一項重要的換文，而此換文限制了中華民國政府若未與美國協議，不能逕行反攻大陸，此乃約束國軍反攻的一項「書面保證」。最後雙方終於次年 12 月 2 日《中美共同防禦條約》（Mutual Defense Treaty）簽訂草約，〔註229〕條約正文對於美國是否防衛外島

〔註224〕王愛東，〈砲擊金門背後的政治、外交鬥爭〉，《貴州文史天地》，1999 年 1 月，頁 68。

〔註225〕何迪，〈「臺海危機」和中國對金門、馬祖政策的形成」，《美國研究》，北京，1988 年第 3 期，頁 44。

〔註226〕張淑雅，〈臺海危機前美國對外島的政策，1953～1954〉，《中央研究院近代史研究所集刊》第 23 期（下），1993 年 9 月，頁 88～93。

〔註227〕陶文釗，《中美關係史 1949～1972（中卷）》（上海：人民出版社，2004 年），頁 148～149。

〔註228〕林正義，《一九五八年臺海危機期間美國對華政策》（臺北：臺灣商務印書館股份有限公司，1985 年初版），頁 19。

〔註229〕1954 年 12 月 2 日我國與美國在華盛頓簽訂了共同防禦條約的草案，次年 1 月 24 日，美國國會眾、參兩院正式通過了這一條約。

地區，故意略而不提，〔註230〕以此模糊戰略達到嚇阻中共的效果，也阻止中華民國利用外島為反攻大陸的跳板。

此條約在本質上使中華民國的有效統治範圍以法律條文的形式，進一步侷限中華民國所屬範圍外，也緩解了中華民國政府在國際政治與外交舞台上的壓力，化解與美國之間沒有防禦條約的尷尬處境；〔註231〕另外，此條約的簽訂改變了杜魯門時代不介入中國內政與無意在臺灣取得軍事基地的臺海中立化等相關的對華政策，也使美國在臺灣地區有了部署軍力的權利。

在中共方面，毛澤東未料到九三砲戰，竟成了《中美共同防禦條約》的催化劑，而當12月2日簽訂草約後，國務院總理兼外長周恩來（1898～1976）於12月8日即發表「關於美蔣『共同防禦條約』的聲明」中提出強烈聲明：「認為美國此舉是對中華人民共和國和中國人民的一個嚴重的戰爭挑釁。此『共同防禦條約』是一個徹頭徹尾的侵略性的戰爭條約。並指責此一條約是『非法的、無效的』。」〔註232〕1955年1月，中共出動陸海空三軍對一江山島發動登陸戰爭，但是，中共並不預備與美國發生直接的軍事衝突，作戰目標僅在浙江沿海島嶼，接著出動一百架飛機轟炸大陳島，美軍出動第七艦隊協助國軍撤退，〔註233〕並警告中共將準備動用核子武器來對抗中共「公然的軍事侵略」〔註234〕，使得此次臺海危機未再持續惡化下去。

（二）第二次臺海危機——八二三砲戰

1954年的九三砲戰，使毛澤東進一步意識到，跟美國打交道，除非自己擁有足夠的實力，否則只能永遠處於被動的地位。毛澤東以其過去與國軍的戰鬥經驗，對付美國亦認為「打打談談」、「以打促談」是一種有效的方式。〔註235〕在8月1日，中共與美國雙方在日內瓦開始了第一次大使級的談判。

〔註230〕張世瑛、蕭李居，《中華民國政府遷臺初期重要史料彙編——臺海危機（二）》（臺北：國史館，2013年），頁432。蔣經國總統文物，典藏號：005-010100-00037-001。

〔註231〕林孝庭，《意外的國度——蔣介石、美國、與近代臺灣的形塑》（臺北：遠足文化，2017年），頁340～341。

〔註232〕郭立民編，《中共對台政策資料選集（1949～1991）》上冊，頁109～110；《人民日報》，1954年12月9日。

〔註233〕由於大陳島距離太遠，補給困難，艾森豪、杜勒斯均主張放棄大陳島。

〔註234〕Harold C Hinton, Communist China in World Politics (New Your: Macmillan, 1996), pp. 29.

〔註235〕楊奎松，〈毛澤東與兩次臺海危機——20世紀50年代中後期中國對美政策變動原因及趨向〉，《史學月刊》，2003年第11期，頁57。

自 1955 年 10 月至 1956 年 5 月止，期間中共和美國就臺灣地區放棄使用武力問題，交換了七個草案，〔註236〕直到 1957 年 12 月起，美國與中共在日內瓦大使級的會談，歷經了 72 次的會談後，美國中斷了會談，使中共不斷促使美國恢復會談，但美國方面並未如其所願，使得中共當局相當的不快，至 1958 年 6 月 30 日，中共對美國發表聲明：「要求美國政府在十五日以內派出大使級代表，恢復會談，否則，中國政府就不能不認為美國已經決心破裂中美大使級的會談。」〔註237〕中共給了美國最後期限，以防美國一拖再拖。7 月 1 日，杜勒斯宣布，如果中共同意改變會談地點，美國將指派其駐波蘭大使參加會談，不過，不會向中共低頭。〔註238〕故在中共所要求的十五天的期限內，美國並沒有讓中共得到正式的答覆。這使得毛澤東想決心在臺灣海峽再度製造一些緊張的局勢，攻擊金門來破壞美國維持臺海現狀的期望，利用戰爭邊緣政策（Policy of Brinkmanship）〔註239〕，「給美國人一點顏色看」〔註240〕，所以，中共與美國大使級會談的中斷，可說是使中共發動八二三戰役的近因。而致使中共領導人決定發動戰役的導火線的可說是中東危機。

對於「中美共同防禦條約」中，美國承諾協防臺、澎，毛澤東確有所忌諱，從毛澤東在信中所寫的「我戰即克」和「不打無把握的仗」的話來看，顯示出他對美國的反應相當重視，〔註241〕遂採取「邊打邊看」，〔註242〕測試美國介入臺海戰局範圍的金門砲擊行動，並以此瞭解美國對中華民國的支持程度。〔註243〕與此同時，中共與蘇聯的關係日現裂痕。赫魯雪夫（Nikita S.

〔註236〕林正義，《一九五八年臺海危機期間美國對華政策》，頁 26～28。
〔註237〕世界知識出版社，《中美關係資料彙編》第 2 輯，下（北京：世界知識出版社，1980 年），頁 2627～2628。
〔註238〕《人民日報》，1958 年 7 月 3 日。
〔註239〕當危機過程無法抑制，危機處理也不需去逃避使用武力，在國際間適度反應（proportional response）的使用武力，利用戰爭邊緣略以赫阻敵人的盲動，可當成執行外交政策的有效工具。
〔註240〕7 月 14 日，中共國防部長彭德懷、總參謀長粟裕受命在北京朝開作戰會議，具體落實了砲擊金門及海、空軍配合的問題。吳冷西，《十年論戰——1956～1976 中蘇關係回憶錄》（北京：中央文獻出版社，1999 年），頁 189；楊奎松，〈毛澤東與兩次臺海危機——20 世紀 50 年代後期中國對美政策變動原因及趨向〉，《史學月刊》，2003 年第 12 期，頁 49。
〔註241〕蘇格，《美國對華政策與臺灣問題》（北京：中央文獻出版社，1990 年），頁 262。
〔註242〕王彥，《砲擊金門》（南京：江蘇文藝出版社，1992 年），頁 100。
〔註243〕林克、徐濤、吳旭君等編，《歷史的真實——毛澤東身邊工作人員的證言》（香港：利文出版社，1995 年 12 月），頁 278。

Khrushchev，1894～1971）率其國防部長碼林諾夫斯基元帥（Roduion Y. Malinovsky，1898～1967）於 7 月 31 日至 8 月 3 日密訪北京，商談有關長波電台與兩方共同艦隊之問題，會談之中，毛澤東意識到蘇聯在軍事上意圖控制中共，而深感不滿，由於雙方未能達成共識，不歡而散。在會談之後，使毛澤東加強砲擊金門的決心。〔註244〕另外，毛澤東當時並未事先透露砲擊金門的計畫予赫魯曉夫知曉，〔註245〕赫魯曉夫 7 月 31 日密訪北京，於 8 月 3 日結束在中國大陸的訪問，原本計畫亦秘密返國的赫魯曉夫，卻在毛澤東的執意之下，公開返蘇的行程。而這幾天在東歐由波蘭傳出蘇聯將提供核子武器與飛彈給中共的說法，中共與蘇聯對此消息皆為否認，中共藉此製造聲勢，使美國有所警惕。〔註246〕

　　8 月 8 日《人民日報》的社論又加以強調唯有堅決奮鬥方能保住和平的論調。〔註247〕中共這些報章文宣，使美國產生了種種的揣測，認為蘇聯給予中共核子武器的技術合作，而決定採取「戰爭邊緣」政策。〔註248〕美國於 8 月 8 日及 22 日召開兩次國務院會議研究臺灣海峽局勢，決定除增加臺灣海峽的艦艇與登陸艦艇、響尾蛇飛彈及國軍所需彈藥物資，並通過杜勒斯覆函美國眾議院外委會主席摩根的往來信件對中共施壓；另外聲明若中共攻擊外島，將構成緊急事件，可以採取報復行動，但小型攻擊外島則不施加報復。〔註249〕另外，美國國務院於 8 月 11 日公布「關於不承認共產黨中國政府的備忘錄」，重申不承認中共的政府，17 日宣布六艘美軍軍艦與兩千個士兵進駐新加坡，加

〔註244〕 當時蘇聯正採取和平策略。李志綏，《毛澤東私人醫生回憶錄》（臺北：時報文化出版公司，1994 年），頁 252。

〔註245〕 參見戴萬欽，〈蘇聯在一九五八年臺灣海峽軍事衝突中之角色〉，《淡江史學》，2003 年第 12 期，頁 74～76。

〔註246〕 錢淑華，〈中共發動八二三砲戰的因素分析〉，《中正嶺學術研究集刊》，1999 年 6 月，頁 12。

〔註247〕 《人民日報》，1958 年 8 月 4 日、8 日，版 1。

〔註248〕 1950 年代，兩極對抗，自由與共產主義對抗的情形非常明顯，在對抗共產的擴張策略，解放政策（Policy of Liberation）、大力報復（Massive Retaloiation）、戰爭邊緣政策（Policy of Brinkmanship）形成了艾森豪與杜勒斯的反制之道。戰爭邊緣政策是指美國於共產集團的邊界上畫出明確的界線，只要蘇俄或中共跨出界線，即被視為侵略性，而必須加以遏阻，這種反應不單是區域性的，且是戰略性的，不是有限的而是大力報復，直接指向蘇俄城市。參見林正義，《一九五八年臺海危機期間美國對華政策》，頁 8～9。

〔註249〕 林正義，《一九五八年臺海危機期間美國對華政策》，頁 56～58。

劇了遠東的緊張情勢。〔註250〕其次當時大陸推行「三面紅旗」運動遭遇了嚴重的困難，〔註251〕必須轉移內部壓力，另外中共與蘇聯間當時已有間隙，對聲援阿拉伯人民的群眾運動一事，〔註252〕與蘇聯較勁之意味，遂發動八二三戰役。

　　8 月 23 日下午 5 時 30 分，共軍以 340 門火砲開始砲擊金門，〔註253〕一小時內密集發射數萬發砲彈，整個金門受到密集而猛烈的火力攻擊下，籠罩於煙硝之中。〔註254〕針對這一天中共對金門砲火的攻擊，《中華日報》載：「我國防部於當晚宣布：下午六時三十分至八時三十分，金門當面周圍，包括廈門、蓮河、圍頭等地匪炮，對我金門進行全面性的猛烈轟擊，據初步非正式統計，當在五萬發以上，其彈數之多，及射擊猛烈之程度，超過民國四十三年九月三日的炮戰，及民國四十六年六月二十三的炮戰。」〔註255〕我國表示中共此次行動是大規模的「進攻臺灣」的預兆，呼籲各國充分注意。〔註256〕8 月 24 日，美國國防部宣布，已命令第七艦隊和美國在遠東的其他海軍部隊採取「正常的預防性防禦措施」，調動大量兵力集結於臺灣海峽。對於此戰役，毛澤東認為有把握掌握局面，其道：「不過是想摸摸美國人的底，最多也就是準備把金門、馬祖拿下來，並沒有立即奪取臺灣的打算，不會弄出大亂子。」〔註257〕

　　中共以大砲和魚雷快艇切斷臺灣對金門的運補支援達兩個星期之久，此

〔註250〕何仲山，〈一九五八年炮擊金門及極對兩岸關係的影響〉，《軍事歷史》，1994年第 2 期，頁 18。

〔註251〕「總路線」、「大躍進」、「人民公社」三者被統稱「三面紅旗」。李福鐘，《世紀中國革命》（臺北：三民書局，2018 年），頁 203。

〔註252〕解放軍事科學院軍事歷史部編，《中國人民解放軍的七十年》（北京：軍事科學出版社，1997 年），頁 480。

〔註253〕中共軍事科學院軍事歷史部編，《中國人民解放軍七十年》（北京：中共軍事科學院軍事歷史部，2005 年），頁 481；呂芳上總纂，《中華民國近六十年發展史》，頁 45。

〔註254〕葉飛，〈毛澤東坐鎮北戴河親自指揮，葉飛筆下的八二三炮戰〉，臺北：《傳記文學》月刊，第 56 卷第 3 期，頁 50。2 小時落彈 57,533 發。呂芳上總纂，《中華民國近六十年發展史》，頁 45。

〔註255〕《中華日報》，1958 年 8 月 24 日，版 1。

〔註256〕南京大學臺灣研究所編，《海峽兩岸關係日誌（1949～1998）》（南京：九洲圖書出版社，1999 年 5 月），頁 84。

〔註257〕楊奎松，《走向破裂——毛澤東與莫斯科的恩恩怨怨》（香港：三聯書店有限公司，1999 年 12 月），頁 413。

時期蔣中正總統在 8 月 27 日及 9 月 4 日兩次以私函方式致書與艾森豪，闡明中華民國立場：其一，美聯合展示武力以遏止中共企圖。其二，美國同意中華民國轟炸中共空軍、海軍基地和金門對岸的砲兵陣地。因此，希望艾森豪發表聲明如下：其一、中共對金門的攻擊即構成對臺、澎的攻擊。美國將以武力擊退此一攻擊。其二、第七艦隊對金門、馬祖護航運補。其三、情勢危急，為了避免延誤，美軍協防臺灣司令有權不經華府諮商即可採取必要的措施。〔註258〕

　　對於金門遭到中共的猛烈砲擊，美國甚為緊張，〔註259〕美國採取避免公開聲明支持中華民國的外島政策，但艾森豪在 8 月 27 日的記者會上，表明了態度，再度警告中共，〔註260〕他說：「這些島嶼，即金門與馬祖列島，對於中華民國的防衛業已益見重要。因為中華民國在這些島嶼上駐有三分之一的精銳地面部隊。因此之故，這些島嶼與中華民國的防衛體系發生了密切的交織關係。」〔註261〕暗示美國將要防衛金門的決心。美軍制定了應急計畫，決定為國軍向金門提供補給的軍艦護航，負責防衛臺灣、澎湖的上空，包括對中共投入戰鬥的砲兵陣地和空軍基地進行襲擊。

　　9 月 3 日，中共的〈對臺灣和沿海蔣佔島嶼軍事鬥爭的指示〉載：「解放臺灣和沿海蔣佔島嶼當然屬於我國內政問題，但實際上已變成一種複雜嚴重的國際鬥爭，我們不要把這鬥爭簡單化，而是要把它看作是包括軍事、政治、外交、經濟、宣傳上的錯綜複雜的鬥爭。」〔註262〕在文稿當中對砲擊金門的方針做了規定，明確的指導原則來砲擊金門，〔註263〕並且仍積極呼籲恢復與

〔註258〕 Dwight D. Eisenhower, *The White House Years: Waging Peace, 1956~1961* (New York: Doubleday, 1965), p. 298。轉引自林正義，《一九五八年臺海危機期間美國對華政策》，頁 69～70。

〔註259〕 袁應誠，〈毛澤東對臺政策之研究（1949～1976）〉，國立中央大學歷史研究所碩士論文，2008 年 1 月，頁 78。

〔註260〕 藍於琛，〈權力平衡、相互依存下的小國外交政策〉，國立中正大學政治學研究所碩士論文，1997 年 6 月，頁 50。

〔註261〕 行政院新聞局編，《時事參考資料（第 75 號）》，頁 13、19；國史館史料處編，《金門古寧頭、舟山登步島之戰史料出輯》，頁 654。美聯社華盛頓 23 日電，參考資料，1958 年 8 月 24 日。

〔註262〕 〈對臺灣和沿海蔣戰島嶼軍事鬥爭的指示〉，《建國以來毛澤東文稿》第七冊，（北京：中共中央文獻研究室出版，1992 年），頁 376～377。

〔註263〕 逄先知、金沖及主編、中共中央文獻研究室編，《毛澤東傳（1949～1976）》，頁 860。在此也宣布中共的領海寬度為 12 海浬。

美國大使級的談判。9月4日，美國國務欽杜勒斯發表〈新港聲明〉（Newport Statement），〔註264〕決定派遣美軍戰艦護航國軍艦艇運補金門，同時，用含糊的語言提到與中共會談，〔註265〕暗含願意恢復大使級會談。〔註266〕故，此聲明逐步把美國的利益及臺灣、外島連在一起。為此，中共的人民日報、新華社、廣播電台等輿論機關展開激烈的評論，大張旗鼓的譴責美國在臺灣海峽製造緊張局勢，要求美國軍事力量撤出臺灣與臺灣海峽；強調臺灣及沿海島嶼是其領土，炮打金、馬是懲罰蔣軍，是內政，任何外國不得干涉。〔註267〕以其宣傳鬥爭，一方面在外交上著手於華沙與美國的談判，一方面配合著福建的前線，此為毛澤東所謂的文戰與武戰的交互配合。

（三）中共以戰迫和，以打促談

依據美國9月6日通過針對中共攻擊外島和臺灣當時的〈防衛臺灣及外島緊急行動授權方案〉，9月7日，美艦首度護航中華民國海軍補給船團赴金門成功。〔註268〕不過，次日共軍對國軍運補艦開炮後，美國軍艦棄國軍於不顧。〔註269〕在《葉飛回憶錄》中寫到：「所謂美蔣共同防禦條約也是有一定限度的，只要涉及美帝自身的利益，要冒和我軍發生直接衝突的危險，他就不幹了，就只顧自己，不顧別人了，如此而已。」〔註270〕站在美國的立場，美國不願與中共發生軍事衝突，但也不希望臺海危機的持續升高，以免影響美國在

〔註264〕9月4日，杜勒斯前往與在羅得島新港渡假的艾森豪晤談。關於危機的意見書認為外島的淪陷，將意喻美國在遠東地位於數年之內全部崩潰，除非美國在中共攻擊之前發表聲明，或在中共攻擊之後迅速進行傳統轟炸，才能遏阻中共。若不如此，核子武器將會被用到。一旦使用核武，可能會因此導致全面戰爭。會談後所發表的聲明，即為新港聲明。參見林正義，《一九五八年臺海危機期間美國對華政策》，頁83～84。

〔註265〕吳冷西，《十年論戰——1956～1976中蘇關係回憶錄》（北京：中央文獻出版社，1999年），上冊，頁189。

〔註266〕《人民日報》，1958年9月5日、7日，版1。在中共與美國日內瓦大使級談判中，美國始終拒絕中共提出要美國撤退在臺灣地區的全部美軍的要求。

〔註267〕吳冷西，《憶毛主席——我親身經歷的若干重大歷史事件的片段》（北京：新華出版，1995年），頁78。

〔註268〕《中央日報》，1958年9月8日，版1。

〔註269〕王帆，〈從二次臺海危機看美台軍事合作困境〉，《史學研究》，2006年第10期，頁21。

〔註270〕葉飛，《葉飛回憶錄》（北京：解放軍出版社，1988年），頁661～662。回憶錄原文將9月8日誤為9月7日，事實上，9月7日美艦護航國軍海軍船艦運補金門時，共軍並未砲擊。

西太平洋地區的戰略部署。當美國對國軍實施護航之後，再次開始限制我軍反攻大陸的報復行動，〔註271〕所以，美國對於受中華民國所拖累的可能性，始終保持警覺。

當中共清楚了美國的態度後，遂採取邊打邊談，以打促談的方針逼使美國重回到談判桌上。毛澤東認為金門、馬祖是一條絞索，不僅套住蔣介石，而且也套住美國，因此美國準備自金門、馬祖脫身。〔註272〕1958年9月8日，在〈第十五次最高國務會議上講話的新聞稿〉上記載，毛澤東指出：「中國領土臺灣、黎巴嫩以及所有美國在外國的軍事基地，都是套在美帝國主義脖子上的絞索，並把他套在自己的脖子上」「美國侵略者在這些地方停留越久，套在他的頭上的絞索就將越緊。」〔註273〕毛澤東認為炮擊是火力偵查，談判是外交偵查。摸清楚美國的底細，保持談判的渠道是必要的。9月15日中共與美國恢復大使級談判，使炮戰所引發的危機開始有所緩衝，〔註274〕雙方談判陷入僵局時，中共福建指揮部的措施是繼續炮擊金門，實施轟炸以增加對國軍之壓力，採取海、空砲聯合攻擊，全面開花，此即「打而不登，斷而不死」的策略。〔註275〕

另外，美國在與中共華沙展開大使級談判時，國軍的戰備有了變化，美國決定軍援國府八吋榴彈巨砲，以扭轉劣勢。美國自日本、琉球、關島等就近地區調撥來臺支援。美軍緊急援助的第一批巨砲於9月14日從琉球運抵左營，並轉經馬公至金門。18日蔣中正總統親自至馬公視察巨砲運裝情形，21日，第二批自走砲運至金門，25日、26日兩批巨砲相繼進入陣地後，使國軍戰果輝煌。〔註276〕根據當時擔任美國中央情報局臺北站長克來恩（Ray Cline）認為，美國在砲戰期間提供三種重要的裝備援助國軍，而對戰役產生重大的影

〔註271〕 Fild. 307 from Taipei, September 4, 1958, 793.00/9-458, RG 59, NA。轉引自張淑雅，〈臺海危機與美國對「反攻大陸」政策的轉變〉，頁264。

〔註272〕 秦孝儀，〈談話〉，《先總統　蔣公思想言論總集（1956年至1971年）》第39卷（臺北：中國國民黨中央委員會），頁139～131。

〔註273〕 《建國以來毛澤東文稿》第七冊，頁406。

〔註274〕 藍於琛，〈權力平衡、相互依存下的小國外交政策：三次臺海危機（1954～55、1958～1996）中臺灣的生存策略〉，頁52。

〔註275〕 郭希華，〈毛澤東在臺灣問題上的「絞索政策」〉，《上海黨史與檔案》，1996年第2期，頁11；吳冷西，《憶毛主席──我親自經歷的若干重大歷史事件的片段》，頁82。

〔註276〕 國防部史政編譯局，《八二三炮戰勝利三十週年紀念文集》（臺北：國防部史政編譯局，1988年8月23日），頁29。

響。〔註 277〕其一、是從地中海運來美國海軍擁有的浮動船塢（Floating dry dock-lsd），可以進行運補作業；其二、是口徑八吋的榴彈砲，口徑大、射程遠，能發射原子彈，暗示中共美國有可能提供原子彈頭援助金門守軍；其三、最重要的致勝武器是美國空軍提供的響尾蛇空對空電導飛彈，中共明白這是他們無法克服的障礙，〔註 278〕金門空戰部份就此結束。

　　在美國與中共展開會談時期，美國雖給予中華民國軍事上如此之協助，但美國對於保衛金、馬問題上，仍有不同之見解。蔣中正認為雙方談判的結果，不會為各方接受，並強調：「有金馬才能有臺灣。」〔註 279〕表示不可能放棄金門馬祖，堅守到底。艾森豪卻認為此時可藉機建議國軍從外島撤退，〔註 280〕美國願意提供我國兩棲登陸設備與訓練作為交換，讓國軍維持「反攻」的能力，靜待中共內部發生動亂。〔註 281〕10 月 14 日蔣中正總統接見澳大利亞記者表示：「不撤退、不姑息，準備隨時以更堅強的反擊對付武力的攻擊。」〔註 282〕有鑑於此，中共轉變對臺政策，17 日周恩來在〈中央關於當前對美鬥爭形勢的通知〉中指出：「我們現在一切做法，都是為了擴大美蔣矛盾，並且利用蔣不肯撤出金、馬，來拖住美國。我們寧可使臺、澎、金、馬多留在蔣手上一個時期，絕不能讓美國拿去。」〔註 283〕接著，杜勒斯於 10 月 21 日抵達臺北，傳達希望蔣政府認清自己的能力與國際環境，從以「武力」與共黨鬥爭的「解放者」，轉成「中國文化守衛者」，以待來日「精神反攻」。經過協商後，23 日，中美發表「聯合公報」，宣示中美團結。〔註 284〕

〔註 277〕克萊恩，《我所知道的蔣經國》（臺北：聯經出版事業公司，1990 年 2 月初版），頁 92～94。

〔註 278〕李元平等著，《臺海大戰下編：臺灣觀點》（臺北：風雲時代出版有限公司，1992 年 10 月），頁 241～244。

〔註 279〕秦孝儀主編，《先統蔣公思想言論集》，卷 39，頁 117～126。

〔註 280〕王帆，〈從二次臺海危機看每台軍事合作困境〉，《史學研究》，2006 年第 10 期，頁 22。

〔註 281〕杜勒斯自此至 21 日，不斷推演如何使我國政府自動自發改變國策，從以「武力」與共黨鬥爭的「解放者」，轉變成「中國文化守衛者」，以待來日「精神反攻」。張淑雅，〈臺海危機與美國對「反攻大陸」政策的轉變〉，《中央研究院近代史研究院集刊》第 36 期（民國 90 年 12 月），頁 266～270。

〔註 282〕南京大學臺灣問題研究所編，《海峽兩岸關係日誌（1949～1998）》，頁 90。

〔註 283〕中共中央文獻研究室編，《周恩來年譜（1949～1976）》，中卷，頁 182～183。

〔註 284〕《中美聯合公報》，外交部，民國 47 年 10 月 23 日。陳志奇，《美國對台政策三十年》（臺北：中華日報社，1981 年），頁 172～174。其重點為：美國承認金門、馬祖與臺灣、澎湖在防衛上有密切的聯繫，中華民國是自由中國之

（四）戰爭平息

中共於 10 月 25 日所發表的〈中華人民共和國國防部在告臺灣同胞書〉中，言：「逢雙日不打金門……使大小島嶼上的軍民同胞得到充分的供應，包括糧食、蔬菜、石油、燃料和軍事裝備在內，以利你們長期固守。」〔註285〕並認為：「世界上只有一個中國，沒有兩個中國。這一點我們是一致的。」〔註286〕此時，可說是海峽兩岸的領導人實際上已形成某種默契，共同抵制美國企圖在臺灣海峽畫線，使臺灣隔絕大陸的計畫。10 月 31 日，毛澤東確定逢雙日一律不砲擊金門。〔註287〕自此，砲擊金門成為美國、中共與我國三方之間的一種特殊的對話方式，而震驚世界的八二三戰役乃告平息。

八二三戰役對臺灣而言，在美國的協助下，成功抵擋了中共的攻勢，進一步的獲得美國對臺灣的防禦承諾，鞏固了金門、馬祖的外島地位。雖然美國不時控制著國軍的軍事行動，卻仍會擔心國軍伺機擴大戰事，蔣中正總統為免除美國的疑慮，遂表明：「我們今日在臺海保衛金馬作戰，只是需要盟邦海空支持，及其後勤與道義的援助。」〔註288〕針對美國的態度問題，蔣中正總統在記者會上強調：「今日的金馬，只是臺海的屏障，而不是我們反攻大陸的基地。」〔註289〕「絕不放棄金門群島的寸土尺地」〔註290〕因此這場戰役，同時使得中華民國也調整了兩大政策，其一，在 1958 年《中美聯合公報》中聲明調整我國以武力光復大陸的基本政策，表達以三民主義統一中國的「政治攻勢，軍事守勢」的反共策略；其二，同意在美國增強外島火力的條件下，逐步縮減金馬外島的兵力，將外島戰略價值從反攻前哨轉為防衛前哨。美國仍未根本解決與中共達成在臺海地區互不使用武力協議。

關於發生金門八二三戰役相關的郵票有二：

其一、為表對於金馬戰地的重視與堅守的態度，於第五屆之軍人節，發行特種郵票稱為「保衛金馬郵票」，中華郵政載：「金門馬祖 2 地，位居要衝，

　　　　　真正代表，並為億萬中國人民之希望與意願的真正代表。

〔註285〕《建國以來毛澤東文稿》第七冊，頁 468～469。

〔註286〕南京大學研究所編，《海峽兩岸關係日誌（1949～1998）》，頁 90。

〔註287〕《建國以來毛澤東文稿》第七冊，頁 479。

〔註288〕秦孝儀，〈談話〉，《先總統　蔣公思想言論集》（中華民國四十五年～六十年），第 39 卷（臺北：中國國民黨中央委員會），頁 130～131。

〔註289〕《中央日報》，中華民國 47 年 9 月 30 日，版 1。

〔註290〕秦孝儀，〈談話〉，《先總統　蔣公思想言論集》（中華民國四十五年～六十年），第 39 卷，頁 129。

國軍駐守，對於執行封鎖及監視共軍行動均有莫大便利。同時臺灣為反共復國基地，金馬則為臺灣海峽之屏障，自由世界反共防線之前哨，更為海內外億萬愛好自由同胞希望之所寄，故無論在軍事上或政治上均為必守之地。」「為表揚 1958 年八二三戰役，陸、海、空 3 方面的沉著應戰，與保衛金、馬，進而促使國人提高警覺，加強準備以完成反共抗俄，解救大陸同胞的神聖使命起見，以『保衛金馬』為題，印製郵票」。〔註291〕此套郵票共 4 枚。（圖 3-2-10）

圖 3-2-10　保衛金馬郵票（特 009）1959 年 9 月 3 日

說明：以金門刻有毋忘在莒的大岩石為主圖，寓意效仿成功反攻復國的勾踐，其忍辱負重，最終成功復國的精神。

說明：票面圖像以臺灣與外島地圖為主圖，意寫捍衛國家領土的範疇。

　　其二、為「823 戰役勝利 30 週年紀念郵票」，這場國共雙方皆稱勝利的奇特的戰役，在於中共達到其開戰之目的，國軍則順利遏止中共侵犯的攻擊，鞏固復興基地的前哨戰，郵政總局對發行此套郵票的說明如下：「我軍與中共在金門揭開了一場空前激烈的砲戰，史稱金門『823 砲戰』。此次保衛戰中，我金門前線軍民在先總統蔣公精神感召下，浴血苦戰、守土衛國，發揮了堅忍不拔、奮戰到底的決心與毅力，終於贏得勝利。為紀念我金門前線軍民此一可歌可泣、忠勇壯烈的事蹟，特發行郵票，以誌史實。」〔註292〕此套郵票共四枚，（圖 3-2-11）其構圖，兩枚為蔣中正與蔣經國對此戰役之關切畫像，

〔註291〕中華郵政全球資訊網，《郵票寶藏》：https://www.post.gov.tw/post/internet/W_stamphouse/post/internet/W_stamphouse，檢索日期：2018/7/18。

〔註292〕中華郵政全球資訊網，《郵票寶藏》：https://www.post.gov.tw/post/internet/W_stamphouse/post/internet/W_stamphouse，檢索日期：2018/7/18。

如圖 3-2-11-1 票面以呈現其巡視防務親作指示，勉勵前線官兵戰士之意象，而蔣中正與俞大維（1897～1993）〔註293〕之畫像為主圖。圖 3-2-11-2 由於蔣經國曾三度上金門火線，故此圖像呈現蔣經國在砲火中不避危險，與金門軍民共患難。另外兩枚各繪製美軍軍援國軍重要武器：圖 3-2-11-3 為反擊中共的巨型榴彈砲、圖 3-2-11-4 協助國軍運補作業用的重要武器。

圖 3-2-11　823 戰役勝利 30 週年紀念郵票
（紀 227）1988 年 8 月 23 日發行

圖 3-2-11-1

說明：蔣中正（圖左）圖右為俞大維。票面下方字樣：「英明領袖　洞燭先機」。

圖 3-2-11-2

說明：繪製蔣經國（圖中）至前線關切，票面下方字樣：「口誅筆伐　歷史見證」。

圖 3-2-11-3

說明：票面下方字樣：「英勇砲兵　奮力反擊」圖像為美國提供的八吋榴彈砲，使國軍奮力反擊。

圖 3-2-11-4

說明：票面下方字樣：「冒險運補　突破封鎖」，主圖為水牛登陸戰車。

〔註293〕俞大維，浙江省紹興人，中華民國陸軍中將，美國哈佛大學哲學博士。出生於山陰（紹興舊稱）俞家為紹興之名門望族，家學淵源，母親係曾國藩一脈，自小便浸潤書香經澤中，是第一位「文人部長」，有「儒將」之稱。不屬於任何派系，備受蔣介石器重，擔任了十年國防部長，任內發生一江山島戰役、大陳島撤退、八二三砲戰等重大事件。

　　歷經韓戰與臺海危機，中華民國與美國的關係可謂良好，1960 年 6 月 18 日，美國史上第一位蒞臨臺灣土地的總統為艾森豪（Dwight David Eisenhower，1890～1969），艾森豪從太平洋第七艦隊旗艦聖保羅號，搭乘陸戰隊一號直升機，抵達臺北松山機場。中華民國總統蔣介石身著軍裝，與夫人宋美齡到機場親迎，之後並與艾森豪進行兩次會談，兩國邦交甚佳。為紀念此民國歷史上的重要事件，郵政總局於當日發行紀念郵票，時間短促，故將庫存 1959 年 9 月發行之「保衛金馬」特種郵票 2 元、3 元面值票，交中央印製廠加印紅色中英文「美國總統蒞華訪問紀念」字樣，以發行之。（圖 3-2-12）〔註 294〕

圖 3-2-12　美國艾森豪總統立華訪問紀念郵票
（紀 66）1960 年 6 月 18 日發行

　　臺海危機對於中共、美國與中華民國三方，都影響到國家利益，致使國際體系與聯盟關係轉變，但衝突依舊；在危機中，其實都面臨著核武危機，1954 年中共沒有核武，美國公開宣傳使用核武的正當性，致使中共受大巨大威脅，而決定發展核武，美國的核武威脅嚇阻了中共；1958 年中共仍沒有核武，美國並沒有公開核武嚇阻，但提供國府可發射核彈頭的武器，是隱含不明顯的核武威脅。五〇年代的兩次臺海危機，國府與美國尚有「議價」空間，1958 年國府利用十一萬的兵力，使臺、澎、金、馬的安全緊密聯繫在一起，迫使美國協助運補，以及響尾蛇飛彈與八吋榴彈砲的武器，但，最後在「中美聯合公報」中，國府被迫此後得將反攻大陸政策改以文化精神反攻。在臺海危機中亦可明顯看出美國因素佔有極大的影響力，中華民國很難在身為危機的參與國，成為一個獨立的變項，而成為一個依變項。〔註 295〕

〔註 294〕中華郵政全球資訊網，《郵票寶藏》：https://www.post.gov.tw/post/internet/W_stamphouse/post/internet/W_stamphouse，檢索日期：2019/6/28。

〔註 295〕周湘華、董致麟、蔡欣容，《臺灣國際關係史：理論與史實的視角（1949～1991）》（臺北：秀威資訊科技，2017 年），頁 127～131。

小　結

　　本章研究發現，從發行的郵票看到從五〇到八〇年代，臺灣對外關係的一個縮影。中華民國的外交關係，錯綜複雜，在其他強國政策與領導人的風格轉換之下，國際環境，產生許多變異，對中華民國產生一定程度的影響，臺灣地區所發行關於國際主題取向的郵票，亦受中華民國的國際地位所影響。中華民國在聯合國的地位雖屢經共產勢力的挑戰，仍然安然居之，友好邦交國甚多，為了配合聯合國與邦交國等等相關議題時，所發行的郵票琳瑯滿目，而在退出聯合國之後，此類紀念郵票則大量減少。在國際競技場上的具代表性的奧運與棒球等體育類的紀念郵票，同時提升國際知名度，並且可以傳達當時的政治意識，多套棒球郵票的圖像上，運用中山樓、「莊敬自強」及九項建設為背景，傳達即使中華民國在國際地位遭受丕變，國民亦能莊敬自強、處變不驚。

　　其次，在冷戰的國際環境下，兩岸關係屬於軍事對峙僵持狀態，臺海海峽籠罩在劍拔弩張的戰鬥氛圍裡，與此相關的紀念郵票不多，此時衍生的「反共義士」等議題相關之紀念郵票，亦為在特殊時代，留下歷史的軌跡。美國對兩岸關係的策略，一直都是以其國家最大利益為考量，誠如在 1972 年 2 月美國在國務院新聞局作簡報時，記者對上海公報的措辭遣字，對美國與兩岸政府的關係模糊不清提出問題時，國務院發言人的答覆是；「不錯，我們必須維持模糊，以符合清晰的利益。」此句話點出美國微妙彈性的外交策略，既維持舊有利益，亦形構新利益。〔註296〕

　　中華民國的對外關係，美國的態度影響甚深，美國唯有對臺灣繼續某種程度的支持，堅持和平解決臺灣問題，即是一個方式，而臺灣的確是美國良好的貿易夥伴與投資場所，亦是美國後來對臺灣政治不得不有所關注，臺獨的勢力出現後，美國對臺灣的政策，則為「不獨不統」、「不戰不和」以維持臺海的和平現狀。

〔註296〕李潔明著，林添貴譯，《李潔明回憶錄》（臺北：時報文化，2003 年），頁 147。

第四章　經濟文化與紀念郵票之意涵

　　戰後的國家經濟發展是循序漸進的，1950 年代以農業為主，1960 年代以輕工業為主，1970 年代以重工業為主，1980 年代以電子工業為主。〔註1〕戰後的經濟發展，在蔣中正執政時期，可說是從混亂到穩定的過程，是一個從農業社會轉向工業社會的奠基時期，從計畫經濟到市場經濟轉型的重要過渡階段。經濟結構的變遷，除帶動了社會政治結構的變遷外，也帶動都市化與中產階級的興起。〔註2〕1950 年代初期強調計畫經濟的重要性，以國營事業為主，民間私營企業為輔，建構了當代的工商業的體系，發達國家資本，以均富為經濟發展的目標，雖不易達成，但經過 1950 年代的整頓，1960 年代全國則進入經濟起飛的階段。經濟現代化需建立於民主化之上，因此政府的經濟策略有著資本主義市場經濟特色，是一個自由化的市場經濟，而此些種種條件有益於日後民主化的政治奠下基礎。兩蔣時期，在經濟的日漸穩定下，文化教育政策亦日漸成形，中華文化的復興與愛國教育的施行，亦是建設國家的重要一環，在此時期所發行的紀念郵票，可為當時的經濟建設與文化教育政策宣傳作見證。本章紀念郵票共列舉 31 套，佐以其他類郵票與圖片，以與內文相應之。

第一節　全民奮鬥的經濟奇蹟

　　戰後臺灣經濟發展過程，學者劉進慶將之區分為幾個時期：其一，1949

〔註1〕張玉法，《中國現代史略》（臺北：東華書局，2010 年），頁 352。
〔註2〕黃俊傑，《戰後臺灣的轉型及其展望》（臺北：國立臺灣大學出版中心，2011 年），頁 3～4。

年至 1952 年前可說是「混亂過渡期」。其二，經濟成長期以 1952 年起始，至 1963 年屬於為了克服前期混亂餘波，而走向成長的「摸索調整期」，因為土地改革與幣制改革在此時已結束，惡性通膨告一段落，漸趨平穩，而農業生產亦回復戰前水準，美援計畫已開始，第一次的四年經建計畫也已開啟。其三，1963 年至 1965 年屬於「轉換期」，外資引進政策帶動公益開發與出口擴張的開放經濟體制的效果，皆開始出現，而內部農村過剩勞動人口轉往工業城市的勞力市場。其四，1964 年至 1973 年為「高度成長期」，在外資與出口擴張的工業化下，經濟達到高度的成長。其五，1974 年至 1979 年的「不安定成長期」，因為 1973 年的第一次石油危機與 1979 年的第二次石油危機所致。其六，1980 年代為「低成長期」。〔註3〕如依此劃分，則蔣中正領政時期為前四期，蔣經國領政時期則為後兩期。

一、蔣中正主政時期

（一）光復初期的臺灣經濟問題

在政府遷臺之前的臺灣社會經濟，是一個財政困難經濟失衡的狀態，除了由於受到戰火的摧殘，工業廠礦毀壞過半，電力設施處於半癱瘓狀態，農田水利、交通運輸體系也都受到不同程度的破壞，生活物資嚴重匱乏。〔註4〕加上受到大陸的內戰與經濟紊亂的影響，使得臺灣內部的農工生產進行結構性的調整，以面對嚴重的通貨膨脹壓力，〔註5〕卻呈現生產不濟、物資短缺、物價飛漲〔註6〕，以及外匯匱乏等等經濟困境，人心惶惶，失業人口遽增〔註7〕，百

〔註 3〕 劉進慶著，張正修譯，〈戰後臺灣經濟的發展過程〉，《臺灣風物》第 34 卷第 4 期，1984 年 12 月，頁 29～39。

〔註 4〕 1945 年，農業就業人口約佔就業總人口的 46%，但稻米生產量卻只有 64 萬噸，比全省最低消費量還少 22 萬噸，糧荒問題凸顯；工業生產方面，發電量以及肥料、水泥產量都只達以往的 1/3。行政院農業委員會，〈農田水利史〉，《農田水利入口網》：http://doie.coa.gov.tw/history_detail.php?tid=1&l=2&cid=4#4，檢索日期：2018/8/20。

〔註 5〕 陳正茂，《臺灣經濟發展史》（新北市：新文京開發出版，2003 年），頁 165。

〔註 6〕 高明士主編，洪麗完、張永楨、李力庸、王昭文編著，《臺灣史》（臺北：五南圖書，2008 年），頁 262。當時物價上漲的速度和幅度非常驚人，有一日三市之象（一天內有三次的價格浮動）。

〔註 7〕 1946 年（民國 35 年），臺灣失業人口達 45 萬多人。林能士主編，《中國現代史》（臺北：弘揚圖書，2009 年），頁 252；陳鴻圖，《臺灣史》（臺北：三民書局，2011 年），頁 247。

業凋敝，人民生活水平下降，社會上瀰漫極度的不安氣氛。

　　這些現象，明顯地反映在郵票的郵資變化上，隨著物價的波動，重新改版印刷，以更改郵資的郵票，隨時發行；〔註8〕而若印刷的速度趕不及物價的波動，則在現有的郵票上隨時加蓋改值高額的郵資。例如於 1948 年發行的國父像郵票，面值有數次不同的改版印刷，因日常交易額，動以萬計，因此曾出現「伍百萬圓」的高額常用郵票（圖 4-1-1），〔註9〕亦有由「肆圓」改作「陸萬圓」的改值郵票（圖 4-1-2），〔註10〕另在臺灣有因幣值波動頻繁「限臺灣貼用」的改值郵票，如 1948 年 5 月發行的「參圓」改作「參仟圓」面額的「常臺 006 國父像農作物 1 版限臺灣省貼用改值郵票」（圖 4-1-3），〔註11〕還有同年 9 月發行的臺灣省貼用改值郵票：「貳萬圓」改為「壹仟圓」面額，或「參仟圓」改作「貳十萬圓」面值的郵票（圖 4-1-4）；〔註12〕由於當代物價急遽上漲，郵票經常必須因應物價波動的頻繁而不斷地改值加蓋，但有時郵資面額貶值太快，使得甫印刷完的郵票面額已不適用，遂不再在郵票印刷面值了，而直接改印資費名稱，以隨時調整計算單位費率來銷售使用，形成特殊的單位郵票。〔註13〕這些面值變化頻繁的郵票，在國家郵史上少見，同時也凸顯了當代環境動盪不穩定的現象。

〔註 8〕 姚村雄，〈從光復初期的社會環境探討當時臺灣的郵票設計〉，《商業設計學報》第 3 期，1997 年 7 月，頁 134。

〔註 9〕 通貨膨脹，幣值日貶，日常交易金額動以萬計，前印大東 2 版郵票最高面值 50 萬元，尚感不敷，經再版續印高額票 1 批，圖案與前印者完全相同，惟未套印雙色，阿拉伯數字之角分位刪去。全套 12 種面值，分兩次發行 2 萬元、3 萬元、4 萬元、5 萬元、100 萬元、200 萬元 6 種於 1948 年 7 月 23 日發行，其餘 6 種則於 1948 年 9 月 11 日發行。中華郵政全球資訊網，《郵票寶藏》：https://www.post.gov.tw/post/internet/W_stamphouse/post/internet/W_stamphouse/，檢索日期：2018/7/28。

〔註 10〕「國父像改值高額郵票」（常 054），為 1948 年 4 月 1 日起發行，（1）永寧 1 次加蓋：另有（2）永寧 2 次加蓋（3）大業 1 次加蓋及（4）大業 2 次加蓋。中華郵政全球資訊網，《郵票寶藏》：https://www.post.gov.tw/post/internet/W_stamphouse/post/internet/W_stamphouse/，檢索日期：2018/7/28。

〔註 11〕中華郵政全球資訊網，《郵票寶藏》：https://www.post.gov.tw/post/internet/W_stamphouse/post/internet/W_stamphouse/，檢索日期：2018/7/28。

〔註 12〕常臺 010 國父像上海大東版「限臺灣貼用」改值郵票 37 年 9 月 1 日發行。上海三一加蓋，發行日期：民國 38 年 5 月，加蓋全張枚數：100（10×10），上海三一印刷公司亦用五號楷字澆版加蓋紅色，但圓字外框較闊大。

〔註 13〕姚村雄，〈從光復初期的社會環境探討當時臺灣的郵票設計〉，《商業設計學報》第 3 期，1997 年 7 月，頁 134。

圖 4-1-1
國父像上海大東
3 版郵票（常 055）
1948 年 9 月 1 日發行

圖 4-1-2
國父像改值
高額郵票（常 054）
1948 年 7 月 23 日發行

圖 4-1-3　國父像農作物
1 版限臺灣省貼用
改值郵票（常臺 006）
1948 年 5 月 1 日發行

圖 4-1-4　國父像上海大東版「限臺灣貼用」改值郵票
（常臺 010）1948 年 9 月 1 日發行

　　通貨膨脹幾乎是在二次大戰後世界各地的共同現象，在光復初期臺灣地區出現惡性通貨膨脹的現象，其原因如下：

1. 日據時期伏下肇因

　　1945 年以前的臺灣經濟，高度仰賴日本在亞洲的勢力，已完成其輸出型經濟的必要循環過程，離開日人勢力，生產鏈與服務鏈立刻斷裂。〔註 14〕但光復後，臺灣輸出地大為萎縮，臺灣的蔗糖與加工廠已無法與日本市場連結，紡織業亦無原料來源，市場遂嚴重失衡；〔註 15〕國府對於臺灣經濟政策改變

〔註 14〕郭岱君，《臺灣經濟轉型的故事──從計畫經濟到市場經濟》（臺北：聯經出版，2015 年），頁 44。日據時代，臺灣經濟控制在日人手中，生產與銷售以日本所需為導向，日本亦提供必需之服務。
〔註 15〕陳正茂，《臺灣經濟發展史》，頁 148。

原有的生產體系，具有臺灣生產結構主體的大型公營事業體的出現，形成了與民營的對立現象，〔註16〕經濟產銷機制運作失靈。〔註17〕

2. 戰爭之影響

二戰後期，臺灣銀行的銀行券發行額不斷增加，戰事擴大後，造成民生物資短缺，物價飛漲。〔註18〕日據時期，臺灣總督府為支應戰事需求，實施糧食管制，在臺灣光復後，受到大陸國共戰事之影響，臺灣遂成為軍需供應地，加上臺灣本島在二戰後重建所需，導致戰時經濟體制延續的現象。〔註19〕

3. 大陸地區局勢動盪，影響幣值波動

惡性通貨膨脹是指每個月物價上漲率超過50%，且至少持續一年以上，近代出現惡性通貨膨脹的經驗，多數在戰爭時期或是戰爭剛結束之際。〔註20〕戰後國家經濟亟需復甦，而當時的臺灣與遼東半島、津滬地區，為中華民國三大經濟先進區域，在一定程度上，扮演支持國家的經濟情勢與戡亂戰事的後勤角色。〔註21〕光復初期，為避免大陸法幣通貨膨脹的惡果流向臺灣，採取隔離作法，然而匯率的管制，〔註22〕仍造成臺灣經濟無法擺脫法幣危機的衝擊。〔註23〕1946年5月，大陸物價上揚後，大陸資金大量湧入臺灣，臺灣物資大量流往大陸，導致臺灣物價上漲；〔註24〕臺幣發行後，不合理的匯率除造成臺灣與大陸貿易上的大量損失外，亦助長貨幣的投機炒作行為。〔註25〕1948年

〔註16〕陳正茂，《臺灣經濟發展史》，頁164～165。

〔註17〕郭岱君，《臺灣經濟轉型的故事——從計畫經濟到市場經濟》，頁43～44。

〔註18〕林能士主編，《中國現代史》，頁252；陳鴻圖，《臺灣史》，頁163。

〔註19〕陳正茂，《臺灣經濟發展史》，頁158。

〔註20〕徐千婷，〈1946～1950間臺灣惡性通膨——紀念新臺幣催生者嚴家淦先生〉，收錄於吳淑鳳、陳中禹編輯，《轉型關鍵——嚴家淦先生與臺灣經濟發展》（臺北：國史館，2014年），頁193。在「太多的錢追逐太少的商品」的情況下，通膨現象便一發不可收拾。

〔註21〕陳鴻圖，《臺灣史》，頁163。

〔註22〕公營企業藉助於銀行提供資金應付營運資金不足時，易使物價膨脹壓力上升。吳聰敏，〈臺灣戰後的惡性物價膨脹（1945～1950）〉，《國史館學術集刊》第10期，2006年，頁150。

〔註23〕國民政府於1945年11月公佈「臺灣與中國本土匯兌流通管理辦法」，次年又公佈「臺灣銀行券辦法」，其中明訂法幣在臺灣不得少於發行總額的40%。陳正茂，《臺灣經濟發展史》，頁147。

〔註24〕林能士主編，《中國現代史》，頁252；陳鴻圖，《臺灣史》，頁163、164。

〔註25〕陳正茂，《臺灣經濟發展史》，頁148。

下半年，臺灣零售物價指數已暴漲 22 倍〔註26〕，物價急遽上升。〔註27〕1950年政府全部稅收為新臺幣 1 兆 6,830 億元，支出是 1 兆 9,540 億元，而國防上的開銷又是佔據多數政府的預算。〔註28〕銀行為籌措資金，將存款利率提升過高，超過對工商業的投入，使人民投資興業意願降低。〔註29〕

4. 稅制的不合理與稅收不足

戰後臺灣亟待重建，統制經濟掌握了大多數人民的經濟生活，公營企業佔總生產值的 72.4%，〔註30〕卻收不到足夠的稅額，〔註31〕政府稅收不足，通貨膨脹日益嚴重，〔註32〕因此，臺灣光復後，曾對稅制進行整頓，去除不合理的課稅，減輕人民負擔，然而為提供國共內戰所需與戰後重建工作，受通貨膨脹之影響，稅捐遽增，人民負擔加重，卻仍無法負荷政府所需。〔註33〕

5. 大量的人口遷徙刺激

1949 年前後，客觀環境的巨幅改變，中國大陸地區大量遷臺的人口，〔註34〕從大陸撤退到臺灣的國民政府官員、軍人、眷屬、平民的大批人員約一百多萬人，這對當時戰後滿目瘡痍、生產萎縮不振的臺灣經濟來說，更是衝擊，因此也是政府與社會的一大負擔。〔註35〕

由上述種種原因，可見光復初期，政府並無一套總體的經濟政策，當時政府雖擁有的龐大公營事業體系應是具有最有力的動員機制，卻無法迅速掌握並充分運用臺灣的資源；〔註36〕在農業、工業或財政金融部門，也未見有整體效果規劃的方案，多數為零星且臨時性的救急措施，難以看出是否具有一貫性

〔註26〕潘志奇，《光復初期臺灣通貨膨脹之分析》（臺北：聯經出版公司，1980 年），頁 7。
〔註27〕臺灣省政府編，《臺灣光復後十年施政成果集要──民國 34 年至 44 年》（臺北：1955 年），頁 113。
〔註28〕郭岱君，《臺灣經濟轉型的故事──從計畫經濟到市場經濟》，頁 43。
〔註29〕存款利率為 125%。
〔註30〕劉進慶，《臺灣戰後經濟分析》（臺北：人間出版社，1992 年），頁 46。
〔註31〕郭岱君，《臺灣經濟轉型的故事──從計畫經濟到市場經濟》，頁 43。
〔註32〕林能士主編，《中國現代史》，頁 252；陳鴻圖，《臺灣史》，頁 163、164。
〔註33〕陳正茂，《臺灣經濟發展史》，頁 152。
〔註34〕陳正茂，《臺灣經濟發展史》，頁 162。
〔註35〕劉進慶，《臺灣戰後經濟分析》，頁 44～46。
〔註36〕公營事業體系難以運轉的困境來自於長期主導國民政府經濟建設的資源委員會，在臺灣始終未能發會作用。見郭岱君，《臺灣經濟轉型的故事──從計畫經濟到市場經濟》，頁 44。

的政策方針。〔註37〕

（二）穩定經濟措施

　　臺灣經濟發展的成就有許多因素而成，除了日本殖民時代奠下的基礎外，〔註38〕政府也著手對穩定經濟採取許多重要措施，針對金融紊亂的問題，政府實施改革政策以及計畫經濟，奠定了 1960 年代經濟起飛的基礎。此時期，政府重用了一批受西方文化薰陶過的技術官僚主導下，走向「計畫式的自由經濟」，並且迅速的朝市場自由化與國際化的方向演變。〔註39〕在當時經濟上的改革政策有：金融改革、土地改革、整頓生產、運用美援、以及實施計畫性的自由經濟等，而這些措施的成效卓著，也顯現在當年的郵票圖像上。

1. 改革金融

　　幣值之穩定，對一國之經濟繁榮及國家安定，具有極重要之影響力。臺灣光復以來，最重要的金融改革措施便是 1949 年 6 月 15 日實施的幣值改革，陳誠（1898～1965）在臺灣省財政廳長兼臺灣銀行董事長嚴家淦〔註40〕（1905～1993）的策劃主持下，頒佈「臺灣省幣制改革方案」及「新臺幣發行辦法」，著手改革幣制。〔註41〕把從大陸運來的黃金、白銀、美元作為準備金，發行新臺幣以替換原來的臺幣，〔註42〕方案規定舊臺幣 4 萬元折合 1 元新臺幣，舊、新臺幣比例 40,000：1，並限定舊台幣在 1949 年的年底前兌換，以此切斷舊臺幣與中國大陸金圓券的關係，〔註43〕使得臺灣脫離中國經濟圈，國民政府的經濟政策轉成以臺灣本位為核心。而郵資隨之按新臺幣釐訂，信函國內每重 20 公分新臺幣 1 角，國際起重 20 公分 5 角 5 分，航空資費國內每重 20 公

〔註37〕陳正茂，《臺灣經濟發展史》，頁 158。
〔註38〕陳正茂，《臺灣經濟發展史》，頁 170～171。
〔註39〕謝國興主編，《改革與改造——冷戰初期兩岸的糧食、土地與工商業變革》（臺北：中央研究院近代史研究所，2010 年），頁 3。
〔註40〕嚴家淦，字靜波，號蘭芬，江蘇省吳縣（今蘇州市）人，上海聖約翰大學畢業，對化學、數理造詣精深。歷任政府重要職務，為財經專家，1949 年策劃主持幣制的改革，是中華民國第四及第五任由國民大會選出的副總統，也是中華民國開國以來第一位文人出身的副總統及總統，在蔣中正總統過世後，於 1975 年 4 月 6 日繼任總統，1978 年 5 月 20 日卸任，1993 年過世。
〔註41〕檔號：0038/6/1，民國 38 年 6 月，臺灣省政府檢送本省幣制改革方案。安嘉芳、王俊昌、張加佳撰文，《曙光黎明——臺灣光復檔案專輯選輯》（新北市：檔案局，2015 年），頁 198～201。
〔註42〕郭岱君，《臺灣經濟轉型的故事——從計畫經濟到市場經濟》，頁 61。
〔註43〕高明士主編，《臺灣史》，頁 262。

分1角3分，國際每重 10 公分 1 元 6 角。〔註44〕

　　因考量臺灣進出口的生產消費狀況，決定與國際上較為穩定的貨幣——美元直接聯繫，以美元 1 元折合舊臺幣 20 萬元，〔註45〕按新臺幣 5 元兌換美金 1 元，〔註46〕以當時國際間最穩定的美元為計算標準，加深了人民的信心，並組織發行準備監理委員會，可以監督發行及檢查發行準備，使得民眾更有信心。嚴家淦對於幣制改革的規劃及必要的因應措施，在改革前已有周全的擘劃，在改革時成立了臺灣省生產事業管理委員會，全面掌控在臺公營事業，使得公營事業掠奪臺灣資源情形獲得改善，並掌握幣制改革的關鍵要素，使幣制改革順利進行。〔註47〕幣制的改革政策本身對物價穩定雖只有短暫效果，〔註48〕在臺灣金融財政最為嚴峻時期，嚴家淦作為一位協助各種財政金融制度的推動者，可謂貢獻良多，〔註49〕因而嚴家淦有被稱為「新臺幣之父」之美譽。

　　中華郵政總局為紀念政府當年為遏止物價上漲，解決經濟困境，勵精圖治，乃實行幣制改革，發行新臺幣，以謀臺灣地區政治經濟之安定。在 1999 年，為紀念新臺幣發行五十週年，為彰顯新臺幣改制成功，奠定臺灣經濟奇蹟之重大貢獻，特別發行「新臺幣發行五十週年紀念郵票」一組 2 枚。（圖 4-1-5）

〔註44〕按公分應是公克之計量。國內郵件資費表臺字一八號；國際郵件資費表臺字一一號。交通部郵政總局編印，《郵政大事記　第一集下冊》，頁 571。1949 年 6 月 15 日。

〔註45〕洪紹洋，〈嚴家淦與戰後臺灣財政金融體系〉，收錄於吳淑鳳、陳中禹編輯，《轉型關鍵——嚴家淦先生與臺灣經濟發展》（臺北：國史館，2014 年），頁 219。

〔註46〕事實上此價格高估了新臺幣的幣值。如此一來可刺激生產，增加出口。徐千婷，〈1946～1950 間臺灣惡性通膨——紀念新臺幣催生者嚴家淦先生〉，收錄於吳淑鳳、陳中禹編輯，《轉型關鍵——嚴家淦先生與臺灣經濟發展》，頁 202。洪紹洋，〈嚴家淦與戰後臺灣財政金融體系〉，收錄於吳淑鳳、陳中禹編輯，《轉型關鍵——嚴家淦先生與臺灣經濟發展》，頁 219。

〔註47〕徐千婷，〈1946～1950 間臺灣惡性通膨——紀念新臺幣催生者嚴家淦先生〉，收錄於吳淑鳳、陳中禹編輯，《轉型關鍵——嚴家淦先生與臺灣經濟發展》，頁 205、207～208。

〔註48〕美援入臺，臺灣的安全與財政赤字獲得解決，新臺幣方趨於穩定，直到 1952 年惡性通貨膨脹方完全消彌。王連漪，〈臺幣改革（1945～1952）——以人物及其政策為中心之探討〉（淡江大學歷史學系碩士在職專班學位論文，2009 年），摘要。

〔註49〕洪紹洋，〈嚴家淦與戰後臺灣財政金融體系〉，收錄於吳淑鳳、陳中禹編輯，《轉型關鍵——嚴家淦先生與臺灣經濟發展》，頁 237。

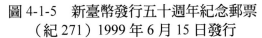

圖 4-1-5　新臺幣發行五十週年紀念郵票
（紀 271）1999 年 6 月 15 日發行

2. 整頓生產事業

　　光復初期的臺灣公營事業因幣值不穩、原料短缺、銷路不暢、生產單位冗雜，各單位配合不善等因素，致使各項事業經營屢遭妨礙，在 1948 年底時，臺灣省參議會之會議即有議員臨時動議擬組織公營事業機關調查團，以明瞭各公營事業實際經營情形。〔註 50〕因此國府為使各國營、國有合營、自營生產事業，遂於 1949 年 6 月，遵照行政院卅八穗四字第六三〇號命令之規定而成立「臺灣區生產事業管理委員會」〔註 51〕（以下簡稱生管會），隸屬於臺灣省政府，統一管理臺灣各項生產事業，以增產裕民為目標；生管會的常務委員有俞大維（1897〜1993）〔註 52〕、張峻、陶聲洋（1919〜1969）、尹仲容（1903〜1963）〔註 53〕、徐柏園（1902〜1980）〔註 54〕等五人，而尹仲容則為當時實

〔註 50〕檔號 0037/6/1 臺灣省參議會召開第一屆第六次大會第四次會議。安嘉芳、王俊昌、張加佳撰文，《曙光黎明──臺灣光復檔案專輯選輯》，頁 205。

〔註 51〕檔號：0038/0032.34/0220，臺灣區生產管理委員會組織規程與常務委員、委員暨顧問問名單。安嘉芳、王俊昌、張加佳撰文，《曙光黎明──臺灣光復檔案專輯選輯》，頁 206。

〔註 52〕俞大維曾肩負兵工署長、交通部長，襄助駐美大使顧維鈞，斡旋於中美之間爭取經濟及軍事援助。

〔註 53〕尹仲容名尹國墉，字仲容，本籍湖南省邵陽縣，1925 年畢業于南洋大學（今上海交通大學）電機工程系。曾集美援、外匯、金融、貿易、經濟設計及執行的大權於一身，是 50 年代穩定臺灣經濟的關鍵人物之一，與李國鼎、嚴家淦、孫運璿等人為掌管金融與外貿的主要官員。許瑞浩、周琇環、廖文碩編輯，《中華民國政府遷臺初期重要史料彙編──嚴家淦與國際經濟合作》（臺北：國史館，2013 年），頁 659。

〔註 54〕徐柏園，浙江蘭谿人，1926 年畢業上海商科大學。中華民國著名財經家、金融家，任財政部部長、中央銀行總裁。中國中央銀行制度的開創者。1950 年到台後，負責實際主持臺灣生產事業，參與貨幣制度改革與恢復重建臺灣經濟。

際主持者，除負責生產事務，並管理物資分配、資金調度、對外貿易等工作，對生產事業的提升，貢獻甚多。〔註55〕

在臺灣光復初期糧荒嚴重，即使糧食主管部門鼓勵增產，仍因肥料、水利、技術等等問題未能改善；及至國府遷臺時，人口大量增加，糧食供應問題更是首當其衝，因此在「臺灣省三十八年度施政方針」上載明：「增加生產，以裕民生，以糧食增產為本年度一切施政之首要，應發動一切人力配合進行。」〔註56〕政府將糧食增產為首要施政之一，增產辦法為：1. 廉價供應肥料，減低農民生產成本；〔註57〕2. 穩定糧價，收購餘糧；〔註58〕3. 加強耕作技術指導，提高單位面積產量；〔註59〕4. 興修各項水利設施，擴大灌溉面積。〔註60〕生管會同時兼管民營事業與公營事業之配合，日後逐漸成為經濟決策機構。1953 年裁撤，部分經濟決策移至行政院安定委員會，執行業務則劃歸至省府相關廳處。〔註61〕

〔註55〕林能士主編，《中國現代史》，頁 252；陳鴻圖，《臺灣史》，頁 255；郭岱君，《臺灣經濟轉型的故事──從計畫經濟到市場經濟》，頁 204～218。尹仲容有被譽為「臺灣經濟之父」、「臺灣經濟的總設計師」、「財經教父」、「臺灣經濟沙皇」等名稱。

〔註56〕檔號：0038/0111/0005 臺灣省施政方針。安嘉芳、王俊昌、張加佳撰文，《曙光黎明──臺灣光復檔案專輯選輯》，頁 202。

〔註57〕各相關公營事業積極配合以利肥料對農事的供應。檔號：0044224008083011，渝勝輪運抵高雄港起卸 9 千噸肥料。來源：國史館臺灣文獻館；檔號：0037/210/008，1949 年 7 月 13 日，臺灣電力有限公司為配合臺灣肥料公司擴充肥料生產擬增用電，希冀生產事業管理委員會迅速撥款，以應變電發電等設備擴充工程之急；安嘉芳、王俊昌、張加佳撰文，《曙光黎明──臺灣光復檔案專輯選輯》，頁 203。

〔註58〕統計餘糧，以資收購。檔號：0038/0850012/1，1949 年 7 月 6 日台中縣 37 年第 2 期餘糧數量統計表。來源：安嘉芳、王俊昌、張加佳撰文，《曙光黎明──臺灣光復檔案專輯選輯》，頁 203。

〔註59〕檔號：0038/076.61/1，依據臺灣省政府糧食增產會議指示，1949 年 8 月 17 日高雄市政府擬定該市各區糧食增產指導隊組織辦法，要求各區迅速成立，以應該年二期推動指導糧食增產工作，來源：安嘉芳、王俊昌、張加佳撰文，《曙光黎明──臺灣光復檔案專輯選輯》，頁 204；檔號：0040766107240002，嚴禁青蛙買賣以利糧食增產，來源：國史館臺灣文獻館。

〔註60〕檔號：0038/0436/0022，1949 年 3 月，台東大武圳灌溉工程第一期工程開工報告。來源：安嘉芳、王俊昌、張加佳撰文，《曙光黎明──臺灣光復檔案專輯選輯》，頁 202～205。

〔註61〕臺灣區生管會，中研院近史所檔案館，http://archives.sinica.edu.tw//?project 區生產事業管理委員會，檢索日期：2018/8/20。

3. 善用美援，穩定經濟

美援對於臺灣經濟發展策略的影響，遍及外匯、財政、金融、產業等各方面。〔註62〕「美援」一詞，乃是「美國對外援助」的簡稱，為美國在二戰之後對外的政策之一，美援是透過美國政府所設立的機構與計畫，所進行的美國政府與他國政府之間的軍事或經濟上的援助。〔註63〕其法令依據可追溯至戰時的「租借法案」（Lend Lease Act of 1941），美國對三十八個國家提供高達492億美元的軍事援助，〔註64〕而在經濟援助方面，在1940年12月美國總統羅斯福（Franklin D. Roosevelt，1882～1945）曾呼籲「我們必須成為民主主義的兵工廠」時，即已為戰後大舉援外埋下了伏筆，〔註65〕美國透過戰時對同盟國提供大規模的軍事援助，以對抗軸心國的侵略，大量輸出軍事與民生必需品時，也同時挽救美國國內蕭條的經濟。透過戰時的對外援助，成為世界最大的資本輸出國及債權國。〔註66〕因此，戰後如為了使美國的經濟繼續蓬勃，則繼續援助他國的戰後重建工作是一個重要的方式。而在不同的時空背景下，美國對外援助的態度與作法也有所不同，〔註67〕對中華民國的援助則始於1948年美國國會通過《1948援外法案》〔註68〕。外交部向行政院及總統呈文，接受美國援助並與美議訂援華雙邊協定等相關事務說明，〔註69〕1948年7月，中美政府在南京簽訂「中美經濟援助協定」，以信用貸款、現金貸款協助我國從

〔註62〕吳聰敏，〈美援與臺灣的經濟發展〉，《臺灣社會研究季刊》，臺北：台餐社會研究雜誌社，第1卷第1期，1998年，春季號，頁157。

〔註63〕薛化元等編，《臺灣貿易史》（臺北：中華民國對外貿易協會，2008年），頁246。在1950～1960年代，對於美援單位均以「美援總署」或「美援分署」為簡稱。尤健州，《美援與戰後臺灣鐵路的建設（1950～1965）》，台中，中興大學歷史學研究所碩士論文，2014年，頁2。

〔註64〕文馨瑩，《經濟奇蹟的背後——臺灣美援經驗的政經分析（1951～1965）》（臺北：自立晚報社文化出版部），頁43。

〔註65〕文馨瑩，《經濟奇蹟的背後——臺灣美援經驗的政經分析（1951～1965）》，頁43。

〔註66〕陳靜瑜，《美國史》（臺北：三民書局，2007年），頁396。

〔註67〕杜巧霞，〈從經驗中學習——談美國的對外援助〉，《經濟前瞻》第18號（1990年4月），頁40。

〔註68〕薛化元等編撰，《臺灣貿易史》，頁247。

〔註69〕案名：美援協定，檔號：A303000000B/0036/604.7/0002，檔案來源機關：外交部。管有機關：國家發展委員會檔案管理局。外交部向行政院及總統呈文，接受美國援助並與美議訂援華雙邊協定等相關事務說明，請特派外交部長王世杰（1891～1981）速與美國簽訂條約。

事經濟發展。同年，政府成立行政院「美援運用委員會」，〔註70〕以負責美援物資的接收、管理與分配等作業。但卻因國共間的軍事衝突，不符美國利益，美國停止對華援助，直到1950年6月韓戰爆發，使凍結的美援得以恢復，以協助中華民國因局勢演變而增加的經濟負擔。

美國對臺灣的援助分為軍事與經濟兩部分，在軍援計畫下，美國供給臺灣武器、物資與技術援助，幾乎是免費提供，而經援計畫所輸入的物資，有一部份是免費提供，其餘由使用者付費購買。因此，減輕了國府經費的支出，〔註71〕對1950年代的財政收支有直接的幫助。〔註72〕對我國的經援，大致運用在技術、資本、貿易三方面，政府機關及公營事業皆是受援單位，依其用途可分為三類：（一）非計畫型援助：進口一般物資如黃豆、棉花、肥料等，一方面充裕物資供應，另方面收回臺幣，存入基金帳戶，減少通膨壓力；（二）計畫型援助：根據政府經濟計劃，交通運輸被列為優先發展的項目——包括鐵道〔註73〕、公路、港口、民航的修築與改善，電訊擴展，及相關工廠進口機器設備。〔註74〕（三）技術援助：施行教育計畫及師資訓練，支助國家派遣技術人員出國學習的進修計畫，聘請外籍技術人員來華協助等。〔註75〕此外，美援亦提供民營工業的小型貸款。

1951～1954年，共獲得經濟援助37,520萬美元，減輕了政府國防經費的負擔，政府善用美援物資的出售，降低了通貨膨脹現象，並穩定幣值。〔註76〕

〔註70〕 張玉法，《中國現代史略》（臺北：東華書局，2010年），頁352。《中研院近代史研究所檔案館》，〈行政院美援運用委員會〉，網址：http://archives.sinica.edu.tw，檢索日期：2018/8/28。

〔註71〕 經濟援助中的「防衛援助」（defense support）與「直接軍事援助」（direct forces support）計畫，免費提供物資供給公務與軍事部門使用，也直接減輕政府的支出。吳聰敏，〈臺灣戰後的惡性物價膨脹（1945～1950）〉，《國史館學術集刊》第10期，2006年，頁155。

〔註72〕 吳聰敏，〈臺灣戰後的惡性物價膨脹（1945～1950）〉，《國史館學術集刊》第10期，2006年，頁153。

〔註73〕 臺鐵利用美援從事因戰爭破壞的鐵路設施修復工作，除了硬體設施方面的革新之外，藉由美援，臺鐵也派遣人員至海外，從事技術及制度方面的考察。尤健州，〈美援與戰後臺灣鐵路的建設（1950～1965）〉（中興大學歷史學研究所碩士論文，2014年），摘要。

〔註74〕 互助營造股份有限公司，《臺灣營造業百年史》（臺北：遠流出版，2012年），頁136。

〔註75〕 陳正茂，《臺灣經濟發展史》，頁174。

〔註76〕 林能士主編，《中國現代史》，頁255；陳鴻圖，《臺灣史》，頁165。

對於 1950 年代的臺灣，無論是在物價穩定、土地改革、恢復生產、執行經濟計劃等都具有主導作用，〔註77〕在美國技術與資金挹注下，使臺灣在建設與產業上，奠定了重要的發展基礎。在此時期運用美援投資於基礎建設頗多，電力與交通為重心，而水利亦是重要的項目，其中西螺大橋、中橫公路及石門水庫三項，中華郵政特別為之發行紀念郵票如下：

（1）東西橫貫公路

臺灣省東西橫貫公路自 1956 年 7 月 7 日起開工，預計三年完成。全線所經均係崇山峻嶺，無法充分利用機械，施工極為不易，端賴國軍退除役官兵之堅苦奮鬥精神，以雙手完成此一艱難工程，因此發行「臺灣省橫貫公路開工週年紀念郵票」，以資紀念。〔註78〕（圖 4-1-6）該路定於 1960 年 5 月 9 日全線通車，成為臺灣全島東西兩部交通之捷徑，沿線資源豐富，諸如林產、水力、礦產、農業、畜牧、蠶桑等得以開發，裨益國家社會，加上沿線風景秀麗，成為臺灣重要的觀光路線。〔註79〕而為闡揚此一工程之艱巨及其對於國家之貢獻，以沿線景物繪製兩種圖案，發行了「臺灣省橫貫公路通車紀念」郵票及小全張。（圖 4-1-7）〔註80〕

（2）石門水庫

石門水庫為我國興建之多目標水利資源開發工程，其主要目標為灌溉、發電、防洪及公共給水，並有控制上游淤沙及發展觀光事業等連帶效益，為紀念此一偉大工程之完成，發行「石門水庫紀念郵票」一組，以石門水庫各種角度之景色繪製其圖面。〔註81〕（圖 4-1-8）

〔註77〕張玉法，《中國現代史略》，頁 352。
〔註78〕中華郵政全球資訊網，《郵票寶藏》：https://www.post.gov.tw/post/internet/W_stamphouse，檢索日期：2018/8/31。
〔註79〕1974 年時，在發行第 101 套特種郵票介紹臺灣風景的郵票圖像中，亦有中橫的著名景色：太魯閣。為位於立霧溪出海口的峽谷地形，距花蓮市 27 公里，地當蘇花公路與東西橫貫公路之交點，為橫貫公路東端入口。中華郵政全球資訊網，郵票寶藏：https://www.post.gov.tw/post/internet/W_stamphouse，檢索日期：2018/8/31。
〔註80〕小全張（145×104）一種，印 1 元及 3 元面值郵票各 1 枚；襯景另以凸版彩色套印。中華郵政全球資訊網，郵票寶藏：https://www.post.gov.tw/post/internet/W_stamphouse，檢索日期：2018/8/31。
〔註81〕中華郵政全球資訊網，《郵票寶藏》：https://www.post.gov.tw/post/internet/W_stamphouse，檢索日期：2018/8/31。

圖 4-1-6　臺灣省橫貫公路開工週年紀念郵票
（紀 054）1957 年 10 月 25 日發行

圖 4-1-7　臺灣省橫貫公路通車紀念郵票
（紀 065）1960 年 5 月 9 日發行

圖 4-1-8　石門水庫紀念郵票（紀 095）1964 年 6 月 14 日發行

　　自 1951 年美國開始提供各種經濟援助直到 1965 年 6 月終止援助為止，十五年間總共提供將近十五億美元的援助，不僅補足當時國家的經濟困境，也帶動了工商業的起飛。〔註 82〕美援對於戰後的發展，雖是以其全球戰略與經濟利益為立基點，為美國創造有利的投資環境，並對受援國的政治與經濟有一定的影響力，而在美援終止後，使受援國家藉由與美國的貿易關係仍有相當的依存關係；然而當年的美援對我國著實有著穩定經濟與民心的作用，

〔註 82〕張玉法，《中國現代史略》，頁 352。

對國民經濟的成長帶有重要性的影響，〔註83〕在資金、人才、技術上的提供，並與中華民國各相關機構訂定的計畫發展經濟，使臺灣以此度過經濟崩潰與中共的軍事威脅，為經濟奇蹟奠定契機。

4. 土地改革

國府遷臺後，執行最早最徹底的經濟政策是土地改革，它與五〇年代的美國經濟援助，共同奠定了臺灣經濟穩定成長的基礎。〔註84〕戰後的經濟政策與農業發展有相當密切的關係，直到 1959 年仍以農業為主要生產事業，在總人口之中，約有 50%人口從事農業，農業活動為工作人口提供了主要的就業機會。臺灣農業發展的計畫的成敗，影響一般經濟的發展和進步至鉅。〔註85〕而農業政策最重要的是土地改革，為了推動土地改革，政府積極培訓了四千多名的幹部，進行地籍調查以及土改說明宣傳等事務。〔註86〕而政府如此積極地推動土地政策的原因，在於陳誠認為：「大陸局勢日益惡化，臺灣人心浮動，欲確保臺灣，必須先求安定，而安定之道，莫先於解決民生問題。」〔註87〕陳誠將土地改革視為其「平生最大志願」。〔註88〕而蔣中正對土地的改革亦甚為堅決：「提高農民生活，實行減租減息，……為平均地權、耕者有其田、實現民生主義而戰！」〔註89〕

以 1972 年為分界，1945 年～1972 年為第一階段，從臺灣光復起，1949年實施「三七五減租」、「公地放領」、「耕者有其田」等一系列的土地改革政策；第二階段為 1972 年 9 月從國府頒布「加速農村建設九大措施」〔註90〕，

〔註83〕洪紹洋，〈嚴家淦與戰後臺灣財政金融體系〉，收錄於吳淑鳳、陳中禹編輯，《轉型關鍵──嚴家淦先生與臺灣經濟發展》，頁 223。

〔註84〕陳正茂，《臺灣經濟發展史》，頁 175。

〔註85〕謝森中、李登輝，〈臺灣農業發展的經濟分析〉，收於余玉賢主編，《臺灣農業發展論文集》（臺北：聯經出版，1975 年），頁 1。原載於《中華農會學報》第24 期，1958 年 12 月，頁 32。

〔註86〕郭岱君，《臺灣經濟轉型的故事──從計畫經濟到市場經濟》，頁 70。

〔註87〕陳誠，《臺灣土地改革概要》（臺北：臺灣中華書局，1961 年）。轉引自郭岱君，《臺灣經濟轉型的故事──從計畫經濟到市場經濟》，頁 68。

〔註88〕薛月順，《陳誠先生回憶錄──建設臺灣》（上）（臺北：國史館，2005 年），頁 167。

〔註89〕蔣介石，《蔣介石日記》（1949 年 6 月 19 日），轉引自郭岱君，《臺灣經濟轉型的故事──從計畫經濟到市場經濟》（臺北：聯經出版，2015 年），頁 69。

〔註90〕1972 年推行「加速農村建設重要措施」，九大措施如下：1. 廢除肥料換穀制度；2. 取消田賦附征教育費，以減輕農民負擔；3. 放寬農貸條件，便利農村資金

亦可說為蔣經國擔任行政院長組閣後，也是由農業社會轉向工商業的經濟起飛，約莫卅年的時間完成如此大變革，實屬不易，由社會經濟結構的根本改變，帶動國家社會文化的變遷。此時期農村的新發展便是自耕農階層的形成與佃農的銳減，這是土地改革最直接的結果之一。〔註91〕二戰後，國府接收時的臺灣農村社會深受租佃弊害，自耕農僅 1/3，而佃農及半自耕農高達 2/3，〔註92〕日人統治時期，總督府收買大租權，利用租佃制度剝削農民，租率過高，佔總收穫量 50%～70%，〔註93〕佃農終年辛苦所得，終歸地主所有，而有「一間茅屋不能避風雨，三頓甘薯不能保肚皮」之無奈。〔註94〕地權分配不均，是古今農業經營的困境，中共以土地革命號召，吸引廣大的貧農的支持，以致國府失去民心，因此，政府遷臺後，致力於一切的改革，尤其注重土地改革，除了一系列的循序漸進的計畫執行外，另一方面在臺灣地區，執政單位沒有地主階級的包袱，〔註95〕因此，更能大刀闊斧的加強執行，方能有卓著的成效。

此外，行政院根據美國國會於 1948 年通過之援華法案，於該年 10 月 1 日在南京與美國聯合組成「中國農村復興聯合委員會」（以下簡稱農復會），〔註96〕經費來自於美國，因此決策多由美方主導。〔註97〕農復會主任委員蔣

融通；4. 改革農產運銷制度；5. 加強農村公共投資；6. 加速推廣綜合技術栽培；7. 倡設農業生產專業區；8. 加強農業試驗研究與推廣工作；9. 鼓勵農村地區設立工廠。行政院農委會展覽檔案，〈第五主題：臥農轉型——轉骨與重生之路，5-2 加速農村建設〉。

〔註91〕 黃俊傑，《戰後臺灣的轉型及其展望》，頁 2。統計資料顯示：1946 年在全省農戶中，自耕農佔 32.7%，1952 年提升為 38%，1955 年為 59%，1960 年增加到 64%，至 1974 年已有 80%，1989 年佔了 86%。

〔註92〕 薛化元等編撰，《臺灣貿易史》，頁 231。

〔註93〕 呂芳上總纂，《中華民國近六十年發展史（上）》（臺北：國史館，2012 年），頁 73。

〔註94〕 王長璽、張維光，《臺灣土地改革》（臺北：臺灣省新聞處，1954 年），頁 50。

〔註95〕 嚴演存，《早年之臺灣》（臺北：時報文化出版，1991 年），頁 51。李功勤，《中華民國發展史》（臺北：幼獅文化，2004 年），頁 253。薛化元等編撰，《臺灣貿易史》，頁 233。土地所有者與政策制訂者的身份不重疊，加上二二八事件後一般人有所餘悸，地主少公開反對，使得土地政策推展順利。

〔註96〕 臺灣農業發展的成功，中國農村復興聯合委員會居功厥偉。關於農復會相關史料，可參考黃俊傑編，《中國農村復興聯合委員會史料彙編》（臺北：三民書局，1991 年），此書根據代表性、重要性與珍貴性三個原則，編選農復會發展的史料，相當寶貴。

〔註97〕 在 1965 年美援結束之前，農復會任職員工所領薪資是美金而非新臺幣。

夢麟（1886～1964）〔註98〕於 1949 年至臺灣視察時，即當面允諾陳誠，只要
臺灣省政府有決心要辦理土地改革，農復會一定全力支持；〔註99〕因此 1949
年 9 月農復會遷臺後，即成立土地組負責此重要改革，〔註100〕以恢復日據時
代之農業制度為當務之急，並加以利用與改進；〔註101〕其宗旨為協助我國策
劃並執行各項復興農村之方案，以提高各級農業機構之效率，改善農民生活，
增進農業生產，加強農民互助合作之精神，培植農業教育及農業建設人才，以
鞏固農業社會之基礎。〔註102〕1950 年代美援成為擬定臺灣農業政策的新因
素，適逢美國大力推廣其在日本的「農地改革」經驗，〔註103〕國府又亟需外
援的情況下，因此在中美合作之下，形成以農復會主導農業發展的局面。

　　農復會的人才與經費對土地改革成功有著重大的關係，其組織是個超部
會的機構，除對臺灣農業的需求深入研究外，輔導形式既切合需求也富於變
化，例如輔導公私農業單位改良作物與豬隻品種，協助農村蓋穀倉與鋪設曬穀
場〔註104〕，辦豐年雜誌〔註105〕、拍攝電影〔註106〕、製作廣播節目〔註107〕等

〔註98〕　字孟鄰，初名兆賢，浙江餘姚人，美國哥倫比亞大學教育學博士，曾任國民政
　　　　　府第一任教育部長、行政院秘書長，長期擔任北京大學校長，也是現代中國第
　　　　　一位教育部長，推動中國教育現代化進程。著作有《西潮》、《新潮》等。
〔註99〕　蔣夢麟，《新潮》（臺北：傳記文學出版社，1967 年），頁 14～15。蔣言：「只
　　　　　要省政府有推行土地改革的決心，農復會一定盡量幫忙。」
〔註100〕中國農村復興聯合委員會，《中國農村復興聯合會委員會組織概況》（臺北：
　　　　　中國農村復興聯合委員會，1954 年），頁 9。
〔註101〕行政院農業委員會，〈中國農村復興聯合委員會工作報告〉第 1 期，（1948 年
　　　　　10 月 1 日至 1950 年 2 月 15 日止），頁 12；黃俊傑，《中國農村復興聯合委
　　　　　員會史料彙編》（臺北：三民書局，1991 年），頁 1：3～4。
〔註102〕中華郵政全球資訊網，《郵票寶藏》：https://www.post.gov.tw/post/internet/W_
　　　　　stamphouse，檢索日期：2018/8/26。
〔註103〕日本戰後實施的土地改革政策為「農地調查法改正法案」。黃仁姿，《國民黨政
　　　　　權與地方菁英——1950 年代的農會改組》（臺北：國史館，2011 年），頁 155。
〔註104〕農復會補助各地農會，鋪設一千多座水泥曬穀場。檔號：0048/1103/001，案
　　　　　名：鄉鎮倉庫新建工程卷，來源機關：行政院新聞局，管有機關：國家發展委
　　　　　員會檔案管理局。
〔註105〕1951 年創辦，7 月 15 日發行首期《豐年半月刊》，早年豐年雜誌採用大型版
　　　　　面，是臺灣第一份專為農民閱讀所設計的雜誌。檔號：0011/0002/1，案名：閱
　　　　　讀豐年雜誌，來源機關：行政院新聞局，管有機關：國家發展委員會檔案管
　　　　　理局。
〔註106〕1955 年上映《農家好》拍片場景，檔號：0044/0002/1，案名：拍攝紀錄片場
　　　　　景，來源機關：行政院新聞局，管有機關：國家發展委員會檔案管理局。
〔註107〕1963 年開播「農家樂」主持人黃碧玉小姐，案名：農民廣播電臺農民之聲節

來宣導農業，其功能既多且廣，〔註108〕深入臺灣人民的日常生活，影響甚為深廣。中華郵政總局鑑於農復會，自 1948 年成立以來，對於發展我國農村經濟，改善農民生活，貢獻甚大，在其成立十週年與廿週年時，皆發行郵票以資紀念，以「該會在臺灣省已先後實施工作計劃 2742 件，食糧生產大為增加，農民生活亦多改善，實際獲益之農民已達 90% 以上。」〔註109〕為表揚該會協助改進農業生產，而發行郵票。對於郵票圖案之構圖則載明：「前景為正在田中耕作之農友及其水牛，象徵我國農業界終年不息，勤勞工作之傳統精神。背景襯以 1 列整齊堅固之農舍及穀倉，充分表現農村之安定與富足。餘如山林、漁港、水渠、電桿等分別代表復興工作中之造林保林、增進漁產、灌溉水利、電化農村等主要業績。」〔註110〕（圖 4-1-9）其後，在農復會成立廿年時，鑑於該會致力於山區耕地之開拓，與各種農作物品種之改良，均著成效，尤以辦理農耕技術人才之訓練，對亞非各國提供援助，以促進邦交，提高我國國際聲譽，厥功至偉。中華郵政於 1968 年 9 月 30 日為農復會成立廿週年，發行紀念郵票，以資慶祝，此套郵票圖案則以開拓山區耕地，改良稻穀品種為主題。〔註111〕（圖 4-1-10）

再者，當時農復會主任委員蔣夢麟特別聘請美國農經專家到臺灣，雙方共同策劃物資之運用，推動農村改造與發展。〔註112〕1952 年，蔣夢麟聘請美國農業部所屬的四健會（4-H Club）之專家到臺灣，開展青年教育、成人教育、婦女家政訓練等，透過各鄉鎮農會執行。〔註113〕四健會（4-H Club）成立於

目女播音員，檔號：0046/0004/1，來源機關：行政院新聞局，管有機關：國家發展委員會檔案管理局。

〔註108〕農復會的負責項目極為眾多，對於美國給予的任何農業相關資源，都得妥善處理。劉志偉，《美援年代的鳥事並不如煙》（臺北：啟動文化，2013 年），頁 34～44。

〔註109〕中華郵政全球資訊網，《郵票寶藏》：https://www.post.gov.tw/post/internet/W_stamphouse/post/internet/W_stamphouse，檢索日期：2018/8/26。

〔註110〕中華郵政全球資訊網，《郵票寶藏》：https://www.post.gov.tw/post/internet/W_stamphouse/post/internet/W_stamphouse，檢索日期：2018/8/26。

〔註111〕中華郵政全球資訊網，《郵票寶藏》：https://www.post.gov.tw/post/internet/W_stamphouse/post/internet/W_stamphouse，檢索日期：2018/8/26。

〔註112〕案名：復員計畫，檔號：A303000000B/0034/815.01/0015，檔案來源機關：外交部，檔案管有機關：國家發展委員會檔案管理局。農林部接准中央設計局所擬之復員計畫農業部分注意事項後，發函與外交部協調。

〔註113〕包括農民教育、家庭衛生、兒童保育等。郭岱君，《臺灣經濟轉型的故事——從計畫經濟到市場經濟》，頁 76。檔案識別號：002_61_500_43114 題名：劉傳

1902 年的美國，[註 114] 係一種純教育性的青年團體，以教育農村男女青年，透過共同學習活動，達到農業推廣的目的。自 1952 年開始推行四健會工作，於十週年之期，中華郵政遂於同日發行「中華民國四健會十週年紀念」郵票與發行小全張（橫 135 公厘、縱 100 公厘），以資慶祝。[註 115]（圖 4-1-11）

圖 4-1-9　中國農村復興聯合
委員會 10 週年紀念郵票
（紀 057）1958 年 10 月 1 日發行

圖 4-1-10　中國農村復興聯合
委員會 20 週年紀念郵票
（紀 121）1968 年 9 月 30 日發行

圖 4-1-11　中華民國四健會 10 週年紀念郵票
（紀 081）1962 年 12 月 7 日發行

說明：小全張。

說明：四健會標誌下，男女抱著飽穗稻禾，代表豐收。

說明：四葉片各置身、心、手、腦一字，中置健字，為四健會標誌。

來等提案請省政府會同中國農村復興聯合委員會推行農村青年四健會運動，出處：臺灣省臨時省議會，時間：民國 43（1954）年 9 月 4 日，臺灣史檔案資源系統，網址：http://tais.ith.sinica.edu.tw，檢索日期：2018/8/27。

[註 114] 四健會主要是將農村青年集結起來，藉此鍛鍊發展出健全的頭腦（Head）、健全的心胸（Heart）、健全的雙手（Hands）、健全的身體（Health）。劉志偉，《美援年代的鳥事並不如煙》，頁 128。

[註 115] 中華郵政全球資訊網，《郵票寶藏》：https://www.post.gov.tw/post/internet/W_stamphouse，檢索日期：2018/8/26。

對於土地改革的執行，首先，為了提高農業生產量，當時的行政院長陳誠（1898～1965）參考當年湖北省試行的「二五減租」〔註116〕，內容相似，只是改稱為「三七五減租」，政策未正式推行前即遭到地主階級的仕紳與省級參議院的公開反對，反對信函如雪片般飛來，然陳誠以其兼任警備總司令拿出鐵腕執行，當時其說：「我相信困難是有的，調皮搗蛋不要臉皮的人是有，但是我相信，不要命的總不會有。」〔註117〕據說此話一出，形勢立刻改變。1949年頒佈《三七五減租條例》，於5月下旬至6月中旬，即有30萬戶更改租約，進行頗為順利。〔註118〕改革內容主要為：（一）減輕租額，限定耕地租額最高不得超過主要作物正產品全年收穫總量的37.5%；（二）租用耕地一律訂立書面租賃契約，租佃期間不得少於六年，期滿必須續定租約，以保障佃農權益的相對穩定，因此條約受益農戶有296,043戶，佔農戶44.5%，經此改革，提高農民改良土地與增加生產的興趣，農產在1948～1951年間，增加生產47%以上，全臺稻穀生產自1,068,420公噸增為1,570,115公噸。〔註119〕農民的收益增加，農民得以購買生產設備與耕牛，也有能力娶妻組織家庭，〔註120〕使佃農生活獲得改善，緩和了地主與佃農之間尖銳的對立，安定農村社會，促進經濟日趨繁榮。

當政府推動三七五減租的政策時，郵政部門也同時以此為主題公開徵選圖案，最後以申說所繪之圖案中選，郵票圖像以減租方案為主題，標明「限制地租保障佃權」及千分之375等字樣，另以農民收益增加展露歡顏，描繪生活改善為背景，作為「臺灣省375減租紀念郵票」，於1952年元旦發行至1961

〔註116〕「二五減租」係指孫中山的民生主義中耕地減租的辦法，指的是糧食收穫後，優先提取25%的糧食給佃農，剩下的75%由地主與佃農對半分：50%×（1－25%）＝37.5%，因此三七五減租就是二五減租，抗戰時期浙、鄂兩省曾實行此法。郭岱君，《臺灣經濟轉型的故事──從計畫經濟到市場經濟》，頁70。

〔註117〕張景森，〈虛構的革命：國民黨土地改革政策的形成〉，《臺灣社會研究季刊》第13期1992年，頁183。

〔註118〕郭岱君，《臺灣經濟轉型的故事──從計畫經濟到市場經濟》，頁71。

〔註119〕〈本省實施土地改革概況〉，《地政處檔案》，國史館藏，檔號073，目錄號453。

〔註120〕經濟能力的改善，使農民可以開始做以前不易做到的事情，當時農村流行買自行車、耕牛、娶妻，而有所謂的「三七五腳踏車」、「三七五耕牛」、「三七五新娘」的稱號。呂芳上總纂，《中華民國近六十年發展史（上）》，頁74；郭岱君，《臺灣經濟轉型的故事──從計畫經濟到市場經濟》，頁71。

年 12 月 16 日止。〔註 121〕（圖 4-1-12）

圖 4-1-12　臺灣省 375 減租紀念郵票
（紀 034）1952 年 1 月 1 日起發行

　　其次，實施「公地放領」，以「耕地農有制」替代「國家租佃制」。在國府遷臺之前，為改善臺灣佃農待遇、安定農村，臺灣省行政長官公署先在 1946 年公布《公有耕地放租辦法》，讓農民可以用較低的租金，承租政府公有地。政府遷臺後，為防堵對岸共產勢力的擴張，遂更積極地實施農地改革；在 1951 年 5 月，立法院通過〈臺灣省放領公有耕地扶植自耕農民實施辦法〉，〔註 122〕明確表達政府意欲消除佃農的目標。

　　將國有及省有之耕地所有權移轉為農民所有，即所謂的「公地放領」，以公地原承租耕農為主要放領對象，其次為雇農、佃農、半自耕農及轉業農人，放領面積為五分至二甲，至 1976 年分九期辦理，〔註 123〕放領面積達十四萬三千甲以上，〔註 124〕呈領的農戶有 28 萬 6287 戶，〔註 125〕在此過程中，政府要

〔註 121〕交通部郵政總局，《郵政大事記　第一集下冊》，頁 607；中華郵政全球資訊網，《郵票寶藏》：https://www.post.gov.tw/post/internet/W_stamphouse，檢索日期：2018/8/26。

〔註 122〕在此辦法之前，1947 年臺灣省行政長官公署制即制訂「臺灣省公有耕地放租辦法施行細則」，給「公地放領」做好了準備，是土地改革的第一大步。張惟一，〈公有耕地放租──臺灣土地改革的第一大步〉，《土地問題研究季刊》，臺北：中國地政研究所，第 2 卷第 3 期，2003 年 9 月，頁 10～12。

〔註 123〕因耕地管理機關不同，而耕地之用途及使用方式各有所異，因此分期進行，1948 至 42 年先後放領五次，至 1976 年共九次。毛育剛，〈臺灣土地改革之經濟研究〉，見余玉賢主編，《臺灣農業發展論文集》（臺北：聯經出版，1975 年），頁 150。

〔註 124〕呂芳上總纂，《中華民國近六十年發展史（上）》，頁 75。

〔註 125〕臺灣省文獻委員會，《臺灣土地改革紀實》（台中：臺灣省文獻委員會，1989 年）。轉引自薛化元等編撰，《臺灣貿易史》，頁 232。

求地方政府配合，除定期檢送成果外，亦關注地方上的官商勾結耗損績效等可能性，故不時檢查、督促。〔註126〕此後，不只透過該政策可獲得土地收益，並將收益全數交由臺灣土地銀行經收，撥作扶植自耕農之基金；更為日後全民消除佃農的目標，奠下穩固的基礎。此政策使農民取得土地所有權，呈現「萬千佃農變頭家」〔註127〕的景象。

土地改革的第三階段是 1953 年先後公布「實施耕者有其田條例」，及配套的相關條例「臺灣省實物土地債券條例」以及「公營事業移轉民營條例」。在農復會的經費與技術協助下，進行全臺地籍總歸戶；〔註128〕根據地籍資料，推行「耕者有其田」政策，主要內容為：（一）凡私有出租耕地，地主保留中等水田三甲，旱田六甲及免徵耕地。超過之土地一律由政府徵收，轉放於現耕農民受領。〔註129〕（二）政府補償地主被徵收地之地價，其標準為徵收地主要產物全年收穫量之二‧五倍，由土地債券七成及公營事業股票（水泥、紙業、農林、工礦四家公司）〔註130〕三成，搭配補償。〔註131〕（三）政府徵

〔註126〕 在公地放領政策的實施過程中，臺灣省民政廳地政局憂心各縣市之中間階級及鄉鎮長勾結官府包攬土地，進行不法情事，故請地方政府盡力檢查。案名：實施耕者有其田一般業務案，檔號：A379000000A/0036/184.3/1，檔案來源機關：臺北市政府，檔案管有機關：國家發展委員會檔案管理局。

〔註127〕 黃毅辛，〈萬千佃農變「頭家」——考察公地放領成果記之一〉，《公論報》，1952 年 3 月 24 日，版 2。

〔註128〕 在農復會的經費與技術協助下，於 1952 年 1 月至 1953 年 4 月，進行全台地籍總歸戶，將同一所有地權之土地歸於一戶之下，使每個地主土地都有明確的記載。湯蕙蓀編，《臺灣之土地改革》（臺北：中國農村復興聯合委員會，1954 年），頁 63～64。

〔註129〕 然而並非所有地主都可以留得旱田和水田，因為臺灣的地主或業主和大陸地區所謂的地主階級不盡相同，因此有些共有出租田地的業主，大部分是屬於小耕地面積，並藉此維生，在改革初期，臺灣各縣出現了佃農的退租現象，受到政策的推演，此些共有出租耕地的業主，生活陷入窘迫現象。徐世榮，〈悲慘的共有出租耕地業主——臺灣的土地改革〉，收錄於謝國興主編，《改革與改造——冷戰初期兩岸的糧食、土地與工商業變革》（臺北：中央研究院近代史研究所，2010 年），頁 47～95；黃樹仁，〈臺灣農村土地改革的再省思〉，《臺灣社會研究季刊》第 47 期，2002 年 9 月，臺北：臺灣社會研究雜誌社，頁 236～239。

〔註130〕 以上四類公司在戰後重組為國家資本，臺灣本土地主承繼了這些日資的中小企業。劉進慶，《臺灣戰後經濟分析》，頁 83～85。

〔註131〕 地主僅能保留政府所允土地範圍，其餘超額出租地由政府有償徵收，以地價的 70%由政府發行食物土地債券來支付，30%以水泥、紙業、工礦農林等公營事業股票補償地主。呂芳上，《中華民國近六十年發展史（上）》，頁 76。

收的耕地，一律放領於現耕佃農或雇農，放領地價與徵收地價相同，加算年息4%，由受領農民十年內分二十期償付。〔註132〕此政策實施結果，共徵收10萬6049戶地主14萬3568甲的佃耕地，轉賣給19萬4823戶的佃農，〔註133〕政府藉由高估的公營企業資產方式，獲取巨額資金，同時將地主資產轉化為產業資本的一部份，〔註134〕促使地主將土地的資金轉移至工商業投資，而促進了工商業的發展，亦即在農產量大為提升的豐碩成果之下，將農業資本轉移至工商業資本，提供了發展工商業豐厚的資金，〔註135〕而農產量的增長，也間接提供工業發展的基礎。

　　自1953年實施耕者有其田政策，使農產品大量增加，農友生活顯著改善，農村經濟日趨繁榮，為宣揚實施此項政策之成效，於十週年時，中華郵政發行「實施耕者有其田十週年」紀念郵票。〔註136〕圖像以國父像及其三民主義與飽滿稻穗為主圖，以農民耕種為背景，代表執行了國父三民主義思想中的民生主義均富理念。（圖4-1-13）

圖4-1-13　實施耕者有其田十週年紀念郵票
（紀091）1963年12月25日發行

〔註132〕林能士主編，《中國現代史》，頁254～255；陳鴻圖，《臺灣史》，頁165。

〔註133〕石田浩，《台湾経済の構造と展開──台湾は「開発独裁」のモデルか》（東京：大月書店，1999年），頁74。轉引自：薛化元等編，《臺灣貿易史》，頁232。不過改革後，小農經濟並未改變，因為農地擴大的限制和農業人口的增加，農地規模更加的零細化。

〔註134〕石田浩，《台湾経済の構造と展開──台湾は「開発独裁」のモデルか》，頁55。轉引自薛化元等編，《臺灣貿易史》，頁234。

〔註135〕史濟增，〈臺灣農業資金對經濟發展之貢獻〉，《臺灣銀行季刊》第20卷第2期，1969年，頁60。

〔註136〕中華郵政全球資訊網，《郵票寶藏》：https://www.post.gov.tw/post/internet/W_stamphouse，檢索日期：2018/8/26。

這一系列的土地改革政策實施，造成土地制度的改變和財產的再分配，〔註137〕而自耕農身份的增加，使得農民更能努力的為自己的土地勤耕細作，進而刺激農民致力於農業的生產，促進了農作收穫量的提高，使得政府解決了戰後初期糧食不足的問題；同時，也增強了農民購買力，促進工業產品的國內市場的形成。〔註138〕臺灣光復以來，臺灣土地改革促使農村社會現代化的改造運動，〔註139〕在當年風雨飄搖的時代，此由上而下的改革過程，是以安定為首要目標，確定自耕農的階層；〔註140〕而對於臺灣農村社會產生了可觀的影響，它改變了舊有的租佃制度，扶植自耕農，落實國父耕者有其田的均富思想，並使政府得以直接掌握糧食的生產與供應，加上農會的系統運用，農村社會得以安穩〔註141〕，使國府在臺灣長期統治的地位得以鞏固。〔註142〕土地改革的成功，也使臺灣因為財產的重新分配，給予國家充分的力量與資金，成為亞洲近代化的國家之一。〔註143〕

5. 實施計畫式的自由經濟

實施經濟計劃的主要目的在求以最有效、最迅速的途徑，提高農工生產力，充裕物資供應，增加出口減少進口，以求對內穩定經濟，對外改善國際收

〔註137〕 土地政策雖造就了許多自耕農階級，也是「臺灣奇蹟」的主要根源，但在宣傳上不斷強化所有耕地業主的屬於惡劣貪婪的「地主」形象，造成社會集體的錯誤認知，此為需要檢討之處。徐世榮、廖麗敏、萬曉彤，〈戰後耕者有其田政策對「地主」衝擊的再檢討〉，收錄於吳淑鳳、陳中禹編，《轉型關鍵──嚴家淦先生與臺灣經濟發展》（臺北：國史館，2014年），頁37～67。徐世榮、蕭新煌，〈戰後初期臺灣業佃關係之探討──兼論耕者有其田政策〉，中央研究院臺灣史研究所籌北處，《臺灣史研究》第10卷第2期，2003年12月，頁35～66。周信敏，〈對臺灣「耕者有其田」政策之若干疑問──從憲法財產權保障之觀點出發〉，《土地問題研究季刊》，臺北：中國地政研究所，第2卷第3期，2003年9月，頁36～45。

〔註138〕 薛化元等編，《臺灣貿易史》，頁234。

〔註139〕 黃俊傑，〈光復後臺灣農業現代化的歷史意義〉，《臺灣風物》第36卷第3期，1986年9月，頁36、39。

〔註140〕 國史館，《土地改革史料》（臺北：國史館，1988年），頁649～651。

〔註141〕 高明士主編，《臺灣史》，頁263。

〔註142〕 臺灣農民富裕起來，農民參與政治，多人支持國民黨政府。呂芳上總纂，《中華民國近六十年發展史（上）》，頁76。陳正茂，〈深耕臺灣──記光復初期的國民黨〉，《北臺灣科技學院通識學報》第6期，2010年6月，頁169。郭岱君，《臺灣經濟轉型的故事──從計畫經濟到市場經濟》，頁77。

〔註143〕 馬孟若（Ramon H. Myers），〈臺灣經濟發展史〉，《臺灣風物》第34卷第4期，1984年12月，頁107、112。

支狀況。〔註 144〕1950 年代初期，儘管經濟稍有恢復，但國府面臨的經濟形勢依然嚴峻，軍事支出龐大，財政赤字，缺乏工業資源、技術與資本，賴以出口賺取外匯的米、糖等農產品，因人口成長而剩餘減少，為了進一步的經濟發展，而推動「四年經濟計劃」，自 1953 年至 1972 年，共實施五期。

　　在國家經濟發展的過程中，政府適度的管制與統籌規劃，是必要的方式，一旦經濟穩定後，則政府干預就可以減少了，〔註 145〕戰後臺灣的經濟發展，就呈現這樣的走向。蔣中正和陳誠都是孫中山思想的忠實信徒，認為只有國家管理的計畫經濟才能公平有效地分配資源，從事國家建設，經過了 1950 年代的財經大辯論後，漸漸轉向推動市場經濟。〔註 146〕陳誠是 1950～1963 年間經濟問題最關鍵的決策者，與蔣中正及其他高層一樣，都抱著「雪恥復國」的使命，因此戮力於各項建設，以厚實國力，在 1952～1953 年的首次財經大辯論後，以民營企業作為經濟發展的動力，保障私有財產，積極扶植民營企業。〔註 147〕

　　1953 年起實施四年第一期的經濟建設計劃，目的以最有效、最迅速的途徑，提高農工的生產能力，使物資供應充裕，增加出口減少進口，以求對內穩定經濟，對外改善國際收支狀況。〔註 148〕自 1953 年起，政府擬定了「以農業培養工業，以工業發展農業」為最高的指導原則，因此，在 1953 年～1972 年之間，臺灣農業的生產量的提高，〔註 149〕以創造人力與物力的「剩餘」，並以此「剩餘」轉移至非農業部門，進而帶動日後工業的起飛。〔註 150〕在各項措施推動後，農產品輸出值達到總出口值之 80% 以上，甚多工業機器設備，以出口農產品換取，人民所得提高，帶動輕工業的興起。此時工業發展的主要目標，以供應國內市場為主，以取代進口，減少外匯支出，重點工業在紡織、食

〔註 144〕林能士主編，《中國現代史》，頁 255。
〔註 145〕郭岱君，《臺灣經濟轉型的故事──從計畫經濟到市場經濟》，頁 214。
〔註 146〕郭岱君，《臺灣經濟轉型的故事──從計畫經濟到市場經濟》，頁 201。
〔註 147〕1954 年起，在尹仲容督促下，台泥、台紙、工礦、農林等公司陸續轉為民營。
　　　　　郭岱君，《臺灣經濟轉型的故事──從計畫經濟到市場經濟》，頁 119。
〔註 148〕林能士主編，《中國現代史》，頁 252；陳鴻圖，《臺灣史》，頁 255。
〔註 149〕農業以增產為目標，因此積極辦理水利建設，並且採用勞力集約的精耕方式，並加強農業生產與農村社會制度的改革。農業委員會，〈農田水利史〉，《農田水利入口網》：http://doie.coa.gov.tw/history_detail.php?tid=1&cid=5&l=2#5，檢索日期：2018/8/20。
〔註 150〕黃俊傑，《戰後臺灣的轉型及其展望》，頁 4～5。

品加工、合板、肥料等。

　　1950 年代後期體制開始有所變革，在 1957～1958 年第二次財經大辯論後，陳誠支持尹仲容（1903～1963）等提出的外匯貿易改革，「加速經濟計畫發展大綱」與 1960 年 1 月公布「十九點財經措施」，〔註151〕對財政、金融與經濟提出全面性的革新方案，以便有效推動第二、三期的四年經建計畫，來帶動臺灣的經濟。〔註152〕1957 年開始的第二期「四年計畫」與 1961 年開始的第三期「四年計畫」，一方面加強肥料生產及水利建設，〔註153〕如在 1955 年至 1964 年完成的石門水庫建設，以發展農業，另一方面厚集資金，鼓勵設廠，將公營工業轉給民營，發展工業。〔註154〕尹仲容於 1957 年重返經濟決策圈時，〔註155〕臺灣國內工業產品市場已瀕臨飽和，因此積極推動調整產業經濟結構，即由進口替代策略轉向出口擴張策略，為能提昇臺灣工業產品在國外市場的競爭力，於是推動匯率簡化改革，以及自由化改革，使臺灣經濟順利邁向出口擴張階段，為日後經濟快速成長立下基礎。〔註156〕在經歷 50 年代的兩次的四年經建計劃之後，若干工業產品已足夠滿足國內市場需要，且漸有剩餘。

　　1960 年代經濟得以高速成長，與外在環境和內部的政策調整有關。外在環境方面，國際經濟景氣，促使出口增加，臺海危機漸趨緩和，外資與國內投資增加；〔註157〕而內部方面，由於 1960 年代的經濟發展重點，在改善投資環境、吸引外資、拓展外銷為主。〔註158〕因此，政策由進口管制轉為鼓勵出口，此時期也是跨國公司與出口導向的工業進入臺灣的時期，〔註159〕1962 年至

〔註151〕「第三期臺灣經濟建設四年計畫十九點配合措施」，〈再任財政部長時：財政相關文件（三），《嚴檔》，典藏號：006-010502-00017-009。吳淑鳳、陳中禹編輯，《轉型關鍵——嚴家淦先生與臺灣經濟發展》，頁 224、225、367、370。

〔註152〕郭岱君，《臺灣經濟轉型的故事——從計畫經濟到市場經濟》，頁 201～202。

〔註153〕1960 年度政府與聯合國特別基金簽訂基本協定暨「水利開發」與「設立電子、電訊研究所」兩項實施方案。周琇環編，《戰後外交部工作報告》（臺北：國史館，2006 年），頁 277。

〔註154〕張玉法，《中國現代史》，頁 352。

〔註155〕尹仲容於 1955 年因揚子公司案下臺。郭岱君，《臺灣經濟轉型的故事——從計畫經濟到市場經濟》，頁 207。

〔註156〕宿金璽，《尹仲容與戰後臺灣經濟發展》（台中：中興大學歷史學研究所碩士論文，1998 年），摘要。

〔註157〕張玉法，《中國現代史》，頁 353。

〔註158〕張玉法，《中國現代史》，頁 353。

〔註159〕高明士主編，《臺灣史》，頁 287～288。

1972 年，為臺灣經濟出口擴張時期。〔註160〕在 1952 年起曾陸續頒佈相關法令〔註161〕如「外國人投資條例」、「華僑回國投資條例」，以吸引外資，但鼓勵不多，成效有限，1960 年 9 月，行政院公佈「獎勵投資條例」，〔註162〕對出口商品的租稅減免，〔註163〕對外銷產業進行各種低利貸款，以吸取更多外資以取代美援提供的資金。〔註164〕外資主要是美國、日本、華僑三方面的投資，〔註165〕外資對於臺灣經濟、工業發展及企業經營頗有貢獻。〔註166〕獎勵範圍包括公用事業、礦業、製造業、運輸業、觀光旅館業等，臺灣的經濟逐漸由進口替代政策轉向外貿導向的經濟，國際貿易更加暢旺。此時期，除了鄉村的勞力湧向都市之外，也出現「客廳即工廠」的景象。〔註167〕1969 年起，農業勞動力減少，因此，第五期經建計畫對農政策略有所修正，由土地生產力提高轉變為農業勞動力的改善，而以增加農民所得為目標；此時期，工業的繼續成長、工廠增加、人口加速聚集，促使新社區急速增加。〔註168〕由於政府正確的經濟政策與善用外資之下，配合著國人勤儉的特性，促進工業發展，帶動臺

〔註160〕林能士主編，《中國現代史》，頁 255。

〔註161〕1952 年頒佈「鼓勵華僑及旅居港澳人士來臺舉辦生產事業辦法」、「自備外匯輸入物資來臺舉辦生產事業辦法」及 1954 年和 1955 年頒佈的「外國人投資條例」、「華僑回國投資條例」。呂芳上總纂，《中華民國近六十年發展史（上）》，頁 172。

〔註162〕獎勵投資的一些措施，可能造成稅賦不均、財政資源分配扭曲問題，因此，立法之初明訂以 10 年為限期，原訂 1940 年 12 月 31 日止，後來經修法延長期限，至 1991 年 1 月 30 日廢止。高明士主編，《臺灣史》，頁 287。許瑞浩，〈因勢利導——1960 年代臺灣的外貿制度與經濟發展〉，收錄於吳淑鳳、陳中禹編輯，《轉型關鍵——嚴家淦先生與臺灣經濟發展》，頁 371、373。

〔註163〕「財政部長嚴家淦出席中國國民黨聯合會總理紀念週報告當前稅務幾個問題」，〈再任財政部長時：致詞稿（一）〉，《嚴檔》，典藏號：006-010505-0008-015。吳淑鳳、陳中禹編輯，《轉型關鍵——嚴家淦先生與臺灣經濟發展》，頁 368。

〔註164〕林能士主編，《中國現代史》，頁 256。

〔註165〕在 1952 年至 1961 年 6 月，計有外國人來華投資共 82 家，美國人有 26 家，約佔 1/3 強，美國華僑 8 家。1961～1962 年美國私人來華投資經政府核准的數額為美金 4,833,450 元。周琇環編，《戰後外交部工作報告》，頁 289、374。

〔註166〕呂芳上總纂，《中華民國近六十年發展史（上）》，頁 174～175。

〔註167〕1960 年代的臺灣社會，許多市鎮出現著「客廳兼工廠」的景觀，婦女們帶著小孩在自家的大廳裡做著工廠委託的按件計酬的加工。高明士主編，《臺灣史》，頁 288。

〔註168〕農業委員會，〈農田水利史〉，《農田水利入口網》：http://doie.coa.gov.tw/history_detail.php?tid=1&cid=5&l=2#5，檢索日期：2018/8/20。

灣的經濟起飛。

1960 年代起，臺灣經濟結構由農業轉向工業為主，而進口替代工業轉向出口工業，同時工業內部重工業的比重增加，紡織與電子業迅速發展。〔註169〕此時期，為介紹我國工業進步情形，增進國人之認識與重視，以期加速經濟發展起見，中華郵政則發行兩套特有種郵票，其一於中國工程師學會五十年紀念會開幕之日發行，印製工業建設特種郵票。該項郵票係以我國當代在臺灣之部分工業設備為圖案，分印四種面值，分別以煉油塔、煉鋼爐、氧化鋁電解爐及肥料工業之液氨貯球為主題。（圖 4-1-14）其二為介紹當代我國工業發展情形，由行政院國際經濟合作發展委員會提供之相關製藥、紡織、化學、水泥之工業設備照片，製為圖案，於 1964 年 11 月 11 日發行的工業建設郵票。（圖 4-1-15）

圖 4-1-14　工業建設特種郵票（特 023）1961 年 11 月 14 日發行

煉油塔　　　　　煉鋼爐　　　　氧化鋁電解爐　　　肥料工業之液氨貯球

圖 4-1-15　工業建設特種郵票（特 032）1964 年 11 月 11 日發行

製藥工業　　　　紡織工業　　　　化學工業　　　　水泥工業

另外，國立清華大學原子科學研究所裝設之中華民國第一座原子爐（核反應器）於 1961 年 4 月 13 日興建完成。此座熱能率達 100 萬瓦特之水池式原子爐發生核能作用後，期使中華民國在工業、農業、醫藥治療等方面之研究發展，進入新紀元，為紀念此重要設施並促請國人重視科學研究發展起見，

〔註169〕林能士主編，《中國現代史》，頁 256。

發行「原子爐落成紀念」郵票，除 0.8 元郵票於 1961 年 12 月 2 日，原子爐落成典禮之日，先予發行外，2 元及 3.2 元兩種郵票於 1962 年 3 月 20 日發行。（圖 4-1-16）〔註 170〕

圖 4-1-16　原子爐落成紀念郵票（紀 073）

1961 年 12 月 2 日發行　　1962 年 3 月 20 日發行

二、蔣經國主政時期

　　經過戰後廿年的經濟成長，使中華民國的經濟不再是一個依賴廉價勞動力，賺取外匯的「淺盤子經濟」，〔註 171〕在蔣經國領政時期，是經濟轉型的時期，其中心目標在於保持和加速臺灣經濟的發展，厚實國力，以完成反共復國之任務。〔註 172〕然自 1970 年代開始，國家進入變化多端的時代，不僅面臨國際外交上之挫敗，時中華民國已於 1971 年退出聯合國，許多盟國也陸續與我國斷交，外交陷於孤立狀態，而 1973 年因以阿戰爭，遭逢全球石油能源經濟危機，〔註 173〕而臺灣 98% 的石油仰賴進口，因此對臺灣影響至鉅，使臺灣面臨新的困境，所幸當時經過政府官員的努力，中華民國與沙烏地阿拉伯的交情甚好，沙國國王費瑟應允恢復對我國的供油；雖然如此，但受世界景氣影響，國內物資短缺，造成物價大幅波動外，〔註 174〕美國的市場緊縮，使

〔註 170〕中華郵政全球資訊網，《郵票寶藏》：https://www.post.gov.tw/post/internet/W_stamphouse，檢索日期：2018/11/20。

〔註 171〕彭懷恩，《臺灣發展的政治經濟分析》（臺北：風雲出版，1990 年），頁 278。

〔註 172〕李松林，《蔣經國的臺灣時代》（臺北：風雲時代，1993 年），頁 23。

〔註 173〕1973 年石油危機，是 20 世紀下半葉三大石油危機之一。由於 1973 年 10 月中東戰爭第四次爆發，俗稱「贖罪日戰爭」，石油輸出國組織（OPEC）為了打擊對手以色列及支持以色列的國家，宣布石油禁運，暫停出口，造成油價上漲，原油價格每桶暴漲約 4 倍，引起西方已開發國家的經濟衰退，也帶動其他開發中國家的經濟出現問題。

〔註 174〕國內有囤積居奇與黑市投機之歪風盛行，亦使國內面臨另一種經濟難題。

得外貿急遽變化，出口呈現負成長，〔註175〕經濟成長更是光復以來的最低紀錄。〔註176〕因此，政府與民間皆體認到以加工出口工業為主的產業結構已是亟需轉型的共識，遂於1970年代，政府提出「一切為經濟，一切為出口」的口號，推動出口擴張工業時，也實行第二次進口替代。〔註177〕

石油危機的發生，引發臺灣諸多經濟問題，資源有限是島嶼國家天生的缺陷，市場狹小，使得發展受限，基礎建設與工業建設無法配合，重工業之資本與技術勞力欠缺，農業發展亦因轉向工商業開始走下坡，為控制物價，穩定人心，蔣經國指示各單位務必穩定民生必需品，在1973年3月6日接受立法院質詢時，提出控制物價的九項辦法，〔註178〕隨後又提出提高利率、調整匯率、實行物價管理等，但卻未能達到預期目標。〔註179〕蔣經國推動十大建設以支持之後的高科技產業，〔註180〕並推動農業改革，降低農村稅率，訂定保證收購糧價，修訂農地買賣條例，尋求分散臺灣出口市場，避免過度依賴日本、美國。至70年代面臨國防、工業、經濟、外交等多項困境，蔣經國認為只有使經濟快速成長，以漸進與穩健的方式推動全民共識政府，方能使外國人對於臺灣投資的疑慮減低，因此大刀闊斧的推動一系列的經濟措施。〔註181〕

（一）十大建設

在50年代經濟快速成長，對外貿易不斷擴張之下，基礎建設未能配合經濟發展需要，出現嚴重的港口、鐵公路壅塞，以電力供給問題，導致嚴重影響經濟發展與工業生產，工業原料設備仰賴國外，受制於外人的現象時有所見，

〔註175〕1974年進出口貿易出現13.7億美元的逆差，連續十餘年的經濟高速成長受到重創。陳正茂，《臺灣經濟發展史》，頁194。1974年政府為對抗通膨，提出「穩定當前經濟方案」，雖有效使經濟冷卻下來，但工業成長率仍為1955年以來第一次下降，負成長1.5%，實質個人所得下降3%，國際收支也呈現自1960年以來的第一次逆差。彭懷恩，《臺灣發展的政治經濟分析》，頁279。
〔註176〕林能士編，《中國現代史》，頁257。
〔註177〕陳正茂，《臺灣經濟發展史》，頁194。第二次進口替代指在島內製造資本密集和技術密集的產品，來代替同類進口的產品。
〔註178〕張山克，《臺灣問題大事記》（臺北：華文出版社，1988年），頁409。
〔註179〕李松林，《蔣經國的臺灣時代》，頁24。
〔註180〕高棣民（Thomas B. Gold），《臺灣奇蹟中的國家與社會》（State and Society in the Taiwan Miracle）（紐約，1986年），頁98；陶涵（Jay Taylor）著，林添貴譯，《臺灣現代化的推手：蔣經國傳》（臺北：時報文化，2000年），頁344。
〔註181〕陶涵（Jay Taylor）著，林添貴譯，《臺灣現代化的推手：蔣經國傳》，頁344～345。

1970 年代的臺灣產業以勞力密集為主，最主要的工業為纖維、電機、電子等產業，儘管全球經濟不景氣，物價騰升，1972 年蔣經國接任行政院長後，於 1973 年 11 月 12 日於中國國民黨第十一屆中全會宣佈五年內推行國家級的基礎建設工程，原為九項建設，包括六項交通建設與三項重化工業，次年 3 月 5 日增加核能發電廠，合稱為「十大建設計畫」。〔註182〕初估所需經費約 50 億美元，龐大的經費與公共支出，可能造成財政負擔與通貨膨脹，在資金不足之下，面對各種質疑聲浪，蔣經國以「今天不做，明天就會後悔！」之決心，排除萬難致力推動，全國上下遂展開建設工程計畫。〔註183〕

中華郵政為宣傳國家建設，響應政府致力九項建設之號召，以九項建設為主題，印製郵票，於 1974 年～1978 年共發行三次的九項建設常用郵票。〔註184〕而九項建設之常用郵票，在 1977 年與 1978 年發行青年青少年及少年棒球隊接二連三獲得世界三冠王時的紀念郵票時，以第三版作為套票之底圖背景，一因時間倉促不及設計因應，二可藉此宣傳國家建設。〔註185〕在九項建設計畫的訂定之後，加上為供應充裕能源的核能發電廠，合稱為十大建設。〔註186〕（圖 4-1-17-1、圖 4-1-17-2）此在上一章裡作棒球郵票之說明。

關於十大建設的內容，概述如下：

1. 交通建設

交通為國家經濟命脈，促進工商業繁榮之大需，在交通建設方面涵蓋內陸運輸、港口以及機場三方面，共佔十大建設中的六項，內陸運輸方面有中山高速公路、鐵路電氣化、北迴鐵路的建設，港口為臺中港與蘇澳港，空運方面即中正國際機場，此建設之效益在於提高陸、海、空之運輸能量與效率，節省時間並促進區域之平衡發展，以及增進觀光事業之發展。〔註187〕

〔註182〕部份項目於 1968 年即已進行，惟「十大建設」一詞是在 1970 年代初期才提出的。王作榮，《我們如何創造了經濟奇蹟》（臺北：時報文化，1978 年），頁 106。

〔註183〕陶涵（Jay Taylor）著，林添貴譯，《臺灣現代化的推手：蔣經國傳》，頁 343。李國鼎等技術官僚受到蔣經國熱情號召，支持絕大部分的計畫，對於財源問題，李國鼎說：「放心，我們先開始做，再想辦法籌錢。」

〔註184〕分別是 1974 年，1977 年 2 版，1978 年 3 版。各版票值有些有所異動；發行之九項建設郵票圖案，印製 2 版九項建設郵票 1 組共 9 枚。中華郵政全球資訊網，《郵票寶藏》：https://www.post.gov.tw/post/internet/W_stamphouse，檢索日期：2018/10/18。

〔註185〕關於棒球紀念郵票，參看下一章節體育郵票類內容。

〔註186〕高明士主編，《臺灣史》，頁 288～289。林能士編，《中國現代史》，頁 257。

〔註187〕洪健昭，《新台灣史》（臺北：洪健昭，2014 年），頁 406～407。

圖 4-1-17-1　以九項建設常用郵票作底圖套票
成為棒球之紀念郵票發行

說明：1977 年以鐵路電氣化、石油化學工業之建設郵票圖象作底圖。

圖 4-1-17-2　以九項建設常用郵票作底圖套票
成為棒球之紀念郵票發行

說明：1978 年以南北高速公路、桃園國際機場之建設郵票圖象作底圖。

（1）南北高速公路：1962 年公路客運已經超越鐵路運量，貨運亦於 1974 年超越鐵路運輸量，在公路負荷過重的情形下，而建設高速公路。1971 年 8 月 14 日開工，至 1978 年 10 月 31 日中沙大橋開始啟用，高速公路全線正式通車。〔註 188〕中山高速公路總共建造了七十五座交流道、〔註 189〕兩座隧道、三百四十九座橋梁與十座收費站，共使用 3,231 公頃的土地，總預算約 429 億，其中 81 億為國際貸款。〔註 190〕此建設之效益有：對國內生產投資與所得、就

〔註 188〕　薛化元編輯，《臺灣貿易史》，頁 353。

〔註 189〕　各交流道與鄰近地區均有聯絡到密切連接，對工業區設立極為有利，而影響交流道附近地價上漲，新市鎮逐漸擴張。行政院經濟建設委員會編，《十項重要建設評估》（臺北：行政院經濟建設委員會，1979 年），頁 147～149。

〔註 190〕　行政院經濟建設委員會編，《十項重要建設評估》，頁 8、資金部份參見頁 111～120。

業上有所貢獻，節省行車時間、降低生產成本，並能穩定國內物價、增加產品外銷競爭力，轉移西部之過多交通量，節省改善其他公路之費用，並促進區域之發展，增進國防機動性等等。〔註191〕

（2）鐵路電氣化：因1972年至1973年期間，臺灣對外貿易發達，當時的車種、車次明顯不足，〔註192〕而為解決客貨運量的增加，並且為節約能源與人力，〔註193〕因此在1973年起計畫電氣化工程，施行範圍以西部幹線縱貫線全線（基隆—高雄間）進行架設1,153公里長高架電纜，〔註194〕1979年6月26日全線完工，同年7月1日全線電氣化啟用，鐵路電氣化，不僅增加行車速度與來往密度，並將營運量提高若干倍。總預算約230.8億。〔註195〕

（3）北迴鐵路：為使東部鐵路幹線與西部接軌，興建花蓮（新）車站至宜蘭線南聖湖車站（今蘇澳新站）之單線新線。全線長八十八公里，為臺灣東部交通大動脈。1973年12月，從南北兩端同時動工，1979年12月完工，1980年2月1日全線通車。由於工程以隧道為主，共有十六座，總長31,029公里，經此艱鉅之建設，使工程技術水準大為提昇。〔註196〕

（4）臺中港：位於臺灣西海岸，約為基隆、高雄港間航程之半。港區範圍，北起大甲溪南岸，南至大肚溪北岸；西臨臺灣海峽，東至臨港大道及其延長線，面積約為3,970餘公頃。延續日治時期之新高港計畫，並解決臺灣中部

〔註191〕北起基隆，途經臺北、中壢、新竹、臺中、嘉義、臺南等重要城鎮，南至高雄鳳山，全長373.8公里。行政院經濟建設委員會編，《十項重要建設評估》，頁15～20。

〔註192〕國營鐵路台鐵面對公路運輸的競爭，受限於蒸汽火車、柴油客車，產生動力輸出不足而影響車次增加量，造成乘車擁擠、經常誤點、貨物難以消化等窘境。

〔註193〕行政院經濟建設委員會編，《十項重要建設評估》，頁161～162。

〔註194〕採既有路線施工（邊施工、邊營運），分段送電，總共分基隆至竹南段、竹南至彰化段（山、海線同時施作）、彰化至高雄段等三期工程。

〔註195〕其中包含台鐵自籌7.7億、發行公債62億、國外借款108.1億、國際借款41.5億、關稅11.5億等。有關臺灣鐵路電氣化工程建設公債發行條例草案，經1978年9月7日行政院第1595次會議決議，該公債之利息支出，由中央負擔半數，至還本經費之籌措另行研議。案名：《臺鐵鐵路電氣化》，檔號：A329000000G/0066/E-3.0.1/01，來源機關：行政院經濟建設委員會，管有機關：國家發展委員會檔案管理局；行政院經濟建設委員會編，《十項重要建設評估》，頁173～176。

〔註196〕北起宜蘭縣的南新城站，南至花蓮市近郊的田埔站，即蘇澳新站至花蓮站與花東線銜接。行政院經濟建設委員會編，《十項重要建設評估》，頁230。

無國際港口的問題，1983 年 6 月完成初期工程。〔註 197〕

（5）蘇澳港：原本只是小型港口，而後擴建，1983 年 6 月完工。蘇澳港每年吞吐量原是十五萬噸，擴建後每年吞吐量達一千萬噸；因此擴建後之蘇澳港，不僅本身有開發價值，而且有助於臺灣北部工業高速發展，及承擔基隆港現有雜貨吞吐責任，幫助基隆港專向貨櫃港方向發展，節省了內陸運費，並產生新生地。〔註 198〕

（6）中正國際機場：即今臺灣桃園國際機場，因應臺北松山機場的運量飽和，〔註 199〕於距臺北市西南方約四十公里的桃園縣大園鄉（今桃園市大園區），另新建占地 1,223 公頃的新國際機場。原計畫名桃園國際機場，1979 年 2 月 26 日啟用之際訂名中正國際機場，2006 年 10 月更名為最初名稱。1978 年完成，〔註 200〕啟用後之經濟效益，除有助於拓展對外貿易外，對於旅遊業資金之利用，國民就業機會之擴展，外匯及稅收增加，均有獲益。〔註 201〕

2. 重工業方面的建設

重工業方面的建設有大煉鋼廠、石油化學工業以及高雄造船廠三項，此類建設使得工業基礎結構更為穩定，強化經濟發展之潛能，同時提高技術水準，穩定了工業原料的供應，並提高產品的附加價值。〔註 202〕

（1）大煉鋼廠（中國鋼鐵股份有限公司）：為了防止依賴外國鋼品太深，減輕外匯負擔，並解除過去因鋼源不一，影響產品精度的缺點，遂決定興建一貫作業煉鋼場，於是出資興辦中國鋼鐵公司，並將其納入十大建設之一，於 1977 年開始生產；大體而言，中鋼公司以不甚充足之資金引進國外之優良技

〔註 197〕行政院經濟建設委員會編，《十項重要建設評估》，頁 265～307。其經濟效益為節省中部進口貨物內陸運輸費用與基隆、高雄港口等待船席時間，產生大量新生地。

〔註 198〕行政院經濟建設委員會編，《十項重要建設評估》，頁 313、345～346。

〔註 199〕1957 年擴建臺北松山機場，在臺北盆地內，地形受自然環境所限，有所障礙，限制航機進離場起降航線的結構，國內、外（Fisher & Prentice）專家一致估計 1971 年前後達到飽和。行政院經濟建設委員會編，《十項重要建設評估》，頁 239。

〔註 200〕有關桃園國際機場「電信中心」新建工程之發包施工督導等事宜。案名：《桃園國際機場航站大啟用時間即電信中心機房工程竣工日期》，檔號：A315800000M/0066/G21/000020，來源：中華電信股份有限公司，管有機關：國家發展委員會檔案管理局。

〔註 201〕行政院經濟建設委員會編，《十項重要建設評估》，頁 258～259。

〔註 202〕行政院經濟建設委員會編，《十項重要建設評估》，頁 54～55。

術，成就不易，生產期間因國際鋼價上漲而獲盈利，在生產、財務、管理、人事、營業等方面，均屬成功。〔註203〕

（2）石油化學工業（中國石油股份有限公司高雄煉油總廠）：在高度工業化國家，石油化學工業雄踞重要之經濟地位；石油化學中心是開發中國家工業發展之時代象徵。中國石油公司高雄煉油總廠的興建對於臺灣的塑膠、合成橡膠、合成纖維及化學品工業之發展而言，不僅減少國內工業對外之依存性，且將增加下游加工產品在外銷上的競爭力。〔註204〕

（3）高雄造船廠（中國造船公司）：建於高雄第二港口，座落於小港區的臨海工業區內，面對臨海工業區，是十大建設中第一個完成的重要建設，該廠的設立肩負支援航運、貿易、國防及發展關聯工業多目標之基本任務。於1975年建廠同時，即承建美商44萬5千載重噸超級油輪。同時中國造船公司也合併原位於基隆的臺灣造船公司為其基隆總廠，於1977年10月完工，同時完成第一艘45萬噸級巨型油輪。〔註205〕

3. 能源項目建設

核能發電廠：1972年2月初開工興建之北部核能一廠第一部機，裝置容量63萬6千瓦，核能一廠列入十大建設計畫優先興工，計畫之初，陸續派員前往先進國家受訓，以建立整套安全分析能力，於1978年4月間開始正常滿載運轉發電。其功能為增加台電系統之平均供電能力，其二為節省大量發電燃料油脂消耗。〔註206〕而為慶祝核能發電廠建設竣工，於1978年4月26日

〔註203〕行政院經濟建設委員會編，《十項重要建設評估》，頁55～57、378～397。其產品包括鋼板、小鋼坯、條鋼、線材等，建廠目標為每年生產組鋼600萬噸。

〔註204〕臺灣合成橡膠股份有限公司呈文行政院經濟建設委員會，以為配合國家十項經濟建設石油化工下游計畫而投資設廠，並報告該公司高雄廠開工以來產銷及營運狀況。案名：《化學工業》，檔號：A329000000G/0066/P-84/01，1977～1985年，來源：行政院經濟建設委員會，管有機關：國家發展委員會檔案管理局。行政院經濟建設委員會編，《十項重要建設評估》，頁443～496。在高雄縣開發了兩處石化工業區──「仁大（即仁武、大社）石化工業區」和「林園石化工業區」。

〔註205〕廠房長750公尺，寬175公尺。行政院經濟建設委員會編，《十項重要建設評估》，頁399、437、439～440。

〔註206〕第二核能發電廠、第三核能發電廠為核能發電的延伸計畫，後續列入十二大建設計畫，分別於1981年與1984年完工。核燃料較燃油低廉，每年可節省1.1億美元之外匯支出。行政院經濟建設委員會編，《十項重要建設評估》，頁86～87、497～539。

發行核能發電廠特種郵票。（圖 4-1-18）而鑑於電力為工業之母，為經濟建設及現代社會發展之原動力，郵政總局為宣揚我國電力建設成果及其對於國家經濟發展之重要性，以水力、火力及核能發電為主題，於 1986 年印製特種郵票。〔註 207〕（圖 4-1-19）

圖 4-1-18　核能發電廠特種郵票（特 140）
1978 年 4 月 26 日發行

說明：郵票圖案係以核能發電之主要機件——核子反應爐剖面圖為主題，並襯以核能一廠全貌為背景，左上角繪核子標誌。

圖 4-1-19　經濟建設郵票——電力建設
（特 231）1986 年 4 月 26 日發行

水力發電　　　　　　　　火力發電　　　　　　　　核能發電

　　郵政總局對此經濟建設方面發行的郵票多以特種郵票為主，而以紀念郵票製作發行的僅有桃園國際機場（圖 4-1-20），發行日期選擇在第一期工程於 1978 年年底完成時，以及中山高速公路中銜接南北的中沙大橋（圖 4-1-21）。高速公路主要公路工程之一為中沙大橋的建設，自 1976 年 4 月開工，迄 1978 年 10 月完成，全長 2,345 公尺，橫跨臺灣省彰化縣溪州鄉與雲林縣西螺鎮的高速公路橋樑；中沙大橋的啟用，才使高速公路真正的將南北串連起來。在臺灣南北高速公路工程興工期間，曾接受友邦沙烏地阿拉伯王國鉅額貸款，

〔註 207〕　中華郵政，中華郵政全球資訊網，《郵票寶藏》：https://www.post.gov.tw/post/
internet/W_stamphouse，檢索日期：2018/10/31。

因資金吃緊，財政部面臨艱鉅的籌款任務，財政部長李國鼎（1910～2001），
〔註208〕利用各種方法籌措資金，除在國內設法調度之外，也與友邦商洽，1973
年 3 月 9 日與經濟部長孫運璿等其他重要官員親赴沙烏地阿拉伯，謁見費瑟
國王（1906～1975），由於互動良好，〔註209〕第一筆為 2000 萬元，此為建設
當中第一筆貸款，〔註210〕先後貸款給中華民國，興建高速公路與電氣化鐵
路，其中高速公路貸款 5,000 萬美元，遂將此橋樑命名為「中沙大橋」。〔註211〕
該橋跨越本省中部濁水溪，位於西部幹線西螺大橋之上游約 3 公里處。採用
預力空心基樁及預力樑設計，四車道橋面，因此郵政總局又於 1978 年 10 月
31 日即高速公路全線通車之日，為紀念此工程之完成，發行「中沙大橋紀念
郵票」一套。

圖 4-1-20　桃園國際機場落成紀念郵票
（紀 172）1978 年 12 月 31 日發行

說明：為慶祝桃園國際機場之第一期工程自 1974 年 9 月動工，於 1978 年 12 月
底完成，而印製紀念郵票一組。2 元面值票係以該機場之鳥瞰圖為主題；10 元
面值以航站大廈及管制塔為圖案。

〔註208〕 李國鼎，政治家兼經濟學家，曾任中華民國經濟部及財政部部長，在任時推
動許多經濟建設，1969 年 7 月李國鼎先生調任財政部長，推動政府財政現代
化的改革，包括推動國庫集中支付制度、參考國際間普遍採用的布魯塞爾
（Brussels）分類法、重訂關稅稅則分類、修訂關稅法、成立財稅資料處理中
心加強稽核工作、成立中小企業信用保證基金制度、修改銀行法成立中小企
業銀行並加強基層金融檢查、籌措國家十大建設財源等，成效卓著。〈李國
鼎事蹟〉，《李國鼎網站》：http://ktli.sinica.edu.tw，檢索日期：2018/10/27。
〔註209〕 此貸款免收利息，沙烏地阿拉伯的高級官員這樣告訴李國鼎：按照可蘭經的
教義，朋友間的借貸不能收利息。正是這項無息貸款的紀念見證。財政部財
政史料陳列室：http://museum.mof.gov.tw，檢索日期：2018/10/24。
〔註210〕 呂芳上編，《中華民國近六十年發展史（上）》，頁 276。
〔註211〕 〈李國鼎略傳〉，《李國鼎網站》：http://ktli.sinica.edu.tw，檢索日期：2018/10/
27。1976 年 1976 年 3 月 10 日，財政部長李國鼎先生與沙烏地阿拉伯開發基
金會副主席 Mahsoun B. Jalal 簽訂 5000 萬美金南北高速公路貸款。

圖 4-1-21　中沙大橋落成紀念郵票（紀 171）
1978 年 10 月 31 日發行

說明：此郵票圖案有兩種，分別以中沙大橋鳥瞰全景及橋墩特寫為主題，另配
置中沙兩國國旗及中沙大橋落成紀念等文字。

　　十大建設自 1974 年起至 1979 年次第完成，投資總額為新臺幣 2,094 億元
（1979 年的評估價值約 58 億美元）。〔註212〕在各建設中，核電廠與交通之建
設，自日本統治時代即有詳細計畫，國府遷臺之後，繼續著手建設，至此時期
更是重視，為了改善投資環境，對交通與電力方面的基礎建設更積極的發展。
〔註213〕為紀念與宣揚政府的決心與全民團結努力的精神，完成諸多艱難的工
程設施，中華郵政遂於 1980 年發行十大建設小全張。（圖 4-1-22）圖像印刷色
彩較為鮮明，而核能發電廠則以廠建築物圖像為主題。

圖 4-1-22　十項建設郵票（特 165）1980 年 10 月 10 日發行

說明：參照十項建設之圖照繪製郵票，就 10 枚郵票合併組成並採 5 枚兩行之聯
刷方式印製為小全張。

〔註212〕許雪姬，《臺灣歷史辭典》（臺北：遠流出版，2003 年），頁 63。
〔註213〕陳正茂，《臺灣經濟發展史》，頁 194。

　　除此建設外，在水庫的興建上，有兩套相關之紀念票，一為 1973 年的曾文水庫落成紀念郵票，二為 1987 年的翡翠水庫落成紀念郵票。曾文溪全長 138 公里，為充分利用曾文溪水之天然資源，以供應嘉南地區之農工業用水及居民飲食用水與發電之用，政府遂於 1967 年 10 月 31 日在曾文溪柳藤潭興建曾文水庫，其具有灌溉、發電、給水、防洪、觀光等多目標效益之水利工程，不僅厚植國力，且亦造福社會。曾文水庫落成紀念郵票，一套三枚。（圖 4-1-23）〔註 214〕位於北部的翡翠水庫壩址位於新店溪支流北勢溪之下游，興建目的為供應臺北地區之給水與發電，翡翠水庫計畫溯自 1970 年進行規畫，至 1987 年完成。郵政總局為慶祝工程浩大，效益宏遠之翡翠水庫落成，印製紀念郵票，於 1987 年工程師節發行。（圖 4-1-24）〔註 215〕

圖 4-1-23　曾文水庫落成紀念郵票（紀 150）
1973 年 10 月 31 日發行

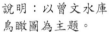

說明：以曾文水庫鳥瞰圖為主題。

說明：5 元及 8 元面值者則分別以電廠進水口及溢洪道為圖案，以影寫版印製之。

圖 4-1-24　翡翠水庫落成紀念郵票（紀 219）
1987 年 6 月 6 日發行

〔註 214〕中華郵政，中華郵政全球資訊網，《郵票寶藏》：https://www.post.gov.tw/post/internet/W_stamphouse，檢索日期：2018/10/31。

〔註 215〕中華郵政，中華郵政全球資訊網，《郵票寶藏》：https://www.post.gov.tw/post/internet/W_stamphouse，檢索日期：2018/10/31。

　　為改善臺灣的產業結構而投資重工業，在遇到第一次的全球石油能源危機，仍遭遇諸多困難；中國造船廠原本即負債狀況，1980 年代中期虧損更加嚴重，而大幅裁員。中鋼設立目的為供應中國造船廠的材料，然因中國造船廠的經營不善，繼而中鋼也受到影響，因此在經營上，改以出口策略以改善之。而在發生石油危機時，發展石化工業作為產業轉型政策來扶植重點產業，使此時期的輕油裂解廠、化學纖維工業、塑膠工業迅速成長，由於政府的妥善掌控與規劃，使得石油化工業成績亮眼。〔註 216〕

　　十大建設主要目的在於改善經濟結構，加強基本建設，以鞏固經濟基礎，加速經濟的現代化，促進經濟發展；〔註 217〕此十項建設為臺灣重工業奠下重要的基礎，政府擴大公共支出，刺激經濟，在全球經濟不景氣的情況下，促進經濟的復甦，使臺灣不致走向經濟衰退的道路，1974 年臺灣國民平均所得增加至 465 美元。〔註 218〕刺激內部的需求吸收部分的失業人口，而減緩經濟衰退之現象，與國內失業壓力，促進社會安定。〔註 219〕至 1976 年有較明顯的效果，經濟成長率恢復 12%，對日後朝向技術與資本密集的經濟轉型，有積極的作用。〔註 220〕

　　國家的政策的成效取決於政府的決策正確性與決心魄力，加上全民的努力與團結，方能有效發揮其效能，以造就臺灣經濟成長，建立國民對國家信心與寶貴的經驗。〔註 221〕在建設的過程中，強化了國家資本，改變落後的基礎設施之建設，因此，十項建設之後，在行政院長孫運璿（1913～2006）的領導下，延續十項建設之精神，推動十二項建設，以帶動經濟景氣，但尚不足以扭轉長期的「重工業而犧牲農業」的弊端，著重城鄉平衡發展，〔註 222〕在 1980 年代中期前完成，為臺灣經濟發展製造良好的條件。〔註 223〕不過，至 1984 年

〔註 216〕高明士主編，《臺灣史》，頁 289。
〔註 217〕行政院經濟建設委員會編，《十項重要建設評估》，頁 6。
〔註 218〕陶涵（Jay Taylor）著，林添貴譯，《臺灣現代化的推手：蔣經國傳》，頁 344。
〔註 219〕薛化元編輯，《臺灣貿易史》，頁 334；呂芳上編，《中華民國近六十年發展史》，頁 276～277。
〔註 220〕蕭全政，《臺灣地區新重商主義》（臺北：國家政策研究資料中心，1989 年），頁 97。
〔註 221〕呂芳上編，《中華民國近六十年發展史（上）》，頁 278。
〔註 222〕雖開始注意農業人口外流問題，但已是積重難返，農業生產率至 70 年代末期呈現負成長。蕭全政，〈論臺灣地區支持性米價政策〉，《社會科學論叢》第 33 輯，1985 年，頁 157～189。
〔註 223〕技師、技術員、領班、監工、技工、普通工之就業，失業率由 1975 年的 2.4%，至 1979 年降為 1.27%。

為了改善經濟與社會發展的失衡現象，又繼續推動「十四項建設」，但因為土地取得不易，進展不如預期順利。〔註224〕

（二）經濟自由化與經濟轉型產業升級

臺灣戰後的經濟發展和政治發展有著密切的關係，在經濟方面主要根據三民主義的民生主義，以「發達國家資本、節制私人資本」為基本政策，由國家掌控主要經濟活動，同時也允許私人企業的存在，因此形成了公營與私營企業並行的結構。1976年推動「六年經濟計劃」，重點在於發展資本與技術密集工業，尤其是鋼鐵與石化工業，日後顯示中鋼事業是成功的，然而中船卻不如預期。1977年國際情勢好轉，臺灣經濟成長日漸恢復昔日繁榮，然1978年發生伊朗的政治危機，導致第二次世界能源危機，再次困擾中華民國當局之經濟決策，加上隔年美國承認中共政權後，更是打擊民間投資意願，臺灣又陷入經濟危機的挑戰；於是，中華民國政府改組經濟計劃及發展委員會，集中強化經濟政策的功能。〔註225〕在經濟轉型時期，中華民國政府致力於協助企業界，以加速夕陽工業之轉型，精密工業的開發，掌握能源與原料，並分散外貿市場，避免過分依賴少數或單一國家，加上金融的靈活運用，以提昇國際市場上的競爭力。〔註226〕

國家經濟開發，需要龐大之資金，而國內資金之可靠來源，則有賴於國民儲蓄，因此政府鼓勵人民儲蓄，以國民儲蓄作為資金的主要來源，〔註227〕所謂「國無九年之蓄曰不足，無六年之蓄曰急，無三年之蓄，曰國非其國也。」〔註228〕如欲立國，則在於儲蓄矣！因此，在1959年2月1日軍中已有儲金政策，1969年郵政總局因軍中儲蓄業務屆滿10年，對於三軍官兵生活之改善，節約風氣之倡導，以及國家經濟建設之發展等均有所助益，遂發行「國軍同袍儲蓄創辦十週年紀念郵票」。〔註229〕（圖4-1-25）中華民國政府為建立國家長期儲蓄政策及加強國民儲蓄意願，在1970年訂定每年10月最後一週為國

〔註224〕陳正茂，《臺灣經濟發展史》，頁197。
〔註225〕彭懷恩，《臺灣發展的政治經濟分析》，頁279～280。
〔註226〕查時傑，《中國近代史》（新北市：弘揚圖書，2007年），頁279。
〔註227〕郭岱君，《臺灣經濟轉型的故事》，頁186。
〔註228〕（唐）孔穎達《宋注疏十三經》，〈禮記‧王制〉篇，（北京：中華書局，1998年），頁340。
〔註229〕中華郵政，中華郵政全球資訊網《郵票寶藏》：https://www.post.gov.tw/post/internet/W_stamphouse，檢索日期：2018/10/31。

民儲蓄週，並以該週之星期六為國民儲蓄日，政府多年大力提倡，養成國民
樂於儲蓄的習慣，而 1987 年銀行法的修正，使得銀行經營健全化，民間可設
立銀行，並日漸使臺灣金融走向國際化。〔註230〕因此在訂定國民儲蓄日時，
郵政總局先發行儲蓄相關的特種郵票。1979 年 7 月 1 日恰為中華郵政儲金創
辦六十週年紀念日，〔註231〕郵政總局適時地配合政府宣導儲蓄政策，發行以
郵政儲金週年為主題郵票，（圖 4-1-26）以培養國民儲蓄美德，吸收民間小額
資金以供政府發展國家經濟建設。而在十週年時，為宣揚儲蓄報國及儲蓄建
國之宗旨，於 1980 年 10 月 25 日正逢第十屆國民儲蓄日，而印製紀念郵票一
套。（圖 4-1-27）

圖 4-1-25　國軍同袍儲蓄創辦 10 週年紀念郵票
（紀 125）1969 年 2 月 1 日發行

說明：左側為郵政儲金標誌，右側繪製陸、海、空軍之肖像，寓意三軍儲蓄建國。

圖 4-1-26　郵政儲金創辦 60 週年紀念郵票（紀 173）

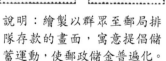

說明：繪製以群眾至郵局排隊存款的畫面，寓意提倡儲蓄運動，使郵政儲金普遍化。	說明：繪製郵局人員於電腦終端機前，寓意郵政儲金作業走向電腦化。	說明：以投幣於存錢筒為主圖，背景繪製繁茂大樹下的人形，寓意儲金小額化，積少成多及十年樹木百年樹人。

〔註230〕高明士主編，《臺灣史》，頁 292～294。
〔註231〕中華民國之郵政儲金係於民國 8（1919）年 7 月 1 日創辦。

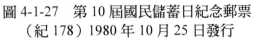

圖 4-1-27 第 10 屆國民儲蓄日紀念郵票
（紀 178）1980 年 10 月 25 日發行

說明：第 10 屆國民儲蓄日發行，10 元票值的主圖繪製存錢筒內的錢幣，即儲蓄之意；12 元票值的郵票圖像，以存錢筒寫著「儲蓄建國」四字為主圖，背景繪製著工業建設與交通建設圖案，顯示全民儲蓄以建設國家之意旨。

　　1979 年新竹科學園區的設立，顯示著以資訊工業為代表的高科技時期的來臨，開始強調發展「策略性工業」。〔註 232〕為因應第二次的能源危機導致的不景氣，經濟部長趙耀東推行「策略性工業」，諸如電腦、電傳資訊、自動化等技術密集工業。接著負責科技發展與經濟決策的李國鼎以推動「獎勵投資條例」的修正以配合此政策。成立新竹科學園區，此處被視為臺灣的「矽谷」，使臺灣由「勞力密集」的產業轉為「腦力密集」，電子產品出口值高居出口第一位。1980 年代的經濟發展漸次增長，產業分為製造業與高科技產業兩類，製造業開始大量外移至東南亞發展，而政策上在促成產業的轉型，留下高科技化的產業，如電子業、機械業、資訊業、汽車業為重點獎勵的對象。〔註 233〕

　　為使經濟的發展可獲得長期成長，須密切配合世界發展之趨勢，推動科技發展與整體經濟環境的配合，則是重要關鍵之一，因此，政府選定能源科技、自動化科技、資訊科技、材料科技、生物科技、肝炎科技、光電科技、食品科技 8 項重點科技，擬定中長程計畫全力推動發展，期使國家邁向技術導向之經濟建設。郵政局於 1988 年發行的有關經濟建設郵票，較特別的在於此套為行政院規劃而成的，以重點科技發展成果及加強，來喚起全民對科技發展之共識，郵政總局以 8 項重點科技為主題，印製科技發展的經濟建設特種郵票，

〔註 232〕策略性工業如電腦、電傳資訊、自動化等技術密集工業。林能士，《中國現代史》，頁 257；彭懷恩，《臺灣發展的政治經濟分析》，頁 282。
〔註 233〕但汽車業與機械業的發展並不太成功。高明士主編，《臺灣史》，頁 292。

作為宣揚政府的經濟成果。〔註234〕

　　綜觀，國府遷臺初期，始終處在作戰狀態，因而對於臺灣的政經體制必須採取強烈的管制措施，在1950年韓戰爆發後，已然形成民主與共產對峙之局，美國在軍事與經濟考量下，對臺灣予以承認並給予軍事與經濟支援，以建立防堵戰線。由於美援挹注，使國府面對戰後通貨膨脹與外匯短缺的困境得以緩解；1957年，美國因其國際收支赤字惡化，而重新檢討援外政策，國府也調整經濟政策，提出改善投資環境、鼓勵出口等措施，經貿政策遂轉為出口導向；〔註235〕1950年代的臺灣工業成長倍增，使原先以農業社會為主的型態轉型，農業人口下降，製造業人口上升，私人企業成長率快速，漸漸的與公營企業分庭抗衡。〔註236〕

　　1960～1970年代的發展，臺灣高度的經濟成長率，顯示「出口導向工業化」的經濟模式甚為成功，主因在於政府配合國際經濟的情勢變遷，而調整相對的產業結構，由進口替代產業轉為出口導向。〔註237〕自1969年起，受美國外交政策影響，加上1971年政府退出聯合國及面對中日斷交等衝擊，國府在外交上遭遇一連串失利，造成國內資金大量外流、景氣低迷。面對諸多危機，國府於1973年11月宣佈十大建設，以公營企業及公共投資來解決危機，並強化經濟交易條件，透過公營事業的發展，同時帶動民間產業的競爭力，國府透過經濟成長，作為穩定政治上的基礎，以化解當時政府的政治正當性危機與資本累積的危機。〔註238〕將產業結構轉型，將紡織等勞力密集工業轉為電子科技密集工業，面對1978年的第二次石油危機與中美斷交而產生的政治危機，政府在1979年後，又先後宣佈十二項經濟建設，加強中小企業融資，幫助企業界從事研究發展工作，而且進一步地推動經濟自由化、國際化，歡迎外資，開放對外國銀行管制，並分散對美國與日本等國之在貿易上之依賴；〔註239〕此期間臺灣仍維持著高經濟成長現象，實屬不易。〔註240〕

〔註234〕此套郵票發行時間雖然蔣經國總統已辭世，但此經濟成果為其在位時所奠定，因此將此特種郵票選錄之，以使讀者更能了解科技與經濟建設的重要關聯。

〔註235〕黃耀祺，《臺灣經貿自由化政策之政治經濟分析》（臺北：國立臺灣大學政治學研究所碩士論文，1999年），摘要。

〔註236〕彭懷恩，《臺灣發展的政治經濟分析》，頁269。

〔註237〕龐建國，〈評康明思「東北亞政經體系的起源與發展：工業部門、生產週期與政治後果」〉，《中山社會科學譯粹》第1卷第1期，頁45。

〔註238〕黃耀祺，《臺灣經貿自由化政策之政治經濟分析》，摘要。

〔註239〕黃耀祺，《臺灣經貿自由化政策之政治經濟分析》，摘要。

〔註240〕Danny Kin-Kong Lam, "Guerrilla Capitalism: Export Oriented Firms and the Economic Miracle in Taiwan (1973~1987)", (Vol. 4. 1, March, 1989), P. 183.

　　1980 年之後，國民總生產成長率提昇至 20%以上，對外貿易於 1981 年僅 14 億元，長期的出口順暢，使 1983 年起外匯急速增加，1986 年為 156 億美元，〔註241〕至 1987 年以高達 186 億元，而外匯存底，從 1980 年的 22 億美元至 1987 年時已有 767 億美元；〔註242〕在 1980 年代結束時，已僅次於日本，高居世界第二位，但造成貨幣供給大增，股市與房地產飛漲，社會貧富不均現象顯現，面對此現象，1987 年全面開放外匯管制，使人民可以自由持有運用外匯，經濟政策以自由化、國際化、制度化為目標，放寬進口管制，關稅調降，但主要落實於開放黃金進口、放寬外匯管制限制等少數行動上。〔註243〕

第二節　文化復興與國族教育

一、文化復興

　　蔣中正明白教育對國家建設與社會發展十分重要，因此蔣中正對於教育的政策與實施，有許多的指示與期勉，透過演講與文告傳達之，如：「教育為立國根本，也就是國家和政府，對下一代的責任。」〔註244〕「教育乃是國家民族的精神文化，亦即永久的生命根基之所託，所以教育的優劣成敗，即是國家民族興亡盛衰的關鍵。」〔註245〕「我們要救國，非根本上從發展教育著手不可。」〔註246〕其強調教育的目的，是要教人成為一個為國家社會有用的公民，而受教育的不只是學校的學生，也包括全國各地的生活教育，亦即社會教育。蔣中正不斷強調教育與國家社會的關係，以及教育目的外，並闡述社會教育的範疇與方法〔註247〕，及其重要性。〔註248〕

〔註241〕劉進慶著，陳豔紅譯，《中日會診臺灣——轉型期的經濟》（臺北：故鄉出版，1988 年），頁 107。
〔註242〕查時傑，《中國近代史》，頁 279～280。
〔註243〕彭懷恩，《臺灣發展的政治經濟分析》，頁 269。
〔註244〕秦孝儀，《先總統蔣公嘉言總集，第四冊》（臺北：中國國民黨中央委員會黨史委員會，1981 年），頁 439。
〔註245〕秦孝儀，《先總統蔣公嘉言總集，第四冊》，頁 445。
〔註246〕秦孝儀，《先總統蔣公嘉言總集，第四冊》，頁 440。
〔註247〕蔣中正對教育教學方法亦仔細勘查與指導。蔣中正，〈對革新教育注意事項之指示〉（中華民國五十七年二月十日），秦孝儀總纂，《總統蔣公思想言論總集》，卷 37（臺北：中正文教基金會，1989 年），頁 432。
〔註248〕陳仲彥，〈蔣中正與社會教育〉，載於周愚文，《蔣中正與臺灣教育文化發展》，頁 215。

　　1950～60 年代，中華民國的教育政策，深受蔣中正的關注與影響，許多教育文化的相關決策，亦影響到蔣經國主政時期的教育發展方向。1950 年代的教育方針，以反共抗俄為導向，而戰勝的武器即是民族精神教育與民族道德教育，此為抗戰勝利的要素，亦為反共抗俄致勝要素，在臺灣實施的變革，使人人有職業，人人能反共，人人能救國。〔註 249〕政府對於教育文化甚為重視，蔣中正在 1951 年 8 月 26 日主持夏令講習會結業典禮演講中指出：「大陸失敗最大癥結，是在學校教育中，不注重生活教育和人格修養的教育。」〔註 250〕因此鑑於國共內戰之失利，指出「反共抗俄的戰爭，不僅是民族戰爭，也就是社會文化的全面戰爭」，「我們當前反共抗俄戰爭，就是為堅持三民主義而言。尤其是以民族主義倫理重心上的，我們是以民族固有的忠、孝、仁、愛、信、義、和、平八德為基礎的」。〔註 251〕因此配合反共抗俄的政策，強調中華民族歷史文化的延續性，以符合中華民國為中國正統唯一代表的基調。〔註 252〕

　　在 1950 年代，由於美國介入臺海戰事，使得最後中華民國的反攻大陸政策由武攻轉為文攻，由軍事動員轉為精神動員，1952 年起中華民國政府陸續推動文化改造運動、文化清潔運動以及文藝戰鬥運動，〔註 253〕透過各級學校教育與民間團體的活動，宣傳三民主義、擁戴領袖、〔註 254〕反共復國等訴求，以加強民族精神總動員及反共抗俄之戰鬥性。〔註 255〕文化改造運動之內容包括：民族精神教育、學術研究、獎勵科學與文武合一教育。〔註 256〕而文

〔註 249〕張其昀，〈新教育的綱領──總統最近對於教育文化的訓示〉，收入中國國民黨中央黨史委員會、國史館、中國文化大學編，《張其昀先生文集》，卷 16（臺北：中國文化大學出版部，1989 年），頁 8172～8205。

〔註 250〕蔣中正，〈中華民國四十年八月二十六日主持夏令講習會結業典禮講──時代考驗青年　青年創造時代〉，秦孝儀總纂，《總統蔣公思想言論總集》，卷 24，演講，頁 197。

〔註 251〕蔣中正，〈時代考驗青年，青年創造時代──並說明四維、八德為反共抗俄鬥爭中的主要武器〉（民國 40 年 8 月 26 日），收入張其昀主編，《先總統蔣公全集》第 2 冊（臺北：中國文化大學，1984 年），頁 2162。

〔註 252〕林果顯，《「中華文化復興運動推行委員會」之研究（1966～1975）》（臺北：稻香出版，2005 年），頁 46。

〔註 253〕呂芳上編，《中華民國近六十年發展史（上）》，頁 214。

〔註 254〕擁戴領袖的宣傳方式也包含了從郵票上執行，因此以具有中華文化道統繼承者的領袖，作為票面圖案甚多，同時型塑了領袖的形象，此類郵票於它節論述。

〔註 255〕林果顯，《「中華文化復興運動推行委員會」之研究（1966～1975）》，頁 81。

〔註 256〕1952 年元旦，蔣中正發表〈告全國軍民同胞書〉，指出「在文化改造運動上我

化清潔運動，乃是 1953 年底，蔣中正發表之《民生主義育樂兩篇補述》，其中指出中共政權乃藉由文藝作品灌輸階級鬥爭的思想，致使一般人不是受黃色的害，便是中赤色的毒，因而主導文藝作品的走向；中國文藝協會為響應此運動。〔註257〕至於文藝戰鬥運動，在 1954 年「中美共同防禦條約」簽訂後，蔣中正則指示七項中心工作中的其中一項為「展開反共戰鬥文藝工作」，用以倡導民族文化與戰鬥之精神。〔註258〕

　　1966 年 5 月，大陸掀起「文化大革命」運動，紅衛兵大肆破壞文物古蹟、批鬥學術教育階層，「破四舊」的行徑如火如荼地展開，為中華傳統文化帶來了空前的浩劫，中華民國為了鞏固其正統的地位與維護中華傳統文化，遂推行中華文化復興運動。在 1966 年 11 月 12 日國父誕辰紀念日時，蔣中正指出：中華文化的基礎為倫理、民主、科學，其道統係由堯、舜、禹、湯、文、武、周公、孔子一脈相承，而國父提出的三民主義，則繼承了中華民族數千年來相傳的道統，是中華文化的精華，「乃為我民族之所託命，亦為我文化之所凝聚」；〔註259〕因此實行三民主義、建設復興基地，進而「消滅赤禍、重光大陸」，即「為復興我中華文化明德新民之契機。」〔註260〕遂將 11 月 12 日訂為中華文化復興節；〔註261〕自此被賦予發揚傳統倫理道德，加強民族精神之教育的中華文化復興運動，則具有反制中共文化大革命的使命與角色，〔註262〕全國遂如火如荼地大力展開此運動。

　　1967 年 7 月 28 日，中華文化復興運動推行委員會〔註263〕設立於中山樓

　　　　　們的口號是『明禮尚義，雪恥復國』。」《總統府公報》第 327 期（1952 年 1 月 1 日），頁 1。張其昀，《總動員運動概況》（臺北：中國新聞出版，1952 年），頁 34。

〔註257〕陳紀瀅，《文藝運動二十五年》（臺北：重光文藝出版社，1977 年），頁 69～70；《中央日報》，1954 年 7 月 26 日，版 1。

〔註258〕聯合文化團體、策動媒體響應戰鬥文藝作品，倡導民族文化與戰鬥精神，即戰鬥文藝作品。蔣中正，〈推行革命實踐運動的回顧並提示今後施政方針〉（民國 43 年 12 月 20 日），收入張其昀主編，《先總統蔣公全集》第 2 冊，頁 2422～2423。

〔註259〕蔣中正，〈中山樓中華文化堂落成紀念文〉，收入僑務委員會編印，《中華文化復興運動論文集》（臺北：僑務委員會，1967 年），頁 1。

〔註260〕蔣中正，〈對中山樓文化堂紀念文〉，張其昀主編，《先總統蔣公全集》第 3 冊（台北：中國文化大學，1984 年），頁 2921。

〔註261〕與此節日相關郵票，在其他章節陳述。

〔註262〕呂芳上編，《中華民國近六十年發展史（上）》，頁 216。

〔註263〕此會為反制中共發動的「文化大革命」而設立，簡稱「文復會」，1990 年改

文化堂〔註264〕，首位會長為蔣中正，〔註265〕其於同年 11 月 12 日紀念國父誕辰與中華文化復興活動時，提到復興文化的方法：「復興文化，就是要提高我們國民品德修養，人格尊嚴，信仰自由，修明心、物、群、己的關係，增進人民的生活，民族的生存，國民的生計，群眾的生命的基本條件。」〔註266〕在1968 年，蔣中正在《臺灣省光復二十三週年紀念告全省同胞書》上，其提到：

> 國民成為現代進步的國民，這也就說明了政府的施政，是一切以民眾的利益為依歸，一切與民眾願望相結合，生聚教訓，以增進全民的福祉，提高全民的智能。在此，我要特別提出的，就是九年制國民教育的實施，乃我國教育史上劃時代的嶄新的一頁，其目的不徒為國民教育水準的提高，實亦為整個教育革新的開端，特別是為復興中華文化的基本工作，希望教育工作人員，以堅定不移的精誠，作持久不懈的努力。並希望社會人士，以共同的心力，共同的責任感，熱誠支持，協助發展，使學校、家庭、社會，密切配合，相輔相成。同時，我必須指出，學生品德的培養，受社會風氣的影響至深，因此希望人人發揚中華民族倫理道德，實踐現代國民生活規範，以移風易俗及培育下一代的健全國民為己任。〔註267〕

此復興文化運動涵蓋教育、學術、文藝、民俗、藝術、生活、觀光、歷史文物、僑務、外交與國防，於國內外推行之〔註268〕。自此至 1975 年的元旦，蔣中正在各項重要演講及書告之中，便反覆強調復興中華文化之重要性，除了在中華文化復興節之外，諸如：1967 年在〈臺灣省光復二十二週年紀念告

名為「中華文化復興運動總會」，簡稱「文化總會」，2006 年改稱為「國家文化總會」，2011 年經內政部核備通過，2011 年 4 月 14 日完成法院變更登記更名為「中華文化總會」。《中華文化總會》：https://www.gacc.org.tw，檢索日期：2019/02/04。

〔註264〕中山樓文化堂之建立意在紀念國父手創民國之德澤，亦以發揚中華文化之裔皇。並期勉全體國人，操危慮患，莊敬自強，以此為復興基地重建民族文化之標幟，亦堅持消滅赤禍，重光大陸之信念。蔣中正，〈中山樓中華文化堂落成紀念文〉，收入僑務委員會編印，《中華文化復興運動論文集》，頁 1。

〔註265〕秦孝儀主編，《總統蔣公大事長編初稿》，卷 8（臺北：中正文教基金會，1978～2008 年），頁 132。

〔註266〕蔣中正，〈國父誕辰暨文化復興節紀念大會致詞〉，秦孝儀，《總統蔣公思想言論總集》，卷 29，演講，1967 年，頁 68。

〔註267〕蔣中正，〈臺灣省光復二十三週年紀念告全省同胞書〉（中華民國五十七年十月二十五日），秦孝儀總纂，《總統蔣公思想言論總集》，卷 34，書告，頁 198。

〔註268〕呂芳上編，《中華民國近六十年發展史（上）》，頁 217。

全省同胞書〉中強調:「復興中華文化,實行三民主義,乃反攻必勝、建國必成的保證。」〔註269〕同年在〈對海外文教會議開幕典禮致詞〉上言:「我們舉行海外文教會議,就是要一千七百萬僑胞,人人以復興中華文化為己任。」〔註270〕1970年〈對第五次全國教育會議書面致詞〉言:「人人以復興中華文化為己任,以教育下一代的良好國民為己任。」〔註271〕其他如:〈對中華文化復興運動推行委員會馬祖分會成立書面致詞〉,〔註272〕另外在〈對菲律賓華僑青年僑團致詞〉;對〈全國文藝界人士舉行「文藝會談」書面致詞〉〔註273〕等等。1969年對〈中國國民黨駐秘魯總支部代表大會書面致詞〉等,〔註274〕直至其過世的當年亦強調文化復興的重要性。

　　由上述內容可知,蔣中正強調教育方面的革新,在學校教育制度、家庭倫理、社會的生活規範與文化思想走向儒學等等各方面,都需密切配合完成復興中華文化的基本工作,在蔣中正許多的演講中所著重的概念即是:革命教育是哲學、科學與兵學完整統一的思想體系,以哲學修養品格,以科學為治事方法,以兵學為戰鬥技能;〔註275〕以上的思維實際落實在民族精神教育、童軍教育、學校軍訓、三民主義課程與職業教育的推動上。〔註276〕蔣中正對於推動文化運動相當注重,為了對抗中共在大陸實行的毀滅民族文化的行徑,不

〔註269〕 蔣中正,〈臺灣省光復二十二週年紀念告全省同胞書〉(中華民國五十六年十月二十五日),秦孝儀總纂,《總統蔣公思想言論總集》,卷34,書告,頁167。

〔註270〕 蔣中正,〈對海外文教會議開幕典禮致詞〉(中華民國五十六年八月十日),秦孝儀總纂,《總統蔣公思想言論總集》,卷29,演講,頁48。

〔註271〕 蔣中正,〈對第五次全國教育會議書面致詞〉(中華民國五十九年八月二十三日),秦孝儀總纂,《總統蔣公思想言論總集》,卷40,書面致詞,頁314。

〔註272〕 蔣中正,〈對中華文化復興運動推行委員會馬祖分會成立書面致詞〉(中華民國五十七年七月十一日),秦孝儀總纂,《總統蔣公思想言論總集》,卷40,書面致詞,頁236～237。

〔註273〕 蔣中正,〈對菲律賓華僑青年僑團致詞〉(中華民國五十七年五月三十日在陽明山),秦孝儀總纂,《總統蔣公思想言論總集》,卷29,書面致詞,頁163。

〔註274〕 蔣中正,對〈中國國民黨駐秘魯總支部代表大會書面致詞〉(中華民國五十八年九月十四日),秦孝儀總纂,《總統蔣公思想言論總集》,卷40,書面致詞,頁270。

〔註275〕 張其昀,〈當前教育的基本方針──四十三年八月二十二日在教育言委員會中演講辭〉,收入於收入中國國民黨中央黨史委員會、國史館、中國文化大學編,《張其昀先生文集》,卷16,頁8206～8208。

〔註276〕 王文隆、管美蓉,〈蔣中正教育觀與1950年代臺灣教育〉,收入於黃克武主編,《重起爐灶:蔣中正與1950年代的臺灣》(臺北:中正紀念堂,2013年),頁228。

斷宣導與強調復興中華文化是重要的精神建設與作戰方式；在其倡導之下，全國展開一系列的教育改革運動，對學校制度、師範教育、藝術教育、社會教育等，皆有相關措施。〔註277〕這些教育的改革政策，至蔣經國主政時期，仍在各個層面推廣延續。以下就教育系列的紀念郵票圖像，重現中華民國政府當代在教育上施行的具體作為，其他如農復會、四健會、反共青年救國團等教育相關紀念郵票已於他節論述。

（一）儒家思想系列

蔣中正對教育甚為注重，認為反共救國的關鍵在於教育，透過教育塑造青年的道德精神、民族意識和傳統文化之素養，〔註278〕至為重要，加上其對儒學之鑽研與喜好，儒家孔孟學說可說是整個國家社會文化的核心，亦即中華文化之精髓。

1932 年，國府為倡導尊師重道，教育部根據教育界人士倡議呈請，定每年 6 月 6 日為教師節，抗戰後國府將教師節改為孔子誕辰日。1950 年 8 月 15 日，內政部呈請行政院院長陳誠核示：「查民國 31 年 6 月中央訂頒之國定紀念日期表附紀念辦法中規定『8 月 27 日孔子誕辰紀念日休假一天，全國一律懸旗慶祝，中央派員赴曲阜孔廟致祭。』……現中央暫住臺北，故擬請鈞院轉呈總統於是日派員復臺北市孔廟致祭。」〔註279〕而後獲總統蔣中正批准並指派由臺灣省主席吳國禎（1903～1984）致祭。〔註280〕中央政府在遷臺之後，則派員至孔廟釋奠，〔註281〕祀孔典章延續過去的模式，由總統派遣代表宣讀以總統名義發表的祭文，即總統府率文武百官參加中樞紀念儀式。自中華文化復興運動發起後，對祀孔典禮有所改良，以融合明制為主的各朝優點，以詮釋中華文化之美，同時也表明中華民國為歷朝傳承者的自我定位。其次，「祭孔

〔註277〕教育部教育年鑑編纂委員會編，《第三次中華民國教育年鑑：總述》（臺北：正中書局，1974 年），頁 15～16；王文隆、管美蓉，〈蔣中正教育觀與 1950 年代臺灣教育〉，收入於黃克武主編，《重起爐灶：蔣中正與 1950 年代的臺灣》，頁 226。

〔註278〕張鍠焜，〈蔣中正與儒家文化教育的復興〉，周愚文主編，《蔣中正與臺灣教育文化發展》（臺北：中正紀念堂，2014 年），頁 315。

〔註279〕「依照規定擬具孔子誕辰舉行紀念及祀孔典禮意見」，〈孔子誕辰紀念及祀孔典禮案〉，《內政部檔案》，內政部藏，檔號：0039/B11815/13-1/0001/001。

〔註280〕「總統府秘書長函復孔子誕辰請派員致祭一案」，〈孔子誕辰紀念及祀孔典禮案〉，《內政部檔案》，內政部藏，檔號：0039/B1181/13-1/0001/001。

〔註281〕原派省主席致祭，後在省政府遷至中部後，改派內政部長為致祭代表。

典禮不僅是復興中華文化，而且在對外宣傳和吸引觀光客上都有很大意義。」〔註282〕在觀禮後的外國人多表讚賞之意，而在中國大陸批孔揚秦破壞文物的文革風暴時期，更顯得中華民國為中華文化繼承者，足具中國正統之地位。

另外，祭祀孔子活動，在臺灣社會行之已久，即使經過日本皇民化教育的洗禮，日本在七世紀大化革新後亦吸收儒學思想，經過十九世紀中葉明治維新的資本主義薰陶，將儒學與資本主義揉合，使得日本統治時期的臺灣人民並未遺棄孔子的思想與尊崇，因此，當國府將國家體制和中華文化價值與之銜接，加上孔孟思維的儒家倫理道統與民族精神相結合的措施，在推行以儒學為主軸的中華文化復興運動時，對於臺灣的漢民族而言，不似日本皇民化教育的思想衝突，產生扞格情形。

蔣中正主張教師角色是作為救國、建國的思想尖兵，提倡尊師重道，〔註283〕然而相關敬師郵票僅有 1947 年的教師節紀念郵票，其餘則為儒家的代表人物肖像郵票。茲以教師節發行的郵票略述之。1947 年，郵政總局擬於 8 月 27 日印行教師節紀念郵票，全部採用孔子事蹟為圖案，（圖4-2-1）分印四種面值，孔子造像的郵票原定於教師節發行，500 元票先以膠版印製，如期發售。其餘三種以雕刻凹版印製，於 10 月 17 日起繼續發行。東北與臺灣加印限省貼用郵票。1. 孔子造像，採用畫像為孔子古裝半身像，描繪孔子閒居調整樂器之情形，為南海名畫家關蕙農（1878～1956）〔註284〕所繪，面值 500 元紅色。（圖4-2-1-1）除第一個為孔子畫像外，其餘就近山東曲阜就近設法攝取正面像製作。2. 杏壇面值 800 元棕色，（圖4-2-1-2）。3. 至聖墓，125 元綠色，（圖4-2-1-3）。4. 大成殿，1800 元藍色，而大成殿殿身過於高長，且與杏壇距離甚近，正面像無以攝製，僅有「麗影相館」有正面殿底版一片，分東西兩段攝取經人工修理後兩張合併而成，但經查視，雖尚屬清晰，為正中較高於西端，不免與原殿形狀不同，然又遍尋相館均無正面照片，遂不得以選用側面照為主圖。（圖4-2-1-4）〔註285〕

〔註282〕 「檢送祭孔委員會第八次會議記錄」，〈改進祭孔禮樂案〉，《內政部檔案》，內政部藏，檔號：0063/B11805/5/0002/006。

〔註283〕 周愚文主編，《蔣中正與臺灣教育文化發展》，序。

〔註284〕 關蕙農，出生於廣東南海，於 1920 年代已被冠以「月份牌王」的美譽。他的祖父是中國外銷畫名家關作霖，即十九世紀廣州著名外銷畫家啉呱，為旅居澳門的英國畫家錢納利（1774～1852）的弟子。關蕙農自幼在家中已學習到西方繪畫技巧，又拜名嶺南派畫家居廉門下研習國畫。

〔註285〕 中華人民共和國信息產業部《中國郵票史》編審委員會編，《中國郵票史》第4 卷（北京：商務印書館，2004 年），頁 251。

圖 4-2-1　教師節紀念郵（紀 025 票）1947 年發行

圖 4-2-1-1

說明：孔子像，票值 500 元，8 月 27 日發行。

圖 4-2-1-2

說明：孔子講授堂遺址，票值 800 元，10 月 17 日發行。

圖 4-2-1-3

說明：孔子墓，墓前石碑刊「大成至聖文宣王墓」，票值 1250 元，10 月 17 日發行。

圖 4-2-1-4

說明：孔廟殿宇大成殿，票值 1800 元，10 月 17 日發行。

　　蔣中正對傳統儒家思想的喜好，更甚於對西方的思潮，〔註286〕而以《四書》和《聖經》奉為圭臬之經典，曾將《大學》、《中庸》與《聖經》作為每日閱讀以及自我省察的依歸，〔註287〕因此，為發揚儒學思想，蔣中正諭令成立孔孟學會，以闡揚孔孟學說，恢弘倫理道德為宗旨，於 1960 年 4 月 10 日成立

〔註286〕楊天石，《找尋真實的蔣介石——蔣介石日記解讀》（香港，三聯書店，2014年），頁 13～16。五四之後，新刊物如雨後春筍般，其對《新青年》情有獨鍾，即使其曾因為研究經濟學，看了馬克思學說樂而不能懸卷，但對傳統經典更感興趣，如胡林翼的《撫鄂書牘》，或是王陽明與曾國藩之著作，輒有欣賞讚嘆之喜，並以之為立身處世、待人接物、從政治兵之原則。

〔註287〕黃自進、潘光哲，《蔣中正總統五記——學記》，卷 35、63（臺北：國史館，2011 年），頁 95、167。

大會上致詞，闡釋孔孟學說，符契三民主義之本質。〔註288〕而1987年郵政總局鑑於國際孔學會議於11月12日中華文化復興節至11月17日在臺北召開。孔子集中國古代文化之大成，建立以仁愛為本質之思想，成為中華文化的主流，對後世產生深遠之影響。又以孔子為「聖之時者」，注重隨時變革求新，故其學說對現代社會依然卓具參考價值，國際孔學會議召開之目的即在研討闡發孔學之精義，期使孔學對改進世界現代文化，並促進世界和平，故於會議揭幕之日配合發行紀念郵票。〔註289〕（圖4-2-2）

圖4-2-2　國際孔學會議紀念郵票（紀223）1987年11月12日

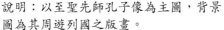

說明：以至聖先師孔子像為主圖，背景圖為其周遊列國之版畫。　　說明：以孔子廟大成殿為主圖。

　　復興中華文化，即是以提倡儒家文化思想為主，因此除了學校教育外，在郵票的宣達上，亦融入了相關的圖像。例如：1972年推行先聖先賢之常用郵票，如前所述，中華文化的道統係由堯、舜、禹、湯、文、武、周公、孔子一脈相承，郵政總局遂以此八位聖賢肖像為票面圖像主題，以故宮博物院珍藏之「南薰殿圖像」中之帝堯〔註290〕、帝舜〔註291〕、夏禹王〔註292〕、商湯

〔註288〕秦孝儀總纂，《總統蔣公大事長編初稿》，卷8，頁81。

〔註289〕中華郵政全球資訊網，《郵票寶藏》：https://www.post.gov.tw/post/internet/W_stamphouse/post/internet/W_stamphouse，檢索日期：2018/11/25。

〔註290〕帝堯，陶唐氏，在帝位100年（西元前2357～2258）。國號唐，都平陽。堯為德治主義者，以德化民，自然而治，實行天下為公，創禪讓之制。以君位傳於賢人舜，其盛德向為孔孟所稱道，為儒家理想中之聖君。

〔註291〕帝舜，有虞氏，名重華，顓頊高陽氏之後，性至孝悌，堯聞其德，使之輔政，終讓帝位。舜亦行禪讓之制，傳位於賢人禹，與堯並稱，為儒家理想中之聖君。

〔註292〕夏禹，夏代始祖，姓姒名文命，在舜時治洪水，疏9河，在外8年，三過其家門而不入。更制9貢，規定國家之賦稅版圖。禹受舜禪，即帝位，國號夏，都安邑，在位8年（公元前2205～2198）。原將帝位禪於舜之賢臣益，惟人民歸其子啟。

王〔註 293〕、周文王〔註 294〕、周武王〔註 295〕、周公〔註 296〕及孔子〔註 297〕等
八位聖賢圖像為圖案，印製先聖先賢圖像之常用郵票一組八枚，分次發行。
〔註 298〕（圖 4-2-3）

圖 4-2-3　先聖先賢圖像郵票（常 096）1972 年 9 月 20 日

3.50 元　帝堯	4 元　帝舜	4.50 元　夏禹王	5 元
5.50 元　周文王	6 元　周武王	7 元　周公	8 元　孔子

〔註 293〕商湯王，商代始祖，姓子名履。繼堯舜之治，政教文物更為完備。另釋天人
　　　　關係，以君受命於天，須順民心為治，逆者人人得伐之。

〔註 294〕周文王，姓姬名昌，在商紂時襲位諸侯，國於岐山之下，施仁政，伐無道，
　　　　天下諸侯多歸之，民心亦向之。其謙德及仁政頗為孔孟所稱頌，為儒家理想
　　　　中之聖君。周雖建於武王，其教化則發於文王。

〔註 295〕周武王，姓姬名發，文王之子，於公元前 1122 年率天下諸侯伐紂，歷史上將
　　　　其與湯之革命並稱湯武革命。與堯、舜、文王同為儒家理想中之聖君。

〔註 296〕周公，姓姬名旦，文王之子，武王之弟，中國大政治家。周公為其尊稱，輔
　　　　武王伐紂，修禮樂，整刑政，頒布文物制度，行德治禮治之政治，禮教之制
　　　　最為完備，頒定周禮，明定宗法制度，使家族成為社會基礎，其影響猶及於
　　　　今日社會。

〔註 297〕孔子，其學說為儒家所宗，亦為中國學者之中心思想。

〔註 298〕1974 年 7 月 25 日添印發行者，紙張改用同磅紙色白纖維少水紋大郵字之國產
　　　　郵票紙。1976 年 1 月 26 日添印發行者，紙張改用 90g/m2 郵字水紋紙。印刷
　　　　方法均由凹版濕印改為凹版乾印，齒孔部分改用電動梳齒機打孔。中華郵政全
　　　　球資訊網，《郵票寶藏》：https://www.post.gov.tw/post/internet/W_stamphouse/
　　　　post/internet/W_stamphouse，檢索日期：2018/10/5。

（二）九年國民教育

國府遷臺，在教育方面建立初期規模，至 1968 年九年國民教育實施，可謂戰後以來中小學教育各項改革方案的總其成。1946 年起，根據國民學校法實施國民教育，以脫離日本殖民地的教育約制，然時局紛亂，民生困厄，教育設施貧乏，未能有效執行，至 1949 年國府遷臺後，教育部訂頒「戡亂建國教育實施綱要」，其重點為加強三民主義教育，教科書統一編印，強化識共與反共認知，以當時總統指示之三項重點：加強民族精神教育、生產勞動教育與文武合一教育，而陸續頒佈各種教育實施方案。而推行民族精神教育之目的，在於發揚民族精神、恢復固有道德，加強反共意識，在建立精神國防之前提下進行教育，民族精神教育的提振為基本國策。〔註299〕

國民教育配合反共抗俄之論調，以復國建國為導向，其目標包括了國家整體建設與反共復國等多重任務，教育部研擬免試升學或志願升學，以及延長義務教育等方案，1964 年金門以先行試辦延長國民教育，以為改革之評估；適值 1966 年大陸爆發文化大革命，中華文化瀕臨毀滅，加上內外情勢之衝擊下，蔣中正深覺復興中華文化刻不容緩，延長國民教育時機已然來到。〔註300〕

1967 年 11 月 12 日在陽明山中山樓為紀念國父一百晉二誕辰，同時也是中華文化復興節進入第二年舉行的紀念活動上，蔣中正言：「政府去歲明令公布，每年規定　國父誕辰為中華文化復興節，並發起文化復興運動以來，海內海外，聲應氣求，業已由呼籲響應，進到了推行實踐的階段。」「在文化復興運動的實踐上，政府已經決定實施九年國民基本教育，並加強推行建教合作，擴大長期科學發展計劃，推廣社會生活規範，……從國家建設、科學建設、民主建設各方面，來推行中華文化復興運動。」〔註301〕

〔註299〕陳伯璋，〈臺灣四十年來國民教育發展之反省與檢討〉，收入賴澤涵、黃俊傑主編，《光復後臺灣地區發展經驗》（臺北：中央研究院中山人文社會科學研究所，1992 年），頁 172～173。民族精神教育政策貫穿當代的教育核心思想，自 1952 年「中小學實施生產技能訓練辦法大綱」、1962 年得「總動員期間社會教育實施綱要」與「生活教育方案」、1969 年「第五次全國教育會議」通過的「復國建國教育綱領」與「民族精神實施方案」，1973 年「青年報國教育實施方案」，1979 年「國民教育法」至 1980 年的「國民教育會議」，皆是以民族精神與國民生活為中心。

〔註300〕呂芳上總纂，《中華民國近六十年發展史（上）》，頁 224。

〔註301〕蔣中正，〈國父誕辰暨文化復興節紀念大會致詞〉，秦孝儀，《總統蔣公思想言論總集》，卷 29，演講，1967 年，頁 68。

　　蔣中正面臨諸多限制下，仍堅決實施延長國民教育的政策，〔註302〕蔣中正言：「現在世界各國，民智大啟，我們已不能再滿足於六年義務教育的現狀。」〔註303〕因此要加速推行九年國民教育計劃，〔註304〕1967年6月27日，蔣中正主持總統府國父紀念月會講訓時，關於延長國民教育一事，其提到：

> 　　我們要繼耕者有其田政策推行成功之後，加速推行九年義務教育計畫，以我們現階段整個社會經濟發展的成果，來解決九年義務教育問題，一定可以樂觀厥成。……政府只要根據「取之於民，用之於民」的原則，集結社會上的力量，就可以辦好這一保育下一代民族根苗的義務教育，亦就可以根本消除惡性補習的痼疾病根，以實現三民主義模範省的教育建設。而這也就是保證「耕者有其田」與「平均地權」的成果於可大可久，貫徹我們均富的主張，實現　國父民生主義理想的大政至計。〔註305〕

因此，1967年夏，經過多方研擬，行政院正式通過「九年國民教育實施綱要」，以次年9月起全面實施延長國民教育至九年，原以「義務教育」，然以當時的經濟與社會條件，加上修憲因素之考量，而轉以「國民教育」稱之。〔註306〕

〔註302〕黃春木，〈蔣中正與九年國民教育〉，收入在周愚文主編，《蔣中正與臺灣教育文化發展》（臺北：中正紀念堂，2014年），頁124。

〔註303〕蔣中正，〈中華民國五十六年六月二十七日主持總統府　國父紀念月會講〉，秦孝儀，《總統蔣公思想言論總集》，卷29，演講，1967年，頁46。

〔註304〕時任省教育廳長潘振球（1918～2010）（1964～1972年任職）認為蔣中正如此急切之因，應是基於惡性補習問題、社會變遷現象（青少年犯罪、求職求才失調等問題發生）、中共文革對中華文化的傷害等等，都是促成九年國教計畫的施行。潘振球，《臺灣九年國民教育的實施》（台中：臺灣省政府教育廳，1972年）；潘振球，〈片憶九年國民教育的實施──從國校畢業生志願就學方案的議定到九年國民教育的全面實施〉，收入中國教育學會編，《九年國民教育實施二十週年紀念文集》（臺北：臺灣書店，1988年），頁128～130；潘振球，〈實施九年國民教育的回顧與前瞻──為臺灣教育輔導月刊二十週年社慶而作〉，《教育輔導月刊》第20卷第11期，1970年1月，頁3～5。黃春木，〈蔣中正與九年國民教育〉，收入在周愚文主編，《蔣中正與臺灣教育文化發展》，頁129。

〔註305〕臺灣省政府教育廳編，《蔣總統對實施九年國民教育之訓示及其闡述》（台中，臺灣省政府教育廳，1973年），頁1；教育部編，《教育部實施九年國民教育籌備工作報告》（臺北：教育部，1968年），頁281；蔣中正，〈中華民國五十六年六月二十七日主持總統府　國父紀念月會講〉，秦孝儀，《總統蔣公思想言論總集》，卷29，演講，1967年，頁46。然而針對於杜絕惡性補習一事，至今21世紀的今日，國家教育在歷經各種改革，仍未有削減。

〔註306〕黃春木，〈蔣中正與九年國民教育〉，收入在周愚文主編，《蔣中正與臺灣教育文化發展》（臺北：中正紀念堂，2014年），頁142～147。

1968 年 2 月 10 日，蔣中正特別對於革新教育之務，提出相關注意事項，其指示：

> 此次國民基本教育的延長，不僅須視為國民教育水準之提高與擴充，而尤應視為整個教育重建與革新之起點，至望教育部於此作始之際，能根據三民主義——倫理、民主、科學的教育思想，徹底檢討自民國以來之教育政策、教育制度、與教育設施，以「另起爐灶」、「重整山河」之精神，殫精竭慮，從頭作起，……國民中學教育，應以思想教育、人格教育、與職業（技能）教育為主，……總之，九年國民教育制，以養成民族倫理與固有文化——即四維八德之習尚，以及初級歷史地理之常識，務使其能瞭解現代國民對國家社會應盡之義務與責任，不失為愛國愛民、堂堂正正之現代國民為教育方針。〔註307〕

到了 1968 年 9 月國民教育九年制，終於正式開始實施，蔣中正在國民中學開學典禮訓詞裡指出：「此一國民教育之延長，不徒為國民教育水準的提高，實亦為整個教育革新的開端，特別是為復興中華文化的起步。一年以來，由於政府同仁的努力，社會人士的熱心支持，終於使此一準備工作，在很短時間以內如期完成，尤其是各國民中學，今天皆能同時開學，中正實感到最大的欣慰！……實施九年國民教育，乃為培植現代國民，提高其精神與體力，品德與智能，增進其明禮尚義，崇法務實，與互助合作，愛國保種的基礎。這不只為建設三民主義模範省的基本要求，且為建設三民主義新中國的根本大計。」〔註308〕一方面揭示三民主義的教育宗旨，一方面與中共之文革對比，在在彰顯復興中華文化與國家現代化建設的教育目標。「因此，國民中學特應以生活體能、倫理道德、民族傳統精神教育為主，而益之以科學基本教育，職業技藝教育，社會中心教育。」〔註309〕一切以生活教育與民族精神教育為教育核心，加強職業科目與進修制度，以同時兼顧升學與就業之需要，教師儲備與進修

〔註307〕〈先總統　蔣公手令：革新教育注意事項之（民國五十七年二月十日）〉，何鳳嬌編，《九年國民教育資料彙編》（臺北：國史館，2000 年），頁 34～36；蔣中正，〈對革新教育注意事項之指示〉，（1968 年 2 月 10 日），秦孝儀編，《總統蔣公思想言論總集》，卷 37，別錄，1968 年，頁 425～427。

〔註308〕臺灣省政府教育廳，《蔣總統對實施九年國民教育之訓示及其闡述》，頁 15～22。

〔註309〕臺灣省政府教育廳，《蔣總統對實施九年國民教育之訓示及其闡述》，頁 15～22。

制度同時建立，以因應國民教育的延長，教育經費由地方稅支應。〔註310〕同年舉行臺灣光復廿三週年的文告中，亦指出九年制教育的實施與目的，不僅為國民教育水準的提高，實亦為教育革新的開端，和為復興中華文化的基本工作。〔註311〕

圖 4-2-4　實施九年國民教育週年紀念郵票
（紀 128）1969 年 9 月 1 日發行

說明：繪製男女學生手捧書籍，代表閱讀學習包含數理的三角函數、音樂的陶冶、圖書館閱讀的風氣、對長上行禮，表示倫理的教育，射擊圖案為童軍教育，以及其他多元的教育面向。

說明：構圖為男學生使用顯微鏡，代表培養研究實驗精神；前置地球儀，代表培養學生世界觀；女學生閱讀圖像，為增進知識教育；背景為體育場上運動的學生，代表注重強健體魄；亦即九年國民教育為文武合一的教育。

　　1969 年 9 月 1 日為實施九年國民教育一週年，為紀念與宏揚其意義，發行紀念郵票一套 4 枚，兩種圖案四種面值，其一：票值 1 元紅色和 5 元棕色票

〔註310〕歐素瑛，〈歐素瑛，九年國民教育實施條例〉，收入許雪姬總策劃，《臺灣歷史辭典》（臺北：文建會，2004 年），頁 47。

〔註311〕蔣中正，〈臺灣省光復二十三週年紀念告全省同胞書〉（中華民國五十七年十月二十五日），秦孝儀編，《總統蔣公思想言論總集》，卷 34，書告，頁 197。

面圖像為右側繪製男女學生研習書本，後面背景意喻受學層面，如學習樂器、敬禮尊長、射擊學習、閱讀的學童、數理的三角函數等等，其二：票值 2 元 5 角綠色與 4 元藍色圖像為男學生使用顯微鏡前置地球儀，代表培養學生具備實驗的研究精神與世界觀，女學生敞開書本，後方繪製體育課學生運動的情景，兩種圖像呈現出國中教育是德、智、體、群、美五育並重之情景。（圖 4-2-4）〔註 312〕

（三）語文教育──國語注音

臺灣受到日本皇民化教育的洗禮，使得光復初期，臺灣三十歲以下青年幾乎只會說日語，因此戰後，在臺灣推行三民主義、民族精神以及國語教育為主，以「去日本化」、建立「中國化」為目標導向，國語教育及消除日文，成為當時語文教育的重點，遂設立臺灣省編譯館以及「臺灣省國語推行委員會」〔註 313〕，各縣市成立國語推行所，開設國語補習班，〔註 314〕以訓練工作人員、輔導國語教學、編審國語書報等等；自 1946 年 10 月 25 日起禁用日文，〔註 315〕改除所有與日本相關的習俗事物，〔註 316〕一時之間，使得在臺灣的人民對報章雜誌、文書廣播等消息的獲知，產生困難，引起反對聲浪。

在第四次全國教育會議報告中，提出加強國語文案與確定國語文教育基本政策案等，以改變人民說日語的習慣，因此，國民教育的推行，首重國語注音的學習，在政府大力推行說國語政策下，利用廣播、編印學習用書，並使用注音符號的方式推行國語，小學教師必須學習注音符號，短短十年光景，一般學童都能說出一口流利的國語。〔註 317〕這是光復初期政府對統一語言政策

〔註 312〕中華郵政全球資訊網，《郵票寶藏》：https://www.post.gov.tw/post/internet/W_stamphouse/post/internet/W_stamphouse，檢索日期：2018/11/25。

〔註 313〕《臺灣省國語推行委員會組織規程簽》，1946 年 8 月 28 日，檔號：0036/012/3，國家發展委員會檔案管理局編，安嘉芳、王俊昌、張加佳撰文，《曙光黎明：臺灣光復檔案專題選輯》（新北市：檔案局，2015 年），頁 144。

〔註 314〕國家發展委員會檔案管理局編，安嘉芳、王俊昌、張加佳撰文，《曙光黎明：臺灣光復檔案專題選輯》（新北市：檔案局，2015 年），頁 144。

〔註 315〕臺灣省行政長官公署宣傳委員會編，《臺灣一年來之教育》（臺北：臺灣省行政長官公署宣傳委員會，1946 年），頁 34。

〔註 316〕〈日本姓名不准用，學生在校禁木屐〉，《民報》，1946 年 10 月 19 日，版 3；「為抄發全省教育行政會議議決全省公司力各級學校不得再用日本姓名一案特電遵照」，《臺灣省行政長關公署公報》，民國 35 年冬字第 15 期，頁 254～255。

〔註 317〕《中央日報》，1955 年 10 月 24 日。

──國語教育的施行結果。〔註318〕戰後的臺灣在政府的領導下，不斷的加強「中國化」、去「日本化」之政策，致力於文化重組的同時，否定半世紀根植於臺灣的一切日本文化，也許重建中國文化的同時，若能擷取某些日本文化的長處，相輔相成，或可使在臺灣之文化更顯豐富多樣化。

圖4-2-5　吳稚暉誕生
百年紀念郵票（紀093）
1964年3月25日發行

圖4-2-6
推行國語注音符號七十週年紀念郵票
（紀193）1983年5月22日發行

說明：以發明人吳稚暉肖像為主圖。

說明：以發明人吳稚暉肖像為主圖，背景為注音符號。

說明：繪製學童執筆書寫注音符號之作業為圖。

　　國語注音的推行者首推吳敬恆（1865～1953）〔註319〕。吳敬恆，字稚暉，為中華民國開國元老，民國肇建，立志做事不做官，積極推行國語運動，對普及教育，有莫大貢獻，而其言論思想，夙為民族精神之砥柱。為紀念其對教育之貢獻，1964年3月25日，於其百年冥誕日發行郵票，以吳稚暉肖像為主圖，以紀念之。（圖4-2-5）1983年為推行國語注音符號七十週年，為配合推展此項運動，發行紀念郵票1組。2元面值票圖案係國語注音符號倡導者吳敬恆先生之肖像（以1964年之郵票黑白顏色肖像，改以彩色圖像為之），背景襯以國語注音符號；18元票則為孩童學習注音符號之情景。國語注音符號為標注國

〔註318〕但同時也使得河洛語、客家語、原住民語在政府貫徹數十年的北京語主流教育下，能夠說上流利的母語者日漸稀少，此與日本時代獨尊一種語言的結果相似。周俊宇，〈臺灣光復與黨國的認同──臺灣光復節之歷史研究（1945～2007）〉，《臺灣風物》第58卷第4期（2008年12月，臺北），頁79。

〔註319〕吳敬恆，字稚暉，清同治4年2月28日（1865年3月25日）生於江蘇武進。早有愛國革命思想。蘇報案發，遠走英倫，獲識國父孫中山先生，入同盟會，為開國元勳，對國家教育貢獻良多，1953年，病逝臺北，享年89，海葬金門。

音之符號，於 1913 年在全國讀音統一會會長吳敬恆主持下所制定之學習中國語文之簡易讀音工具，其符號共計 37 個，分聲符（標聲之符號，即反切法之聲）21 個；韻符（標韻之符號，即反切法之韻）16 個。（圖 4-2-6）〔註 320〕

二、社會教育

　　所謂社會教育，其具有幾項特質：（一）社會教育的對象是全民的；（二）社會教育的內容是生活的；（三）社會教育的時期是終生的；（四）社會教育的場所是廣泛的；（五）社會教育的方式是多樣的；（六）社會教育是促進社會全體福祉的。目的在共同促進全國國民身心之充分發展，社會文化水準之普遍提高，以增進國家社會之繁榮與進步，可見社會教育不僅將教育活動推廣到整個社會，使所有民眾大多有接受教育的機會，而且也擴及於人民的生活，俾益整個生活獲得改善，促進社會的發展。〔註 321〕

　　在復興中華文化的基本教育主軸之下，於社會文化教育方面，蔣中正亦是不遺餘力地推動之，1967 年時於陽明山中山樓舉行的國父誕辰暨文化復興節紀念大會上致詞，曰：「復興中華文化運動，就是要以全國男女老幼每一個人──特別是教育文化界、智識份子、學校師生、機關主管、社會領袖、家庭父母，在品德的實踐，智能的發揮當中，省察自己的生活行動，改革社會腐舊的風俗習尚，進而為國民的模範──導揚倫理、民主、科學、三民主義的主流，躬行實踐，以身作則，來作為起點的。」〔註 322〕，亦即需要全體國民的實踐；而「禮、義、廉、恥、仁、愛、忠、孝」的儒家思想基本價值觀，因此，其又言：「禮義廉恥、孝弟忠信、格致誠正、修齊治平的傳統文化之復興為依據，來促成全國人民反攻復國的精神總動員！」〔註 323〕而要達此一目標，則海內外需要全方位的推廣，由全國各地的「文藝復興委員會」切實推進。〔註 324〕

〔註 320〕中華郵政全球資訊網，《郵票寶藏》：https://www.post.gov.tw/post/internet/W_stamphouse/post/internet/W_stamphouse，檢索日期：2018/11/25。

〔註 321〕李建興，《社會教育新論》（臺北：三民書局，1981 年），頁 6。

〔註 322〕〈國父誕辰暨文化復興節紀念大會致詞〉（中華民國五十六年十一月十二日在陽明山中山樓），秦孝儀總纂，《總統蔣公思想言論總集》，卷 29，頁 69。

〔註 323〕〈國父誕辰暨文化復興節紀念大會致詞〉（中華民國五十六年十一月十二日在陽明山中山樓），秦孝儀總纂，《總統蔣公思想言論總集》，頁 69。

〔註 324〕蔣中正：「凡是海內外各地區，也都能自動自發的組織推行機構，俾在全國推行委員會指導之下，普遍依照計劃，切實推進。」〈國父誕辰暨文化復興節紀念大會致詞〉，（中華民國五十六年十一月十二日在陽明山中山樓），秦孝儀總纂，《總統蔣公思想言論總集》，頁 69。

故在傳播媒體方面，亦賦予其社會教育的責任，蔣中正於 1972 年在〈對臺灣電視公司成立十週年紀念書面特頒訓詞〉：「臺灣電視公司為中華民國電視事業首創者，成立已歷十年，對闡揚國策，致力社教，頗多貢獻，良堪嘉慰。電視是大眾精神生活的搖籃，是國民心理建設的利器。希望電視從業人員，以推行社會教育及復興中華文化為己任，電視節目的製作，應合乎真善美的理想，以啟發國民審美的心情，宏揚民族仁愛的德性，培養社會優良的風尚。」〔註 325〕對電視公司宣揚中華文化之傳播予以深厚之寄望。1977 年 9 月，蔣經國在行政院長任內指示：「籌劃文化建設，建立每一縣市文化中心，包括圖書館、博物館、音樂廳。」〔註 326〕其實文化中心工作即是推行廣義的社會教育，行政院於 1978 年 11 月 26 日第一次院會決定：「建立每一縣市文化中心」，〔註 327〕此後全臺各地陸續建置文化中心，推廣社會多元教育。

在社會教育方面相關的郵票，除紀念郵票外，郵政總局亦發行常用郵票與特種郵票，特在此列舉一、二，以補充對應此時其政府對社會教育的提倡。

（一）童子軍系列紀念郵票

中華民國政府，從教育理念的出發到政策的形成與計畫的落實，關鍵在於人事的推動，推動改造的三位關鍵人物〔註 328〕之一為時任教育廳長的陳雪屏，其強調教育應由革命精神武裝，所推動的戡亂建國教育，應樹立核心思想，加強學生愛國觀念，以灌輸學子的三民主義、反共抗俄之意識，配合童軍教育與軍訓教育，以期改造臺灣成為備戰體質，〔註 329〕童軍與軍訓類的教育，在臺各地實施，是為能培養青年戰鬥生活的革命精神，因此，校內外的童軍活動頗受重視而大力推廣。

中國童子軍初辦時，名稱很不統一，〔註 330〕其組織及活動類似軍隊，而

〔註 325〕臺灣電視公司於 1962 年 10 月 10 日開播，由蔣夫人宋美齡女士親臨剪綵。秦孝儀總纂《總統蔣公重要政績年表》，〈對臺灣電視公司成立十週年紀念書面特頒訓詞〉（中華民國六十一年四月二十八日），秦孝儀總纂，《總統蔣公思想言論總集》，卷 40，頁 367。
〔註 326〕賀允宜，《中華民國建國史綱》（臺北：黎明文化，1985 年），頁 423。
〔註 327〕賀允宜，《中華民國建國史綱》，頁 354。
〔註 328〕其他兩位為程天放與張其昀。
〔註 329〕陳雪屏，〈「革命」「實踐」「研究」與教育〉，《實踐》第 91 期（1951 年 10 月），頁 6。
〔註 330〕鍾南，〈童子軍傳入中國的經過和早期的發展〉，網址：https://market.cloud.edu.tw，檢索日期：2018/11/18。童子軍在中國初辦時，名稱很不統一，按照

以「童子軍」的名稱沿用迄今。中國童子軍運動起於 1910 年在武昌文華書院創立之幼童部，1912 年 2 月 25 日由嚴家麟（1890～1949）在湖北武昌文華書院試辦童子軍團，並以此日為中國童子軍創始紀念日，1916 年正式成立中華民國童子軍協會，其後由教會、學校及團體，陸續組織、辦團，漸次發展至全國各地。1934 年 11 月 1 日成立中國童子軍總會，依據總會章程敦聘蔣中正擔任總會會長，定以 3 月 5 日為中國童子軍節。1937 年正式加入世界童子軍組織，抗戰時，童子軍參與戰時服務，並曾捐獻十餘萬件寒衣給前方將士，充份表現童軍的愛國精神。中國童子軍總會隨政府遷臺後，積極展開童子軍組訓人及各項改革工作。1950 年代後期，社會教育人士倡導生活教育以端正青少年氣質，而以童子軍運動之傳導為主。

　　1957 年為世界童子軍創辦人為英國貝登堡爵士（Sir Robert Stephenson Smyth Baden-Powell 1857～1941）誕生一百年紀念，其於 1907 年創議組織童子軍。英國為慶祝貝登堡誕生 100 暨童子軍創立五十週年紀念，於 1957 年 8 月 1 日至 12 日在蘇頓公園舉行，中華民國郵政總局亦在同年 8 月 11 日發行紀念郵票，圖像以中華民國童子軍軍徽為主圖，左方題紀念文字，一套 3 枚，圖案相同，幣值、顏色不同：4 角紫色，1 元綠色、1 元 6 角藍色。（圖 4-2-7）〔註 331〕

圖 4-2-7　世界童子軍五十週年紀念郵票
（紀 052）1957 年 8 月 11 日發行

說明：以中華民國童子軍之軍徽為主圖。

　　1959 年第十次世界童子軍大露營於 7 月 17 日至 26 日在菲律賓馬尼拉市舉行，自由世界各國多派遣相當人數之代表團參加。我國童子軍總會選派童子軍 500 人乘專艦自高雄出發，此為中華民國童子軍參加國際性活動之盛舉，同年 7 月 8 日發行中國童子軍參加第十次世界大露營紀念郵票，以誌紀念，一套

　　　　　原名 BOY SCOUT 的意義，翻譯成中文的名稱有「童子警探」、「童子斥堠隊」、「少年義勇團」、「童偵軍」等。

〔註 331〕中華郵政全球資訊網，《郵票寶藏》：https://www.post.gov.tw/post/internet/W_stamphouse/post/internet/W_stamphouse，檢索日期：2018/11/25。

3 枚，圖像相同，票值與顏色不同，分別是票值：4 角紅色、5 角藍色、5 元墨綠色，此以 4 角紅色圖為例。（圖 4-2-8）〔註 332〕

圖 4-2-8　中國童子軍參加第十次世界大露營紀念郵票
（紀 062）1959 年 7 月 8 日發行

說明：繪製一吹響號角的童子軍，意為朝向目標，勇往向前。

　　1978 年 10 月 5 日至 12 日在臺灣高雄澄清湖舉行中國童子軍第五次全國大露營，參加者除國內男女童子軍，並邀請各友好國國家童子軍組團共襄盛舉，人數將近兩萬，規模宏大。因此印製紀念郵票一組，配合於活動起始日 1978 年 10 月 5 日發行。郵票圖案以此次大露營之營徽，象徵童子軍野外活動之營帳、營火，代表智、仁、勇之三指禮為主題，底襯以「5」之阿拉伯數字，代表第五次全國大露營；此票一套 2 枚，圖像相同，票值不同，色彩大致相同，僅底色「5」字顏色不同，藍色 5 字為票值 2 元，粉紅色 5 字為票值 10 元。（圖 4-2-9）〔註 333〕

圖 4-2-9　中國童子軍第五次全國大露營紀念郵票
（紀 170）1978 年 10 月 5 日發行

說明：左為露營營徽，中間童軍三軍禮，右為營火，後以露營帳篷為背景。

〔註 332〕中華郵政全球資訊網，《郵票寶藏》：https://www.post.gov.tw/post/internet/W_stamphouse/post/internet/W_stamphouse，檢索日期：2018/11/2。

〔註 333〕中華郵政全球資訊網，《郵票寶藏》：https://www.post.gov.tw/post/internet/W_stamphouse/post/internet/W_stamphouse，檢索日期：2018/11/2。

　　1982 年適逢世界童子軍成立 75 週年及貝登堡爵士誕辰一百廿五年，中國童子軍總會為慶祝此一具有意義之國際性活動，舉辦中國童子軍臺灣省第十次全省大會，印製紀念郵票一套 2 枚，配合於此項大會揭幕之日 7 月 18 日發行。此套郵票分別以貝登堡爵士肖像及童子軍徽誌為主題，背襯以童子軍之各項露營活動。（圖 4-2-10）

圖 4-2-10　世界童子軍成立七十五週年暨貝登堡一百二十五年
　　　　　　誕辰紀念郵票（紀 189）1982 年 7 月 18 日發行

說明：右繪童軍創始人貝登堡爵士肖　　　說明：以左方繪童子軍徽誌，右上以童
　　　像，左側為童軍攀繩橋之畫面。　　　　　　子軍合力紮營，右下為露營夜宿。

　　中華民國的女童軍於 1919 年在上海創始，1958 年 6 月 1 日中華民國女童軍總會成立，至 1966 年成為世界女童軍協會正式會員。〔註 334〕1985 年為世界女童軍成立七十五週年，為闡揚女童軍服務行善之美德，郵政組局印製紀念郵票一套 2 枚，於 1985 年 6 月 1 日發行，此套郵票圖案相同，漸層以橘色與綠色為底色區別之，票值為 2 元與 18 元兩種。（圖 4-2-11）〔註 335〕

　　中國童子軍軍徽承襲一部分的世界童子軍軍徽，而中華民國之男女童軍的徽幟又有所異同，以下略述之。世界童軍徽，顏色採用代表純潔白色而以代表領導與幫助他人；〔註 336〕百合花形的童軍徽原是法國王室的徽章，貝登堡先生在印度擔任軍官時，將此徽章頒與接受訓練且表現優良的人，童軍運動創始之後則將此徽章稍加修正，並加上笑口帶，做為童軍運動的徽章。目前世界總部則以百合花形的徽章再加上平結連結的繩圈做為世界運動的徽章。圖型

〔註 334〕中華郵政全球資訊網，《郵票寶藏》：https://www.post.gov.tw/post/internet/W_
　　　　　stamphouse/post/internet/W_stamphouse，檢索日期：2018/11/18。

〔註 335〕中華郵政全球資訊網，《郵票寶藏》：https://www.post.gov.tw/post/internet/W_
　　　　　stamphouse/post/internet/W_stamphouse，檢索日期：2018/11/18。

〔註 336〕童軍精神—諾言、規律、銘言，網頁：http://scout.ericchen.info，檢索日期：
　　　　　2018/11/28。

含意：1. 外型：童軍徽章的尖端，象徵航針，指示童軍應邁向正確方向，如指北針一般，真實而可靠的維護童子軍的理想，並指引他人走向此方向；2. 百合花的三片花瓣：代表童軍諾言的三項主要內容；〔註337〕3. 兩旁傾斜花瓣及兩顆明星，代表著真理和智慧，表示童軍的一雙明亮的眼睛，能明辨是非，追求智慧與真理，達到完美的境地，以達健全之品格。4. 環繞周圍打結的繩子──平結：象徵把世界童軍緊緊的聯繫在一起，代表著世界童軍的團結。（圖 4-2-12）而世界女童軍徽含意：1. 三葉草：象徵陽光照耀著全世界的兒童。2. 葉脈：代表指北針，引導女童軍朝正確的方向進取。3. 葉莖：象徵人類愛的火焰。4. 左右二邊的星星：代表諾言和規律。〔註338〕（圖 4-2-13）

圖 4-2-11　世界女童軍 75 週年紀念郵票
（紀 209）1985 年 6 月 1 日發行

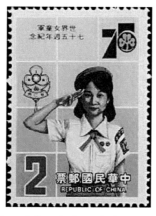

說明：圖案以女童軍敬禮的人像為主題，配襯女童軍徽誌，右上角所題數字代表 75 週年。

中國童子軍徽章的圖型含意，1. 外型百合花為世界童子軍共通的圖形；2. 百合花的三片花瓣：世界童子軍徽同為三個信諾；〔註339〕3. 中間的中華民國青天白日國徽，代表中華民國的童子軍。4. 兩顆明星：代表童子軍的眼

〔註337〕「諾言」是童軍生活言行的指標，童軍申請入團必先完成初級訓練，經過宣誓並以健全自己、服務社會、效忠國家為終身奉行的意願，才可以穿著童軍「制服」，佩戴「初級章」和「領巾」、參與童軍活動，而正式成為「團」與「小隊」的一分子。

〔註338〕台中女中網頁：http://www4.tcgs.tc.edu.tw，檢索日期：2018/11/26。

〔註339〕第一：敬天樂群，做一個堂堂正正的好國民。第二：隨時隨地扶助他人，服務社會。第三：力求自己智識、品德、體格之健全。中華民國童軍總會 http://www.scout.org.tw，檢索日期：2018/11/26。

睛，時時留心觀察障礙和錯誤。5. 童軍徽章的下半部捲帶，類似笑口常開的嘴型，表示童軍要隨時保持愉快的心情，笑口常開，且在遇到困難時要泰然處之。6. 捲帶下的繩結為日行一善結：勉勵童軍日行一善。7. 兩旁彎曲傾斜的花瓣：表示錯誤和障礙，指示童軍要從錯誤中學習經驗。8. 智仁勇：顯示童軍應有「智慧」、「仁俠」和「勇敢」的精神，期望每位童軍能具備好學力行、知恥、不惑、不憂不懼的精神。〔註340〕（圖4-2-14）

　　至於中國女童軍徽圖型之含意與童子軍略有不同：1. 外型以象徵和平、慈愛及合群的三葉草為女童軍徽，此與世界女童軍徽相同；2. 興旺的營火，象徵女童軍的生活是團結、合作、光明、熱烈的。3. 三葉草兩側的兩顆明星，左邊代表規律，右邊代表諾言，表示女童軍要時時實踐諾言和規律，其餘圖形與中國童子軍軍徽一樣，意義相同。〔註341〕（圖4-2-15）〔註342〕

徽名	圖4-2-12 世界童軍徽	圖4-2-13 世界女童軍徽	圖4-2-14 中國童子軍徽	圖4-2-15 中國女童軍徽
軍徽圖像				
圖形色彩	白色為主，紫色為底。白色代表純潔。紫色代表領導與幫助他人。	藍色為底，橘色為圖形。	白色為底，藍色圖形。	綠色為底，藍色線條，白色國徽太陽光芒，紅色火焰。

圖片來源：中華民國童軍總會：http://www.scout.org.tw
臺中女中網頁：http://www4.tcgs.tc.edu.tw/chscout/mark.htm，檢索日期：2018/11/29。

（二）親子系列郵票

1. 母教郵票

　　母教郵票一套2枚，中國歷史不乏賢母教子成名之先例，母教之影響至為深鉅，繪製古代歷史人物的故事，以亞聖先師孟子之母，與抗金名將岳飛

〔註340〕童軍精神—諾言、規律、銘言，網頁：http://scout.ericchen.info，檢索日期：2018/11/28。

〔註341〕臺中女中網頁：http://www4.tcgs.tc.edu.tw，檢索日期：2018/11/26。

〔註342〕中華郵政全球資訊網，《郵票寶藏》：https://www.post.gov.tw/post/internet/W_stamphouse/post/internet/W_stamphouse，檢索日期：2018/11/18。

（1103～1142）〔註343〕之母為代表。票值4角的郵票，以孟母因孟子逃學而剪斷織布機上的布疋，作為警戒訓示，為圖案主題：孟母仉氏教子有方，曾三遷其居以改善孟子之學習環境。一日孟子突提前離塾返家，母責其荒廢學業，以刀斷織，孟子懼問何故？孟母顧孟子曰：「汝讀書中輟，猶割斷之布，廢不成材矣」。孟子自此旦夕勤學不息，師事子思，最終成為天下之名儒。〔註344〕票值3元的郵票圖案，則以《宋史‧岳飛傳》為構圖題材：「檜遣使捕飛父子，證張憲事。初命何鑄鞫之，飛裂裳以背示鑄，有盡忠報國四字，深入膚理」。〔註345〕其忠勇衛國之精神，留芳百世，永垂不朽。為表彰母教之偉大，故以上述故事繪製郵票票面主題，作為傳頌與效仿風氣，於1957年5月12日發行。（圖4-2-16）

　　1985年為宣揚天地間至高無上的天倫之愛，喚醒子女對母親的孝思與報恩，印製紀念郵票一套2枚聯刷，於1985年5月8日發行。按當年母親節是5月12日，提前四天發行之意為天下母親可在該節日前收到自兒女所寄來貼有本套郵票之原圖明信片或信件，益增其意義。是項郵票係分別以荷蘭石竹花（康乃馨）及我國萱草（金針花）為主題圖案。（圖4-2-17）〔註346〕

2. 兒童節紀念郵票

　　1931年，上海中華慈幼協會聯合中華兒童教育社，呈請政府規定每年4月

〔註343〕岳飛字鵬舉，宋湯陰人，事母至孝，初以敢戰士應募，屢破金兵，累官至太尉，又加少保。朱仙鎮1役，大敗兀朮，指日渡河直搗黃龍，惟為奸相秦檜所陷，壯志未酬，飲恨以歿。

〔註344〕西漢‧劉向（前77～前6），《古列女傳》，〈母儀傳　鄒孟軻母〉，（北京：中華書局，1985年）：「孟子之少也，既學而歸，孟母方績，問曰：「學何所至矣？」孟子曰：「自若也。」孟母以刀斷其織。孟子懼而問其故，孟母曰：「子之廢學，若吾斷斯織也。夫君子學以立名，問則廣知，是以居則安寧，動則遠害。今而廢之，是不免於廝役，而無以離於禍患也。何以異於織績而食，中道廢而不為，寧能衣其夫子，而長不乏糧食哉！女則廢其所食，男則墮於脩德，不為竊盜，則為虜役矣。」孟子懼，旦夕勤學不息，師事子思，遂成天下之名儒。」頌曰：孟子之母，教化列分，處子擇藝，使從大倫，子學不進，斷機示焉，子遂成德，為當世冠。君子謂孟母知為人母之道矣！孟母三遷與斷機教子的故事，經西漢著名學者劉向編著《列女傳》，千古傳頌，成為家喻戶曉的母教楷模。

〔註345〕（元）脫脫，《宋史》，〈列傳‧岳飛傳〉，第124，卷365，（臺北市：臺灣中華書局，1965年），頁11375。

〔註346〕中華郵政全球資訊網，《郵票寶藏》：https://www.post.gov.tw/post/internet/W_stamphouse/post/internet/W_stamphouse，檢索日期：2018/10/1。

4 日為兒童節，藉以鼓舞國家未來主人之精神，並促使社會注意兒童福利，重視貧苦兒童之救濟工作，旋獲批准。1956 年 4 月 4 日發行紀念郵票，全套 3 枚三種幣值，分為綠、藍、紅三色，圖案相同，以跳舞和跳繩的兩個小女孩和兩個小男孩呈現兒童天的真活潑為圖案主體，中間繪製一棵發芽的豆苗，意寓兒童為國家的幼苗。（圖 4-2-18）〔註 347〕

圖 4-2-16　偉大的母教郵票　　　　圖 4-2-17　母親節紀念郵票
（特 005）1957 年 5 月 12 日發行　　（紀 208）1985 年 5 月 8 日發行

孟母：子不學斷機　　以岳母刺盡忠報　　　康乃馨　　　　　萱草
柱，教子學習勿半　　國字於岳飛背上　　（石竹花）　　　（金針花）
途而廢。　　　　　　為圖。

圖 4-2-18　兒童節紀念郵票（紀 048）1956 年 4 月 4 日發行

4 角　　　　　　　　　1 元 6 角　　　　　　　　2 元

（三）社會典範系列郵票

1. 好人好事運動紀念郵票

　　對於端正善良風氣，鼓勵人民良善作為，在 1966 年，1970 年與 1973 年，蔣中正在表揚大會時，在書面致詞上大為讚賞鼓勵，第九屆表揚大會時，其

〔註 347〕中華郵政全球資訊網，《郵票寶藏》：https://www.post.gov.tw/post/internet/W_stamphouse/post/internet/W_stamphouse，檢索日期：2018/10/1。

言：「表揚好人好事運動，旨在發揚傳統道德，提倡優良風氣。推行迄今，社會之善行義舉日漸增多，可見此一運動已發生良好影響，對世道人心多所裨益。……實踐倫理民主科學之三民主義，奠定均富安和樂利之社會基礎。今日當選好人好事諸代表，咸能立身弘道造福人群，其嘉言懿行，堪為復興中華文化運動之先驅，良可嘉慰。……我全國同胞，應以好人好事代表為楷模，相與效法，一致奮勉，人人作好人，處處行好事，培養公共道德，鞏固精神武裝，配合復興中華文化、之契機，消滅惡貫滿盈之共匪，以共同完成復國建國之歷史任務。」〔註348〕第十二屆時，致詞「表揚好人好事運動，旨在端正人心，轉移風氣，復興中華文化，發揚倫理道德。」「發掘好人好事加以表揚，廣為傳播，期望人人見賢思齊，相率為善，尤重在使道德規範，表現於日常生活行動之中，一致實踐躬行，此必有助於對惡魔罪行之聲討，與社會優良風氣之養成。」〔註349〕期勉人人做好人行好事，實踐三民主義安和樂利的社會。

　　在第十三屆時，蔣中正對全國各界表揚好人好事代表大會的書面致詞：「最近復發動所謂『批孔』運動，反對孔子的民本主義和仁政思想，另一面歌頌秦始皇的焚書坑儒，可見其否定人性，泯滅良知，摧毀道德，無所不用其極。今天我們對毛共匪幫的全面鬥爭，必須用匪所畏懼的精神武器，從事思想戰、文化戰、主義戰，來攻匪之心、奪匪之魄，以剷除民族的敗類，誅討國家的罪人。我們復興基地好人好事的表現，乃是以人性為根本，以道德為內涵，即是最好的精神武器。」〔註350〕而相關好人好事的紀念郵票發行僅見於 1963 年，表揚好人好事運動自 1958 年推行以來，對於轉移社會風氣，樹立作人作事楷模，已產生良好之啟導作用。為宣揚此一運動，1963 年 12 月 17 日發行「好人好事運動」紀念郵票，一套 2 枚。（圖 4-2-19）〔註351〕

〔註348〕 蔣中正，〈對全國各界表揚好人好事代表大會書面致詞〉（中華民國五十五年十二月二十日），秦孝儀總纂，《總統蔣公思想言論總集》，卷 40，書面致詞，頁 187。

〔註349〕 1970〈對全國各界表揚好人好事第十二屆代表大會書面致詞〉（中華民國五十九年一月十二日），秦孝儀總纂，《總統蔣公思想言論總集》，卷 40，書面致詞，頁 286。

〔註350〕 1973 年蔣中正〈對全國各界表揚好人好事代表大會書面致詞〉（中華民國六十二年十二月十八日），秦孝儀總纂，《總統蔣公思想言論總集》，卷 40，書面致詞，頁 425。

〔註351〕 中華郵政全球資訊網，《郵票寶藏》：https://www.post.gov.tw/post/internet/W_stamphouse/post/internet/W_stamphouse，檢索日期：2018/10/11。

圖 4-2-19　好人好事運動紀念郵票（紀 090）
1963 年 12 月 17 日發行

說明：郵票圖案以中國式之庭院村落及
盛開之蘭花為題材，象徵好人好事之名
諺「十室之邑必有忠信，十步之內必有
芳草」。

說明：郵票圖案以燃亮之燭光為主題，
火焰四週隱約可見「心」形光影，表示
推行好人好事運動之意義，在使人人燃
起良心之火。

2. 國民生活規範郵票

　　生活教育就是要培養國民的良好生活習慣，一個社會的習俗是規範和塑造人們行為的依據，是社會化的依據，且常為道德規範的來源。〔註 352〕由《中華文化復興推行委員會》制定「國民生活須知」與「國民禮儀範例」，此委員會依據傳統的儒家文化與社會善良習俗，參酌時代之需要而制定，以加強國民生活教育。〔註 353〕

　　《國民生活須知》為 1968 年 5 月由「中華文化復興運動推行委員會」編輯出版，以「積極推行新生活運動，使國民生活在固有文化四維八德之薰陶下，走向現代化與合理化，使中外人士均能體認我為禮儀之邦。」〔註 354〕為推行要項，由此可知當代中華民國社會價值觀，在政府的大力倡行之下，以儒家思想為依歸。關於國民生活須知，其條目共有九十六條，目次共六章，於一般說話、開會的禮儀守則外，在食、衣、住、行、育、樂、修身之本，時措之宜，均有簡明扼要之規定。其內容大致如下：「1. 一般守則：（1）普通禮節；（2）

〔註 352〕蘇永明，《教育大辭書》（2000 年 12 月），國家教育研究院網站：http://terms.naer.edu.tw，檢索日期：2018/11/25。

〔註 353〕賀允宜，《中華民國建國史綱》（臺北：黎明文化，1985 年），頁 424。

〔註 354〕《中華文化總會》，https://www.gacc.org.tw/events/life-in-taiwan，檢索日期：2019/4/20。

說話；（3）開會。2. 食的方面：（1）進食；（2）宴會。3. 衣的方面：服飾以整潔樸素為主。4. 住的方面：（1）衛生安全；（2）日常生活；（3）鄰居、同住及公共安全；（4）家庭。5. 行的方面：（1）秩序與安全；（2）儀態與風度。6. 育樂方面，如提倡正當的國民運動。」〔註355〕其中有許多規範至現代 21 世紀仍然適用，有些屬於適用威權時代的標準，如若能與時代變遷的今日而作調整，落實於國民的生活教育中，相信有益於當今之國民素質。〔註356〕而《國民生活須知》與孔子所制之「禮」相似，藉由禮儀規範的實踐，培養國民為有教養、有教化的人，要達到孔子所謂「仁」的境界，須先習「禮」。孔子所謂的「克己復禮為仁」。〔註357〕亦即克制自己，使言行舉止符合于「禮」，就是仁，而禮的約束是自發性的遵守道德規範，並非強制性的。

　　郵政總局為配合社會教育文化之推廣，遂以此發行特種郵票「國民生活規範郵票」，1969 年 7 月 15 日為配合推行蔣中正有關國民生活規範之指示，以日常生活中之食、衣、住、行、樂、育 6 大項目為題材，印製發行。（圖 4-2-20）〔註358〕

〔註355〕以上各條目都有很仔細的規範和舉例。例如：「一般守則：一、普通禮節：注意禮讓，不要忘記說個「請」字，接受任何人的幫忙服務時，不要忘記說聲「謝謝」，自覺不週到處，應該說聲「對不起」。二、說話：說話要誠懇莊敬，聲音適度。不談人私，不議人短，不炫己長。三、開會：保持會場秩序，尊重主席職權，發言先求許可，並遵守時限。食的方面：一、進食：食物講求衛生，餐具務須清潔。二、宴會：參加宴會，不可中途離席。如有必要，應向主人致歉。衣的方面：服飾以整潔樸素為主。住的方面：居室內外，應經常灑掃，小心火燭，謹慎門窗。有事出門，言明去處。逾時不歸，應及時通知。與人同住，注重禮讓，守望相助，疾病相扶持。行的方面：行車走路，不可爭先，車輛行人，均應靠右。育樂方面：愛護兒童，不可放縱，管教子女，身教為先，不宜動輒責罵。利用休閒時間，培養藝術興趣，提倡正當娛樂。」

〔註356〕此會之歷任會長為總統，2011 年改名為「中華文化總會」，為順應傳播載體的變異更迭，文化總會將《國民生活須知》手冊的應用，以年輕化、數位化的方式，製作成 Line 貼圖，藉由具生活實用性的趣味貼圖，推行之。《中華文化總會》，https://www.gacc.org.tw/events/life-in-taiwan，檢索日期：2019/03/21。

〔註357〕《論語》顏淵第十二篇，原文：「顏淵問仁。子曰：『克己復禮為仁。一日克己復禮，天下歸仁焉。為仁由己，而由人乎哉？』顏淵曰：『請問其目。』子曰：『非禮勿視，非禮勿聽，非禮勿言，非禮勿動。』顏淵曰：『回雖不敏，請事斯語矣。』」《中國哲學書電子化計畫》：https://ctext.org/analects/yan-yuan/zh，檢索日期：2019/5/20。

〔註358〕中華郵政全球資訊網，《郵票寶藏》：https://www.post.gov.tw/post/internet/W_stamphouse/post/internet/W_stamphouse，檢索日期：2018/10/11。

圖 4-2-20　國民生活規範郵票（特 059）1969 年 7 月 15 日

說明：食／衣——繪以全家團聚共桌飲食，及洗衣與男女老幼穿戴整潔衣物為主圖。

說明：住／行——以居家灑掃清潔與行人過斑馬線，後方的公共交通工具，表示之。

說明：育／樂——以釣魚、拉小提琴、彈鋼琴、打籃球、閱讀、登山等圖像表示。

3. 書香社會郵票

　　文化為不墜之精神力量。中華民國政府為鼓勵出版業推行優良毒物，供民眾閱讀，自 1976 年起開始每年舉辦金鼎獎，以表揚優良出版事業及從業人員。1983 年更擴大舉辦第 1 屆讀書週，並在歷史博物館舉辦第一次全國圖書分類展，希望藉此掀起購書、讀書、談書之熱潮，更期冀藉書籍之功能為國家文化建設奠定紮實之根基，以共同孕育一個充滿書香之社會。因此，為倡導讀書風氣，印製「書香社會郵票」一組，配合首次讀書週開始之日，即 1983 年 12 月 17 日發行。郵票圖案兩幅分別以古代及現代家庭之讀書情景為題材，並各配置金鼎獎 1 座。（圖 4-2-21）1987 年，交通部為紀念王雲五（1888～1979）[註359] 對國家社會文化之貢獻，在其一百歲冥誕，發行郵票一種。（圖 4-2-22）王雲五為現代青年自修苦學之典範人物。[註360] 其對國家之最大貢

〔註359〕王雲五，號岫廬，廣東省中山縣人，是廿世紀中國最聲名卓著的學者、教育家、出版家、圖書館事業家和政壇人物之一。1912 年，孫中山先生任中華民國臨時大總統，特聘雲五先生擔任臨時大總統府秘書，並在教育部工作。1913 年，改任國民大學教授。1921 年，雲五先生出任商務印書館編譯所所長。財團法人臺北市雲五圖書館基金會：http://www.wangyun-wu.org.tw，檢索日期：2018/11/28。

〔註360〕王雲五幼年家境清寒，體弱多病，七歲起開始僅由長兄王日華先生於家中教他讀書數年。由於家庭經濟拮据，所受學校教育時斷時續，十四歲時，在一家五金店當學徒，生性好學，乃入夜校進修英文，並在工餘之暇，勤奮自修，十八歲時，應聘為上海一所英文專科學校教員。教授英文、算學、史地等。十九歲時，轉任中國公學英文教員，其學生有胡適之、朱經農等名人。王雲五幾乎未受過正規學校教育，他的國民身分證學歷欄記錄的是「識字」，全憑自修而成為學問淵博的學者，在國立政治大學任教，指導許多博士論文，時

獻在文化方面，其一、發明四角號碼檢字法；〔註361〕其二、發明中外圖書統一分類法；其三、抗戰前及抗戰時堅苦支撐出版事業。在圖書館、國內政治和教育方面均有貢獻，死後並將其全部遺產捐出而設立雲五圖書館〔註362〕，此舉與政府提倡之「書香社會」政策不謀而合，對我國社會、文化之貢獻卓越，足以矜式人群、楷模當世。〔註363〕

圖 4-2-21
書香社會郵票（特 202）1983 年 12 月 17 日

圖 4-2-22　王雲五
紀念郵票（紀 222）

說明：古代母親教導孩子書寫情景，右置金鼎獎圖案。　　說明：現代父子閱讀情景，左置金鼎獎盃。　　說明：1987 年 8 月 14 日發行，圖為王雲五像。

4. 中華婦女反共抗俄聯合會十週年紀念郵票

蔣宋美齡領導組織之中華婦女反共抗俄聯合會（簡稱婦聯會）成立於 1950 年 4 月 17 日，在滿一週年時，蔣中正期勉婦聯會組織在對全國社會婦女兩項貢獻，其言：

第一、今天我們反共抗俄的重心是在臺灣，臺灣在過去脫離祖

稱「博士之父」，故為苦學自修成功的榜樣。財團法人臺北市雲五圖書館基金會：http://www.wangyun-wu.org.tw，檢索日期：2018/11/28。

〔註361〕在電腦尚未出現以前，四角號碼乃是中文檢索最方便而有效的方法，不僅許多字典使用，國家檔案亦多採用四角號碼來檢索。財團法人臺北市雲五圖書館基金會：http://www.wangyun-wu.org.tw，檢索日期：2018/11/28。

〔註362〕由王雲五先生出資，其子王學哲先生主持，成立於 1972 年 6 月，成立宗旨是先設立圖書館，再推動有助於文化教育的活動。美國王雲五基金會成立於 2011 年 12 月，由王雲五先生之孫王春申先生主持，成立宗旨是透過「中國歷史文化交流中心」，向世界各地介紹中國歷史與文化，協助各級學校、圖書館找到適於教學、閱讀的中文圖書，促進中外的互相了解。財團法人臺北市雲五圖書館基金會 http://www.wangyun-wu.org.tw，檢索日期：2018/11/28。

〔註363〕中華郵政全球資訊網，《郵票寶藏》：https://www.post.gov.tw/post/internet/W_stamphouse/post/internet/W_stamphouse，檢索日期：2018/10/5。

國的懷抱有五十年之久，一般婦女同胞，根本沒有社會地位，所以，今天對於臺灣婦女同胞，應盡量提高其自覺，使其認識自己的地位，不論在家庭，在社會，在國家，都是很重要的，務必自尊自重，自立自強，迎頭趕上各先進國家的婦女，不但在主持家庭、處理家務、輔助丈夫、教育兒女，而且能夠擔當與男子同等的任務，來增強反共抗俄的力量。這是婦聯會當前最重要的一個工作。

　　第二、對內地來臺的婦女同胞，要勉其一方面學習臺灣婦女勤勞節儉樸素的良好風習，一方面要實行新生活，養成整潔衛生的習慣。須知整潔衛生，不但可以改善家庭與地方的環境，而且可以促進國民的健康，增進社會的繁榮。要達到各地普遍實行新生活的目的，著手的方法，就是要推進社會教育，提高婦女智識，使其自覺自動，能與男子共同負責，來建設現代的家庭，現代的社會，與現代的國家。這是婦聯會在當前的又一重大工作。〔註364〕

強調提高婦女的智識，為建設現代家庭以及對國家社會的正面助益。

婦聯會對社會教育福利之貢獻，據郵政總局載：「以聯合反共抗俄同一意志之中華婦女，團結奮鬥，共同努力實現三民主義，爭取國家民族自由，維護人權為宗旨，以組訓、慰勞、宣傳為3項基本工作。至1961年分支會遍及全國各縣市及海外各重要地區，會員達23萬餘人。總會及分支會每年均分赴外島及臺灣各地對三軍及眷屬舉辦慰勞工作。近5年來，籌建軍眷住宅先後落成1萬4千幢。該會設置縫紉工場，各會員經常為前方軍士縫製衣服裝具，10週年已達三百餘萬件；在社會教育方面，婦聯會設置華興育幼院、華興中學、惠幼托兒所，及所屬各分支會均設置托兒所；此外又舉辦清寒軍人子女獎學金；對於傷殘軍士免費裝置義肢。種種措施，對於安定軍心，鼓舞士氣，嘉惠軍眷遺族，增強反共抗俄力量，績效顯著。蔣夫人前後數次赴海外宣勞，備受讚譽，對於婦聯會工作指導殷切，年有進步，不僅為我中華婦女之偉大領袖，並為國際推崇之世界十大女性之一。為紀念該會對國家社會與教育等之貢獻。」〔註365〕因而發行「中華婦女反共抗俄聯合會十週年紀念郵票」一套共4枚。（圖4-2-23）

〔註364〕蔣中正，〈對婦聯總會成立週年紀念致詞〉（中華民國四十年四月十八日），秦孝儀總纂，《總統蔣公思想言論總集》，卷24，演講，頁106～107。

〔註365〕中華郵政全球資訊網，《郵票寶藏》：https://www.post.gov.tw/post/internet/W_stamphouse/post/internet/W_stamphouse，檢索日期：2018/10/25。

圖 4-2-23　中華婦女反共抗俄聯合會 10 週年紀念郵票
（紀 068）1961 年 3 月 8 日發行

說明：以蔣夫人所穿著的黑色旗袍像為主圖及婦聯總會會徽為圖案主題。

（四）與國際相關之教育方面

1. 亞洲智能不足教育聯盟大會

為促使社會各界重視智能不足者的教養，俾啟發其心智，以發揮人類愛心，建立和諧社會，印製郵票一套 2 枚，於 1985 年 11 月 8 日即為第七屆亞洲智能不足教育聯盟大會，於其開幕前 2 日發行。（圖 4-2-24）〔註 366〕

圖 4-2-24　第 7 屆亞洲智能不足教育聯盟大會紀念郵票
（紀 211）1985 年 11 月 8 日發行

說明：圖案中之 AFMR 係 Asian Federation for the Mentally Retarded 之縮寫。一套 2 枚，分別為 2 元與 11 元之面值。

1970 年通過〈復國建國教育綱領〉後，在教育上更加強實施民族精神教育、倫理教育、生活教育、文武合一的教育以及科學教育。〔註 367〕在反共抗

〔註 366〕中華郵政全球資訊網，《郵票寶藏》：https://www.post.gov.tw/post/internet/W_
stamphouse/post/internet/W_stamphouse，檢索日期：2018/10/30。
〔註 367〕教育部編，《第五次全國教育會議報告》（臺北：教育部，1970 年），頁 71。

俄政策的基礎上，即是實現三民主義，而反共的戰爭，則是全面社會文化的戰爭，就是闡揚傳統倫理的八德思想，即是蔣中正對青年所說的「倫理道德就是我們的民族靈魂，也就是我們民族精神的武器。」〔註368〕因此，在「禮、義、廉、恥、忠、孝、仁、愛」之四維八德的儒家思想在大力提倡下，在全民以此為主的社會價值觀，形成社會日常行為的基本意識規則，在常年的儒家的教化下，臺灣人們呈現禮貌友善、溫良篤實和刻苦耐勞的特性。

但，在過於偏重儒學思想下，忽略了個人的特質與差異，過於重視團體而忽略個人特質，似乎是自宋明理學以致明清以來，容易成為一種禮教，限制個人的創造發展。在強調「反共抗俄」、「民族精神」的課程內容下，易傾向於政治化的國家主義；而政治社會化的教育，在民主規範與知能上的認識，以及公平合理爭取權利的學習上，在泛道德教育的下，養成倫理教條與絕對服從，在理性公平的民主認知與能力較當代民主社會國家薄弱。〔註369〕

小　結

本章研究發現，臺灣經濟得以在戰後經濟破敗的狀態下，又歷經幾次重大事件的衝擊，而發展有成，主要包括與中國大陸經濟的連結與擺脫、美援的挹注與影響、經建計劃政策方向的選擇與執行、國際政經局勢的因應與堅持等之外，必須注意的是來自於從大陸撤退來臺的資金與技術，國府遷臺時，帶來一批學有專精的財經技術官僚，如尹仲容、嚴家淦、李國鼎、孫運璿等人，為臺灣經濟的擘畫及引領，對臺灣的經濟發展奉獻諸多心力；而大陸資金雖不多，但仍有不少貢獻，〔註370〕兼以戰後初期來臺接收國營事業之技術人員及對國營事業的投資，亦有不少的推動力。國府正確的決策，當政者充分信賴財經技

〔註368〕蔣中正，〈時代考驗青年青年創造時代〉，秦孝儀總纂，《總統蔣公思想言論總集》，卷24，演講，頁205。「我們當前反共抗俄戰爭，就是我們這次反共抗俄的戰爭，不僅是民族戰爭，也就是社會文化的全面戰爭。我們當前反共抗俄戰爭，就是為著堅持三民主義而戰，為著實現三民主義而戰。尤其在民族主義倫理的重心上，我們是以民族固有的忠、孝、仁、愛、信、義、和、平底八德為基礎的。」

〔註369〕陳伯璋，〈臺灣四十年來國民教育發展之反省與檢討〉，收入賴澤涵、黃俊傑主編，《光復後臺灣地區發展經驗》（臺北：中央研究院中山人文社會科學研究所，1992年），頁188、191～194。

〔註370〕臺灣紡織業、木材業、化學工業，幾乎是大陸資本。陳鴻圖，《臺灣史》，頁172。

術官僚，〔註371〕善用所有資金，經過全國上下一心的團結奮鬥，度過了艱困的時期，奠定臺灣經濟奇蹟與富裕的基礎，至 1980 年代臺灣的經濟已是走在繁榮之路上，使居於撮爾小島的中華民國從一個以農業為主的經濟國家，迅速發展成為「新興工業化國家」，被國際間譽為經濟發展之奇蹟，可謂是全民勤耕下的豐碩成果，綜觀中華民國政府自戰後以來，在臺灣經濟建設上的表現是卓越的。

有了經濟上的成長，方能發展文化教育。此時期政府在教育政策、制度、課程規劃、國民教育的師資培育上有著全面性的規劃與執行，教育與政治緊密結合，在政策教育下，民族精神教育為核心形成受教者民族的認同感與團結性，在國家面臨民族生存危機時，使人民有著對「民族大義」的內化作用，團結民心對抗外敵的侵擾，但也同時帶來限制性與排他性的缺陷，當「忠貞」與「服從」成為一種教條時，對於不合乎此一標準者，容易受到偏狹的排他現象。雖然，國民教育在排他性、強制性與標準化的前提下，容易形成灌輸宣傳的教學模式，〔註372〕不過，中華民國政府在國小教育的推行與後來的九年國民教育的實施，讓人民增加受教機會，使教育機會的均等，是戰後臺灣相當重要的一個教育成果，同時也具有政治與社會之深刻意義。

〔註371〕李功勤，《中華民國發展史——兼論兩個中國的互動與衝突》，頁 229。
〔註372〕陳伯璋，〈臺灣四十年來國民教育發展之反省與檢討〉，收入賴澤涵、黃俊傑主編，《光復後臺灣地區發展經驗》，頁 199。

結　論

　　自上古到清代之郵驛遞信體系雖有所變革，但在制度與功用上並無太大改變；直到清末為因應時勢所需，轉型為仿西方的新式郵政制度。新式郵政免除古代郵驛制度下的弊病，因應新式郵政的發展，而有郵票之產生，除解決了郵資沈重負擔的問題，更使郵票的發行成為國家徵集資金時的重要來源之一。郵票為各政府所發行的有價票券，通行於國內外，郵票的設計主題，在圖像與數字或文字的結合之下，蘊含著深刻的意涵，同時為其國家紀錄了不同時代的文化特色，因之，郵票圖像是一種文化產品，其產生、銷售與消費的過程，與其表徵和被觀看的傳達過程，值得我們去解讀其文化內涵，因此，郵票圖像可作為史料證據之一。而「紀念郵票」則具有特殊的定位，其作為一種打動群體內在情感，或為了延續民族的本質，在各國政府認定的標準下製造生產，成為喚起與建立全民共有的一種歷史記憶。

　　第一套的官方郵票為 1878 年 6 月 25 日的大清海關雲龍郵票，臺灣地區最早發行亦是最早的華人自製的郵票為 1888 年的官方臺灣郵票與民用郵政商票，第一套的紀念郵票為 1894 年 11 月 1 日所發行的慈壽（又稱萬壽）紀念郵票。兩蔣時期的紀念郵票共發行 211 套，在蔣中正時期計有 140 套，蔣經國時期有 71 套。〔註1〕而本文除第一章之近代新式郵政與郵票之發展不計之外，與本研究探討的相關議題，共有 150 套紀念郵票，分別為第二章與國家型塑相關的有 57 套，第三章在對外關係方面有 57 套，第四章屬於經濟文化層面的

〔註 1〕 1945 年起計，至 1988 年蔣經國過世止，第 17 套至 227 套（紀 017～紀 227），
　　　　共計 211 套，蔣中正時期以 1975 年止，為第 17 套～第 156 套（紀 017～紀
　　　　156）。

有 36 套。

研究發現，兩蔣時期，最大的貢獻是藉助美國力量鞏固臺、澎、金、馬地區之安全，並成功地發展臺灣的經濟與教育文化，唯因在特殊的時局下，實施戒嚴而使臺灣社會在民主自由的發展受到了限制，而形成了有限的民主國家。從郵票圖像中可以看出其中變遷。

首先，從紀念郵票中看到國家型塑的脈絡。

在二戰後，外在的形勢變化，影響著國家內在政策的走向，海峽兩岸與美國關係的轉折，牽動著中華民國各項政策的施行，蔣中正以中國國民黨總裁身份操持國家大政，蔣中正治國的基本目標是「建設臺灣，光復大陸」，建設重點在厚植國力，以求穩定發展，因此政權無法大幅開放走向民主；蔣經國時期，在臺灣經濟穩健發展後，逐步施行民主，將政治生態調整改變，給予國家一場「寧靜的革命」。一般而言，在蔣中正所建立的威權時代，其領袖地位的型塑是透過方方面面的，而「郵票」是其中一種很好的管道，其在位年間及其逝世之後，仍有許多奠定其領袖地位的相關郵票，而蔣經國主政時期，並無其個人相關的郵票。

透過社會、媒體、教育等方式，使人民對於國家選定的重要歷史人物形象印象深刻，成為一群人的集體記憶，國家文化的認同與集體記憶有著密切的關係，相似的集體記憶越多，認同性就越大，國家選定重要紀念事件成為節日，並訂定相關紀念活動，而紀念活動具有政治與社會文化的意義，是一個打造集體記憶的方式，而結合日常生活魚雁往返所黏貼的郵票圖像，也在無形中形成了當代人民共同的印象或理念，漸而影響人們的群體記憶與歷史認同。因此，兩蔣強人政治時期對人民的歷史教育與愛國思想的啟迪，在郵票的設計上，一系列的型塑領袖與愛國青年的郵票，無形中成為當代人民的一種社會記憶，並促進人民對國家文化的認同。

其次，從與國際有關的紀念郵票中，看到五〇到八〇年代的中華民國的對外關係。中華民國的外交關係，錯綜複雜，在其他強國政策與領導人的風格轉換之下，中華民國國際地位千轉百折，因此，所發行關於國際主題取向的郵票亦受影響。中華民國本是聯合國安全理事會之常任理事國，但在 1949 年國府遷臺，聯合國中國代表權問題遂浮上檯面。中華民國能擁有聯合國代表權，有兩個條件，其一、中共敵視美國的外交路線，其二、美國支持中華民國。在美國與中共交好之前，友好邦交國甚多，也因而為了配合聯合國與邦交國等等

相關議題時，所發行相關的紀念郵票琳瑯滿目。當兩岸關係，在冷戰的環境下，仍然延續著國共內戰的形勢，臺海兩岸籠罩在劍拔弩張的戰鬥氛圍裡，除了少數有關紀念臺海戰爭的郵票外，此時期亦發行了因韓戰所衍生的反共義士等相關議題之紀念郵票，讓我們解讀當代的外在環境；經歷了 1950 年代韓戰與兩次臺海危機，美國與臺灣的關係益加緊密，臺灣雖獲得美國在軍事、經濟等各方面的支持與介入，但也使得「反攻復國」的軍事主動性受到美國的牽制。

美國對兩岸關係的策略，一直都是以其國家最大利益為考量，因為美國的亞太戰略轉為聯中制蘇，從而使敏感的兩岸與美國關係發生轉變，同時使得中華民國在聯合國的地位飽受威脅。中華民國退出聯合國如同退出國際舞台，與國際相關的紀念郵票頓時大為減少；而在體育類郵票上亦看出這些轉折現象：奧會模式下的郵票圖像從有國旗到只有會旗的標誌，連年獲得冠軍的棒球大賽而發行棒球郵票，除為慶祝紀念外，為提升國際知名度，並傳達當時的政治意識，多套棒球郵票的圖像上，運用「中山樓」、「莊敬自強」及九項建設為背景，傳達即使中華民國在國際地位遭受不變，被拒於許多國際組織於外，面臨嚴酷的考驗時，顯現全民團結一心、莊敬自強、處變不驚的國家形象。

再則，觀察經濟文化方面的紀念郵票可探究許多意涵。

在經濟方面，戰後的全國經濟發展是循序漸進的，從混亂到穩定的過程，從計畫經濟轉型到市場經濟，經濟結構的變遷，除帶動了社會政治結構的變遷外，也帶動都市化與中產階級的興起。郵票票面上加蓋改值的痕跡，紀錄了時代大環境的遷移；郵票票值的變化，反映著從凋敝到穩定的經濟復甦現象；票面從單色樣板至活潑多樣的精美色彩，呈現經濟繁榮與製作技術知識的進步。臺灣經濟得以在戰後經濟破敗的狀態下，又歷經幾次重大事件的衝擊，而發展有成，主要包括與中國大陸經濟的連結與擺脫、美援的挹注與影響、經建計劃政策方向的選擇與執行、國際政經局勢的因應與堅持等外，加上來自於從大陸撤退來臺的資金與技術，國府正確的決策，技術官僚的專業與全民的努力奠定臺灣經濟奇蹟與富裕的基礎，因應政府經濟政策的推廣，發行一系列與經濟建設相關的郵票，從而印證臺灣經濟建設上卓越的表現。

票面圖像主題除受到政治外交、社會經濟影響外，文化環境的發展亦是其中要素。兩蔣時期，在文化意識形態上，政府為達到反共的目的，將傳統的儒家思維與三民主義的思想融合，並致力於去除外來政權的色彩，儒家思想的四

維八德在大力提倡下，形成社會日常行為的基本意識規則，在常年的儒家的教化下，人民呈現禮貌友善、溫良篤實和刻苦耐勞的特性；此時期以民族精神教育為核心，使人民產生民族的認同感與團結性，但在過於偏重儒學思想下，過於重視團體而忽略個人特質。不過，中華民國政府致力於九年國民教育的實施，讓人民增加受教機會，使教育機會均等，是戰後臺灣相當重要的一個教育成果。透過郵票與其他媒介的宣傳，潛移默化中，建立社會忠孝節義的核心價值，當代國族教育成功，也為外交風暴與兩岸軍事對峙的特殊時期，帶來安定社會人心的力量。

　　綜上所知，從歷年發行紀念郵票上的設計風格與變化，可以觀察到兩蔣時期的社會特色：

　　在蔣中正的威權時期，在兩岸軍事對峙的嚴峻時期，著重國家穩定發展，來自中國大陸地區各技術官僚在日人離開臺灣後，使國家機器正常運作，並宣傳國家民族主義，使剛脫離日本殖民統治的臺灣多數人民，對中華民族產生一定的向心力。此時期各類型的紀念郵票風格皆以反共復國的國策為主導：型塑領袖強而有力的形象，以其個人為題材的郵票甚多，彪炳的功業，加強反攻的士氣與復國的信念；以蔣中正經常強調的文句與著述如民生主義育樂兩篇補述，提醒人民領袖的殷切期許。愛國教育與國族主義的宣傳，使人民激發愛國向心力；教忠教孝的故事圖像，使民眾效法先賢先烈精神；生活規範的圖像，提升人民的行為水準；刻劃國家興建設施，彰顯復興基地的經營成果。政策宣導的圖像，記錄了改革的歲月；票面的農民相關圖像較其他職業圖像多，顯示當代的農業社會型態；傳統的紋飾〔註2〕或主題，彰顯中國文化傳統；眾多國際活動的紀念，顯示國際交流的頻繁與國際地位；以上皆可從各式郵票票面上，反映當代的環境背景與社會生活。

　　蔣經國時期，未有以其個人為主題的紀念郵票出現，僅在其逝世後，後人感念其人格與貢獻紀念發行之，相對的，此時期以蔣中正為主題的郵票依然不減，以其為永遠的精神領袖〔註3〕；此時期的國際類郵票不多，主因外交上的幾番衝擊下，國家參與國際的活動大幅減少；但國民體育的紀念郵票甚多，在於1970年代的棒球選手的非凡成就，使臺灣不因退出聯合國而被世界遺忘；

〔註2〕 象徵吉祥福壽的牡丹花紋、福壽紋、祥雲紋、壽字紋、迴字紋等於圖案邊框，或底紋的裝飾。
〔註3〕 1976年蔣中正過世當年，未發行紀念郵票。

多次發行十大建設相關郵票，則彰顯經濟建設的成果；此階段反共復國理念依舊，但改以莊敬自強的信念為要了，重心日漸轉為改革開放的民主課題，在紀念票面的構圖主題上，紀錄了當代的歷史事件，使人們從中體會。

　　從 1945～1954 年這十年間，臺灣從日本的殖民地，變成戰後中國的一個省，又從邊陲島嶼，轉變而成為中華民國的中央政府；自 1949 年起，中國分裂成為兩岸關係，在國際冷戰的背景下，中華民國於政治、經濟、軍事以及社會文化的發展上，明顯的受到美國政經文化與世界資本主義的強大影響；〔註4〕當年沒有人可以預見在 1943 年開羅會議上中、美、英三巨頭討論臺灣的未來時，臺灣的命運會有如此劇烈的演變，從戰後美國扮演的角色，一直影響著中華民國的每一歷程，戰後的美援，在保障國家安全下，同時也強化了美國對臺灣的控制，直至今日，中華民國的未來前途，仍受到美國的影響。

　　戰後的臺灣，百廢待興，國民黨政府在臺灣的苦心經營，從過客心態，如鄭成功當初入主臺灣時只當作是反攻復國的基地，最後，漸而轉為落地生根的經營心態，一如四百年前漢人甫遷徙至臺灣，從對新環境長住久居的不確定性，直至後來熱愛這塊孕育一切的土地，不分族群，齊心戮力建設捍衛保守這個家園，認同自己生長的地域屬性，如同蔣經國說的：「我已經是臺灣人了。希望大家超越一切地域、派系」，無論是原住民、早住民、晚住民或是新住民，來到了臺灣，便認同這塊土地，這塊具備多元開放海洋性格與兼容並包能量的臺灣寶島，或許這就是直至 21 世紀的臺灣文化依然充滿移民色彩的原因。

　　從本研究可以了解到郵票的發行時機與其呈現的圖像，是深具意義的。在觀看這些承載歷史軌跡的郵票時，我們如同與當代社會經歷了中華民國在臺灣的一切喜怒哀樂的種種事件，郵票圖像裡訴說著每一時代的故事，從詭譎多變的外交事件，從煙硝瀰漫的臺海戰役，從震驚社會人心的事件、從振奮團結的愛國民心、從戒嚴管制到民主開放、從貧困蕭條到繁華榮景、從困苦孤立到莊敬自強、從文化失落到文化復興等，中華民國由大國疆域過度到臺灣寶島，迄今百多年，高潮迭起的歷史劇情，豐富了這個國家的生命內涵，它如珍珠般地在亞洲閃耀著。

　　兩蔣時期威權領導下的郵票，其圖像是在高度選擇下而呈現於世，解嚴之後，圖像主題隨著國策的轉變，不再是反共復國的意象為主，兩岸交流後，隨

〔註4〕其型塑了中華民國在臺灣的局面林孝庭，《意外的國度：蔣介石、美國、與近代臺灣的型塑》（臺北：遠足文化，2017 年），頁 31。

著時代的推演，圖像日漸以臺灣生態景象為主題，中國大陸河山的圖象轉為臺灣山川景色呈現，表現了對國土認同的轉變。過去對郵票圖像設計嚴格審慎的把關，在於將郵票視為國家機器專屬的宣傳媒介之一，而今日中華民國的郵票製作圖像的規定，呈現多元化，不僅為國家機器或特定的團體機構服務，或僅發行偉人聖賢有功於國家者之郵票，一般人民或機關團體，只要符合中華郵政「個人化郵票」的規範條款〔註5〕，可依其喜好以個人或團體機關影像作為主圖設計，製成郵票作為宣傳，顯現民主自由之風。

時代的變遷，歷史的傳承，精神與內涵有所轉變，其中所揚棄與延續的部份，亦值得再探討與研究。中華民國從 1912 年成立至今，外交環境勢力總是影響著它的國家政治、社會、經濟、文化，而每個時期的執政者則在這些不可控的因素下，做出因應決策面對與執行，結果，有時盡如人意，有時，大勢已去，都在考驗、淬煉、造就著這個國家豐富的生命能量。

〔註 5〕 中華郵政全球資訊網，《集郵業務專區》，〈個人化郵票規範條款〉，https://www.post.gov.tw/post/internet/Philately/index.jsp?ID=5040203，檢索日期：2019/6/25。

徵引文獻

一、檔案資料

1. 內政部檔案,「會商修正紀念日、節日實施辦法」,〈修正紀念節日實施辦法案〉,《內政部檔案》,內政部藏,檔案號:0071/B11802/19/0001/001。

2. 內政部檔案,「檢送祭孔委員會第八次會議記錄」,〈改進祭孔禮樂案〉,內政部藏,檔號:0063/B11805/5/0002/006。

3. 內政部檔案,「依照規定擬具孔子誕辰舉行紀念及祀孔典禮意見」,〈孔子誕辰紀念及祀孔典禮案〉,《內政部檔案》,內政部藏,檔號:0039/B11815/13-1/0001/001。

4. 「檢送祭孔委員會第八次會議記錄」,〈改進祭孔禮樂案〉,《內政部檔案》,內政部藏,檔號:0063/B11805/5/0002/006。

5. 內政部檔案,「總統府秘書長函復孔子誕辰請派員致祭一案」,〈孔子誕辰紀念及祀孔典禮案〉,內政部藏,檔號:0039/B1181/13-1/0001/001。

6. 內政部檔案,「總統府秘書長函為中華民國各界紀念先總統蔣公逝世紀念擬與恭謁總統蔣公陵寢合併舉行一案」附件,〈總統蔣公是世紀念日案〉,內政部藏,檔號:0065/B11802/12/0001/008。

7. 中華電信股份有限公司檔案,案名:《桃園國際機場航站大啟用時間即電信中心機房工程竣工日期》,檔號:A315800000M/0066/G21/000020,管有機關:國家發展委員會檔案管理局。

8. 外交部檔案,「中國加入萬國郵政會案」,〈1914年2月2日,外交部收交

通部 1 月 31 日函——擬具照會瑞士政府加入萬國郵政會文二件，希查照酌核辦理，見覆由〉，臺北：中央研究院近代史研究所檔案館藏，檔號：03-02-080-01。

9. 外交部情報司檔案，「外交部致電駐聯合國代表辦事處希查收上總統書並相機運用」，外交部藏，檔號：外（41）情二字第 03384 號，1952 年 4 月 11 日。

10. 外交部情報司檔案，「外交部致電駐聯合國代表辦事處關於反共戰俘成總統血書」（附件二　反共義士致總統之血書七件），檔號：情臺字 42 發字第 624 號，1952 年 10 月 19 日。

11. 外交部情報司檔案，「國防部電請外交部設法加強報導遣俘事」，1952 年 4 月 21 日，檔號：（41）茂萬 1509 號。

12. 外交部檔案，「處理反共義士歸國之經過」，《外交部（情報司）檔案》，國史館藏，檔號：172-3/5121。

13. 外交部檔案，《日英會談與臺灣地位問題》，檔號：A30300000B/0053/13.1/12，1964 年 5 月。

14. 外交部檔案，《對日和約》，檔號：A30300000B/0039/12.6/36，1950 年。

15. 外交部檔案，「七千共俘上書聯軍」，〈韓境共俘問題〉，《外交部（情報司）檔案》，國史館藏，檔號：172-3/5908，1952 年 2 月 12 日。

16. 外交部檔案，〈反共義士之友運動簡則〉，案名：「訪問韓戰反共義士捐款慰勞」，檔號：A303000000B/0043/005.7/0001，1943 年，管有機關：國家發展委員會檔案管理局。

17. 外交部檔案，〈外交部致電國防部關於韓境共俘上總統血書事〉，1952 年 5 月 2 日，外交部藏，檔號：外（41）情二字第 04082 號。

18. 外交部檔案，〈宣慰韓戰反共戰俘參考資料〉（1953 年 8 月 15 日），〈在韓中共俘虜〉，《外交部國際組織司檔案》，外交部藏，檔號：633.43/005。

19. 外交部檔案，「美方要求訊問中共俘虜與來臺反共義士」，本檔案為國防部下令海軍總部派艦至與那國島接獲曙光號來臺之公文。管有機關：國家發展委員會檔案管理局，檔號：A303000000B/0041/405.7/26。

20. 外交部檔案，〈基督教萬國聯合會挑選投奔自由難民赴美報導共匪罪行〉，1962 年，《外交部檔案》，管有機關：國家發展委員會檔案管理局，檔號：A303000000B/004/405.7/34。

21. 外交部檔案，案名：美援協定，檔號：A303000000B/0036/604.7/0002，檔案管有機關：國家發展委員會檔案管理局。

22. 外交部檔案，案名：復員計畫，檔號：A303000000B/0034/815.01/0015，檔案管有機關：國家發展委員會檔案管理局。

23. 外交部檔案，「外交部長周書楷致外交部常務次長陳雄飛政務次長蔡維屏電」（紐約，1971 年 9 月 16 日 19 時發，9 月 17 日 15 時收），聯合國代表權，《外交部秘書處檔案》，檔號：818.4/0003。

24. 交通部檔案，郵政總局第 762 號通令，1938 年 11 月 19 日。

25. 交通部檔案，郵政總局第 770 號通令，1940 年 5 月 30 日。

26. 交通部檔案，郵政總局第 2599 號通代電，1943 年 5 月 8 日。

27. 交通部檔案，郵政總局渝視字第 106 號，密通代電附件「抗戰時期前線作戰官兵交寄家書優待辦法」，1943 年。

28. 交通部檔案，郵政總局例會通字第 1257 號訓令，1947 年 6 月 10 日。

29. 交通部檔案，郵政總局供會通字第 1766 號訓令，1948 年 4 月 9 日。

30. 交通部檔案，郵政總局第 2599 號通代電，1943 年 5 月 8 日。

31. 交通部檔案，郵政總局第 762 號通令，1938 年 11 月 19 日。

32. 交通部檔案，郵政總局第 770 號通令，1940 年 5 月 30 日。

33. 交通部檔案，郵政總局渝視字第 106 號，密通代電附件「抗戰時期前線作戰官兵交寄家書優待辦法」，1943 年。

34. 交通部檔案，交通部赴外交部二年函字第二五六號公函，近史所檔案館藏，檔號：第 03~02，24~35-1 號，1913 年 2 月 23 日。

35. 行政院檔案，《1941 年 1 月 4 日交通部起草呈行政院文》，1941 年 1 月 23 日，勇肆字第 1315 號指令准予備案。

36. 行政院檔案，《1941 年 1 月 4 日交通部起草呈行政院文》，行政院 1941 年 1 月 23 日，勇肆字第 1315 號指令准予備案。

37. 行政院檔案，〈戰區設置軍郵辦法〉第十九條，1955 年 6 月。

38. 行政院檔案，案名：鄉鎮倉庫新建工程卷，檔號：0048/1103/001，來源機關：行政院新聞局，管有機關：國家發展委員會檔案管理局。

39. 行政院檔案，案名：閱讀豐年雜誌，檔號：0011/0002/1，來源機關：行政院新聞局，管有機關：國家發展委員會檔案管理局。

40. 行政院檔案，案名：農民廣播電臺農民之聲節目女播音員，檔號：0046/

0004/1，來源機關：行政院新聞局，管有機關：國家發展委員會檔案管
理局。

41. 行政院檔案，案名：拍攝紀錄片場景，檔號：0044/0002/1，來源機關：行
政院新聞局，管有機關：國家發展委員會檔案管理局，1955 年。

42. 案名：《臺鐵鐵路電氣化》，檔號：A329000000G/0066/E-3.0.1/01，來源機
關：行政院經濟建設委員會，管有機關：國家發展委員會檔案管理局。

43. 案名：《化學工業》，檔號：A329000000G/0066/P-84/01，1977～1985 年，
來源：行政院經濟建設委員會，管有機關：國家發展委員會檔案管理局。

44. 近史所檔案館，第 03~02，24~35-1 號檔，交通部赴外交部二年函字第二
五六號公函，1913 年 2 月 23 日。

45. 唐縱，〈日本投降後我方處置之意見具申〉，國史館藏，《蔣中正總統檔
案》，《特交檔》。

46. 國史館藏檔案，「總統蔣中正接見美國總統私人代表墨菲大使談話紀
錄」，〈黨政軍文卷 / 05 國際情勢與外交 / 128 外交──蔣中正接見美方
外交大使談話紀錄〉，《蔣經國總統檔案》，1971 年 4 月 23 日。

47. 國史館藏檔案，〈本省實施土地改革概況〉，《地政處檔案》，檔號 073，目
錄號 453。

48. 國史館臺灣文獻館檔案，〈渝勝輪運抵高雄港起卸 9 千噸肥料〉，檔號：
0044224008083011。

49. 國史館臺灣文獻館檔案，〈嚴禁青蛙買賣以利糧食增產〉，檔號：
0040766107240002。

50. 國防部檔案，蔣經國呈〈反共義士就業輔導處工作總報告〉，1954 年 6
月，《留韓反共義士處理案》，《國防部檔案》，國防部藏，檔號：
000123800100144。

51. 國防部檔案，蔣經國呈〈反共義士就業輔導處工作總報告〉，1954 年 6
月，《留韓反共義士處理案》，《國防部檔案》，國防部藏，檔號：
0001238900090047、0001238900090042。

52. 國防部檔案，蔣經國呈〈反共義士就業輔導處工作總報告〉，1954 年 6
月，《留韓反共義士處理案》，《國防部檔案》，國防部藏，檔號：
0001238900090042-50。

53. 國防部檔案，蔣經國呈〈反共義士就業輔導處工作總報告〉，1954 年 6

月,《留韓反共義士處理案》,《國防部檔案》,國防部藏,檔號:000123800100144。

54. 國防部檔案,蔣經國呈〈反共義士就業輔導處工作總報告〉,1954 年 6 月,《留韓反共義士處理案》,《國防部檔案》,國防部藏,檔號:0001238900090047、0001238900090042。

55. 國防部檔案,蔣經國呈〈反共義士就業輔導處工作總報告〉,1954 年 6 月,《留韓反共義士處理案》,《國防部檔案》,國防部藏,檔號:0001238900090042-50。

56. 國防部檔案,蔣經國呈〈反共義士就業輔導處工作總報告〉,1954 年 6 月,《留韓反共義士處理案》,《國防部檔案》,國防部藏,檔號:0001238900090042。

57. 國防部檔案,〈對留韓反共志士來臺處理方案的意見〉,〈留韓反共義士處理案〉,《國防部檔案》,國防部藏,檔號:000123870006010。

58. 國防部檔案,〈對留韓反共志士來臺處理方案的意見〉,〈留韓反共義士處理案〉,《國防部檔案》,國防部藏,檔號:0001238700060101。

59. 蔣經國總統文物,典藏號:005-010100-00037-001,管有機關:國史館。

60. 臺北市政府檔案,案名:實施耕者有其田一般業務案,檔號:A379000000A/0036/184.3/1,管有機關:國家發展委員會檔案管理局。

61. 國家發展委員會檔案管理局,案名:〈臺東大武圳灌溉工程第一期工程開工報告〉,檔號:0038/0436/0022,1949 年 3 月。

62. 國家發展委員會檔案管理局,案名:〈臺灣省參議會召開第一屆第六次大會第四次會議〉,檔號 0037/6/1,管有機關:國家發展委員會檔案管理局。

63. 國家發展委員會檔案管理局,案名:〈臺灣區生產管理委員會組織規程與常務委員、委員暨顧問名單〉,檔號:0038/0032.34/0220,管有機關:國家發展委員會檔案管理局。

64. 國家發展委員會檔案管理局,案名:〈臺灣省施政方針〉,檔號:0038/0111/0005,管有機關:國家發展委員會檔案管理局。

65. 國家發展委員會檔案管理局,案名:〈臺灣省國語推行委員會組織規程簽〉,1946 年 8 月 28 日,檔號:0036/012/3,管有機關:國家發展委員會檔案管理局。

二、史料專書

（一）古籍史料

1. （漢）司馬遷撰，《史記》，卷28，臺北：臺灣商務印書館，1983年。

2. （漢）劉向，《古列女傳》，臺灣：臺灣商務印書館，1983年。

3. （東漢）許慎，（清）段玉裁注，《說文解字》，臺北：藝文印書館，1955年。

4. （唐）杜佑，《通典》，卷7，典41，北京：中華書局，1988年。

5. （元）脫脫，《宋史》，卷181、365，北京：中華書局，1977年。

6. （宋）歐陽修、宋祈撰；楊家駱主編，《新唐書》，卷51，臺北：臺灣商務印書館，2010年。

7. （南宋）李燾編撰，《續資治通鑑長編》，卷118，北京：中華書局，1995年。

8. （元）脫脫，《宋史》，卷365，臺北：中華書局，1965年。

9. （清）文慶等纂，《籌辦夷務始末・同治朝》，卷40，臺北：文海出版社，1971年。

10. （清）王彥威輯撰，《清季外交史料》，卷6，北平：鉛印本，1933～1935年。

11. （清）朱壽明纂，《光緒朝東華續錄選輯》（下），臺北：臺灣銀行，1969年。

12. （清）何良棟輯，《皇朝經世文四編》，臺北：文海出版社，1911年。

13. （清）李鴻章，《李文忠公全集》，卷5，上海：商務印書館，1921年。

14. （清）邵之棠，《皇朝經世文統編》，臺北：文海出版社，1980年。

15. （清）席裕福撰，《皇朝政典類纂》，卷474，臺北：文海出版社，1969年。

16. （清）張廷玉等撰；楊家駱主編，《明史》，卷68，臺北：鼎文書局，1980年。

17. （清）馮桂芬，《校邠廬抗議》上卷，上海：上海古籍出版社，1997年。

18. （清）賈楨等編，《籌辦夷務始末・咸豐朝》，卷27，臺北：文海出版社，1970年。

19. （清）趙爾巽等著，《清史稿》，上海：古籍出版社，1995年。

20. （清）劉錦藻撰，《清朝續文獻通考》，卷353、375、377，臺北：臺灣商務印書館，1936年。

21. （清）鄭觀應，《盛世危言》，上海：古籍出版社，2008 年。

22. （清）蔣毓英，《臺灣府志》，臺北：國史館臺灣文獻館，1993 年。

23. 故宮博物院明清檔案部編，《清末籌備立憲檔案史料》，臺北：中華書局，1979 年。

24. （日）臺灣總督府，《海南島志》，臺北編者，昭和 11 年。

（二）史料文獻

1. 王士英，《中國郵政史料叢稿》，臺北：今日郵政月刊社，1984 年。

2. 王正華編，《中華民國與聯合國史料彙編——中國代表權》，臺北：國史館，2001 年。

3. 王孟瀟，〈清代末葉之文報局〉，《郵政資料》二集，臺北：臺北郵政博物館，1967 年。

4. 中國近代經濟史資料叢刊編輯委員會主編，《中國海關與郵政》，北京：中華書局，1988 年。

5. 中國第一歷史檔案館編，《清代檔案史料叢編第七輯》，北京：中華書局，1983 年。

6. 尹慶耀，《中共對外關係史料（上）》，臺北：作者自版，1999 年。

7. 外交部編，《處理反共義士歸國之經過》，臺北：外交部，1954 年 10 月。

8. 交通部郵政總局編，《民國十年郵政年報》，臺北：交通部郵政總局，1922 年。

9. 交通部郵政總局，《郵政法》，臺北：交通部郵政總局，1924 年。

10. 交通部年鑑編纂委員會，《交通年鑑》，南京：交通部年鑑編纂委員會，1935 年。

11. 交通鐵道部交通史編纂委員會，《交通史郵政編》（四），臺北：交通鐵道部交通史編纂委員會，1930 年。

12. 交通部郵政總局編印，《郵政研究報告二——發行郵票政策之研究》，臺北：交通部郵政總局，1970 年。

13. 交通部郵政總局編，《中華郵政七十週年紀念——郵政大事記》第一集上、下冊，臺北：交通部郵政總局，1966 年。

14. 交通部郵政總局，《郵政法》，臺北：交通部郵政總局，2011 年版。

15. 臺北郵政博物館，《大清海關服務人名錄》影本，1895 年。

16. 吳質卿，《臺灣戰爭日記》，載於《中國近代史資料》第三卷，1962 年。

17. 吳興鏞，《黃金檔案——國府黃金運臺》，臺北：時英出版社，2007 年 10 月。

18. 李雲漢主編，劉維開編輯，《中華民國抗日戰爭圖錄》，臺北：近代中國出版社，1995 年 8 月 14 日。

19. 何應欽，《中國戰區中國陸軍總司令部處理日本投降文件彙編》上卷，臺北：國防部，1969 年 3 月。

20. 周琇環，《戰後外交史料彙編——韓戰與反共義士篇（一）》，臺北：國史館，2005 年。

21. 周琇環，《戰後外交史料彙編——韓戰與反共義士篇（二）》，臺北：國史館，2006 年。

22. 孫少穎，《大龍郵票與清代郵史》，臺北：臺灣商務印書館，1989 年。

23. 教育部編，《教育部實施九年國民教育籌備工作報告》，臺北：教育部，1968 年。

24. 教育部編，《第五次全國教育會議報告》，臺北：教育部，1970 年。

25. 秦孝儀編，《總統蔣公思想言論總集》，卷 20，演講，臺北：中正文教基金會，1943 年。

26. 秦孝儀編，《總統蔣公思想言論總集》，卷 24，演講，臺北：中正文教基金會，1960 年。

27. 秦孝儀編，《總統蔣公思想言論總集》，卷 28，演講，臺北：中正文教基金會，1965 年。

28. 秦孝儀編，《總統蔣公思想言論總集》，卷 29，演講，臺北：中正文教基金會，1967 年。

29. 秦孝儀編，《總統蔣公思想言論總集》，卷 34，書告，臺北：中正文教基金會，1969 年。

30. 秦孝儀編，《總統蔣公思想言論總集》，卷 37，文錄，臺北：中正文教基金會，1984 年。

31. 秦孝儀編，《總統蔣公思想言論總集》，卷 40，書面致詞，臺北：中正文教基金會，1984 年。

32. 秦孝儀編，《先總統蔣公嘉言總集》第 4 冊，臺北：中國國民黨中央委員會黨史委員會，1981 年。

33. 秦孝儀編，《總統蔣公大事長編初稿》，卷 8，臺北：中正文教基金會，

1978 年。

34. 秦孝儀編，《總統蔣公大事長編初稿》，卷 4，臺北：中正文教基金會，
    1978 年。

35. 國史館，《土地改革史料》，臺北：國史館，1988 年。

36. 國史館史料處編，《金門古寧頭、舟山登步島之戰史料初輯》，臺北：國
    史館出版，1979 年。

37. 國防部史編局編印，《美軍在華工作紀實（顧問團之部）》（臺北：國防部
    史編局，1981 年。

38. 國防研究院院長訓詞編委會編，《陽明山講習錄：院長訓詞》，臺北：國防
    研究院院長訓詞編委會，1962 年。

39. 國家發展委員會檔案管理局編，《曙光黎明——臺灣光復檔案專輯選
    輯》，新北市：檔案局，2015 年 10 月。

40. 張世瑛、蕭李居，《中華民國政府遷臺初期重要史料彙編——臺海危機
    （二）》，臺北：國史館，2013 年。

41. 張其昀主編，《先總統蔣公全集》第 2 冊，臺北：中國文化大學，1984 年。

42. 張其昀主編，《先總統蔣公全集》第 3 冊，臺北：中國文化大學，1984 年。

43. 許瑞浩、周琇環、廖文碩編輯，《中華民國政府遷臺初期重要史料彙編
    ——嚴家淦與國際經濟合作》，臺北：國史館，2013 年。

44. 教育部教育年鑑編纂委員會編，《第三次中華民國教育年鑑：總述》，臺
    北：正中書局，1974 年。

45. 郵政總局，《民國十年郵政事務總論》，上海：郵政總局，1922 年。

46. 臺灣省文獻委員會、國防部史政編譯局編，《八二三戰役文獻專輯》，南
    投：臺灣省文獻委員會，1994 年。

47. 臺灣文獻委員會編，《抗戰與臺灣光復史料輯要》，臺中：臺灣文獻委員
    會，1995 年。

48. 臺灣銀行印行，《淡新檔案行政編：初集》（下），南投：臺灣省文獻委員
    會編，1997 年。

49. 樓祖詒，《中國郵驛史料》，南京：人民出版社，1958 年。

50. 潘安生，《郵政史料》，臺北：郵政博物館，1969 年。

51. 蔣中正，《蔣主席在首都慶祝還都大會上對全國同胞致訓》，1946 年 5 月
    5 日，中正紀念堂展示。

52. 薛月順、曾品滄、許瑞浩，《戰後臺灣民主運動史料彙編（一）從戒嚴到解嚴》，臺北：國史館，2000 年。

53. 關賡麟，《交通史郵政篇》第四冊，南京：交通部，1930 年。

54. 饒宗頤，《潮州志匯編》，交通志，香港：龍門書局，1965 年。

（三）一般專書

1. 丁惠永，《中國百年大寫真》，吉林：吉林人民出版社，1996 年。

2. 大崙尾藝術工作隊，《彼岸——起義與叛逃的歷史回顧》，臺北：大崙尾藝術工作隊，2004 年。

3. 中央日報編，《中央日報：五十年來社論選集》，臺北：中央日報，1978 年。

4. 中央日報編印，《歷史巨人的遺愛——蔣故總統經國先生紀念專輯》，臺北：中央日報，1988 年。

5. 中央改造委員會第四組編，《宣傳手冊》，臺北：中央改造委員會，1952 年 6 月。

6. 中央委員會第二組編著，《從大陸來信看——共匪「文化大革命」暴行》第 1～2 輯，臺北：中央委員會，1967～1969 年。

7. 中共中央文獻研究室編，《毛澤東文集》第七卷，北京：中共中央文獻研究室，1993 年。

8. 中共中央文獻研究室編，《周恩來年譜（1949～1976）》上卷，北京：中央文獻出版社出版，1997 年。

9. 中共中央文獻研究室編，《建國以來毛澤東文稿》第七冊，北京：中共中央文獻研究室出版，1992 年。

10. 中國大陸災胞救濟總會編，《韓戰反共義士歸國紀實》，臺北：中國大陸災胞救濟總會，1988 年。

11. 中國社會科學出版社編，《當代中國軍隊的軍事工作》上冊，北京：中國社會科學出版社，1989 年。

12. 中國近代經濟史資料叢刊編輯委員會主編，《中國海關與郵政》，北京：中華書局，1983 年。

13. 中國教育學會編，《九年國民教育實施二十週年紀念文集》，臺北：臺灣書店，1988 年。

14. 中國第二歷史檔案館，《臺灣光復紀實》，臺北：柏氏科技藝術（江蘇出

版社授權），2005 年。

15. 中國國民黨中央黨史委員會、國史館、中國文化大學編，《張其昀先生文集》，卷 16，臺北：中國文化大學出版部，1989 年。

16. 中華民國年鑑設編印，《中華民國年鑑》，臺北：中華書局，1951 年。

17. 中華人民共和國信息產業部《中國郵票史》編審委員會編，《中國郵票史》第一卷，北京：商務印書館，1994 年。

18. 中華人民共和國信息產業部《中國郵票史》編審委員會編，《中國郵票史》第二卷，北京：商務印書館，2004 年。

19. 中華人民共和國信息產業部《中國郵票史》編審委員會編，《中國郵票史》第三卷，北京：商務印書館，2004 年。

20. 中華人民共和國信息產業部《中國郵票史》編審委員會編，《中國郵票史》第四卷，北京：商務印書館，2004 年。

21. 中華郵政史編纂小組，《中華郵政史：中華民國建國一百年紀念》，臺北：中華郵政股份有限公司，2011 年。

22. 互助營造股份有限公司，《臺灣營造業百年史》，臺北：遠流，2012 年。

23. 天津編輯中心編，《顧維鈞回憶錄縮編（下）》，天津：中華書局，1997 年。

24. 文馨瑩，《經濟奇蹟的背後——臺灣美援經驗的政經分析（1951～1965）》，臺北：自立晚報社文化出版部，1990 年。

25. 王功安、毛磊主編，「國共兩黨關係通史」（1921～1991），武昌：武漢大學出版社，1991 年 8 月。

26. 王作榮，《我們如何創造了經濟奇蹟》，臺北：時報文化，1978 年。

27. 王功安、毛磊主編，《國共兩黨關係通史》（1921～1991），武昌：武漢大學出版社，1991 年 8 月。

28. 王孟瀟，〈清代末葉之文報局〉，《郵政資料》二集，臺北：臺北郵政博物館，1967 年。

29. 王明珂，《華夏邊緣：歷史記憶與族群認同》，臺北：允晨文化實業股份有限公司，1997 年。

30. 王長璽、張維光，《臺灣土地改革》，臺北：臺灣省新聞處，1954 年。

31. 王彥，《砲擊金門》，南京：江蘇文藝出版社，1992 年。

32. 王泰來、郭冬編著，《見證 1900～1911——解讀晚清明信片》，北京：中

國大百科全書出版社，2012 年。

33. 李明亮原著，王威智編，《臺灣老虎郵：百年前臺灣民主國發行郵票的故事》，臺北：蔚藍文化，2018 年。

34. 世界反共聯盟中華民國分會，《世盟奮鬥二十年》，臺北：世界反共聯盟中華民國分會，1987 年。

35. 世界知識出版社，《中美關係資料彙編》第 2 輯下，北京：世界知識出版社，1980 年。

36. 世界知識出版社編輯，《中華人民共和國對外關係文件集》第 1 卷，北京：世界知識出版社，1961 年。

37. 世盟中國總會編，《「華歐專案」實錄》，臺北：世界反共聯盟中華民國總會，1990 年。

38. 交通部郵政總局編，《郵政博物館成立紀念專輯》，臺北：交通部郵政總局，1966 年。

39. 交通部郵政總局編，《臺灣郵政光復廿年紀要》，臺北：交通部郵政總局，1966 年。

40. 江海東，《一萬四千個證人》，臺北：軍友報，1966 年。

41. 行政院經濟建設委員會編，《十項重要建設評估》，臺北：行政院經濟建設委員會，1979 年。

42. 行政院體育委員會，《中華民國建國 100 年體育專輯——體育政策》，臺北：行政院體育委員會，2011 年。

43. 伯特蘭·羅素著，吳友三譯，《權力論》，北京：商務印書，1991 年。

44. 佚名，《未完成的革命——戊戌百年記》第一卷，臺北：臺灣商務印書館，1998 年。

45. 何智霖，《陳誠先生書信集——與蔣中正先生往來函電（下）》，臺北：國史館，2007 年。

46. 何鳳嬌編，《九年國民教育資料彙編》，臺北：國史館，2000 年。

47. 余玉賢主編，《臺灣農業發展論文集》，臺北：聯經出版，1975 年。

48. 余敏玲，《兩岸分治——學術建制、圖像宣傳與族群政治（1945～2000）》，臺北：中央研究院近代史研究所，2014 年。

49. 克萊恩，《我所知道的蔣經國》，臺北：聯經出版事業公司，1990 年 2 月初版。

50. 吳冷西，《十年論戰——1956～1976 中蘇關係回憶錄》上冊，北京：中央文獻出版社，1999 年 5 月。

51. 吳冷西，《憶毛主席——我親自經歷的若干重大歷史事件的片段》，北京：新華出版出版，1995 年。

52. 吳淑鳳、陳中禹，《轉型關鍵——嚴家淦先生與臺灣經濟發展》，臺北：國史館，2014 年。

53. 吳淑鳳、薛月順、張世瑛編，《近代國家的型塑——中華民國建國一百年國際學術研討會論文集》（上、下冊），臺北：國史館，2013 年。

54. 吳質卿，《臺灣戰爭日記》，轉載於《中國近代史資料》（重印），第三卷，1962 年。

55. 吳興鏞，《黃金檔案——國府黃金運台——1949 年》，臺北：時英出版社，2007 年 10 月。

56. 行政院體育委員會，《建國百年體育專輯——奧林匹克活動》，臺北：行政院體育委員會，2011 年。

57. 呂亦成，《兩岸關係變遷（一九四九～一九九九）與反共真諦之探討》，臺北市：撰者，2000 年。

58. 呂芳上，《中華民國近六十年發展史（上冊）》，臺北；國史館，2012 年。

59. 呂芳上，《中華民國近六十年發展史（下冊）》，臺北；國史館，2013 年。

60. 呂芳上主編，《蔣中正與民國史研究》下冊，臺北：世界大同出版社，2011 年。

61. 呂芳上主編，《蔣中正與民國政治 II》，臺北：國立中正紀念堂管理處，2013 年。

62. 呂芳上，《近代國家的型塑——中華民國建國一百年國際學術研討會論文集》下冊，臺北：國史館，2013 年。

63. 宋美齡，《蔣夫人宋美齡女士言論選輯》，臺北：近代中國，1998 年。

64. 李元平，《平凡平淡平實的蔣經國先生》，臺北：青年戰士報，1978 年。

65. 李元平等著，《臺海大戰下編：臺灣觀點》，臺北：風雲時代出版有限公司，1992 年 10 月。

66. 李功勤，《中華民國發展史——兼論兩個中國的互動與衝突》，臺北：幼獅文化，2004 年。

67. 李功勤，《百年大業——中華民國發展史》，臺北：幼獅文化，2011 年。

68. 李功勤，《艱困與榮光——臺灣政治發展史論》，臺北：幼獅文化，2009年。

69. 李本京，《七十年中美外交關係》，臺北：黎明文化，1988年。

70. 李本京、蔣緯國主編，《蔣中正先生與中美關係：從白皮書公佈到韓戰爆發》，臺北：黎明出版，1992年。

71. 李志綏，《毛澤東私人醫生回憶錄》，臺北：時報文化出版公司，1994年。

72. 李明亮，《臺灣民主國郵史及郵票》，花蓮：獨虎出版社，1995年。

73. 李明亮原著，王威智編，《臺灣老虎郵：百年前臺灣民主國發行郵票的故事》，臺北：蔚藍文化，2018年。

74. 李松林，《蔣經國的臺灣時代》，臺北：風雲時代出版，1993年。

75. 李建興，《社會教育新論》，臺北：三民書局，1981年。

76. 李建興，《綠旗處處飄》，臺北：幼獅文化，1984年。

77. 李家泉，《臺海風雲六十年（1949～2009）》，北京：九州出版社，2010年。

78. 李健兒，《劉永福傳》，臺北：臺灣商務印書館，1970年。

79. 李筱峰，《臺灣全志·戰後臺灣變遷史略》，南投：國史館臺灣文獻館，2004年。

80. 李頌平，《客郵外史》，香港：保安郵票社出版，1966年。

81. 李福鐘，《世紀大革命——中華人民共和國史》，臺北：三民書局，2018年。

82. 李福鐘，《世紀中國革命》，臺北：三民書局，2018年。

83. 李福鐘，《臺灣全志·外交志》，卷7，國際組織篇，南投：國史館臺灣文獻館，2015年。

84. 李潔明著，林添貴譯，《李潔明回憶錄》，臺北：時報文化，2003年。

85. 李樸生，《華僑發展簡史》，香港：海潮出版社，1962年。

86. 李曙光、羅蘭波，《魅力集郵》，北京：人民郵電出版社，2009年。

87. 李邁先，《西洋現代史》，臺北：三民書局，2008年。

88. 汪希文、張叔儔原著，《孫中山的左右手：朱執信與胡漢民》，臺北：獨立作家，2016年。

89. 沈志華編，《朝鮮戰爭：俄國檔案館的解密文件》下冊，臺北：中央研究院近代史研究所，2003年。

90. 沈衛平，《823炮擊金門》，北京：華藝出版社，1998年。

91. 邢義田，《立體的歷史──從圖像看古代中國與域外文化》，臺北：三民書局，2014 年。

92. 阮湘，《中國年鑑》，上海：上海商務，1924 年。

93. 周俊宇，《黨國與象徵──中華民國國定節日的歷史》，臺北市：國史館，2013 年。

94. 周恩來，《周恩來外交文選》，北京：中央文獻出版社，1990 年。

95. 周琇環編，《戰後外交部工作報告》，臺北：國史館，2006 年。

96. 周湘華、董致麟、蔡欣容，《臺灣國際關係史：理論與史實的視角（1949～1991）》，臺北：秀威資訊科技，2017 年。

97. 周愚文主編，《蔣中正與臺灣教育文化發展》，臺北：中正紀念堂，2014 年。

98. 周憲，《視覺文化的轉向》，北京：北京大學出版社，2013 年。

99. 忠烈祠改建委員會，《忠烈祠改建經過述要》，臺北：忠烈祠改建委員會出版，1969 年。

100. 邵宗海，《美國介入國共和談之角色》，臺北：五南圖書出版有限公司，1995 年 3 月初版。新加的

101. 吳淑鳳、薛月順、張世瑛編，《近代國家的型塑──中華民國建國一百年國際學術研討會論文集》下冊，臺北：國史館，2013 年。

102. 林正義，《一九五八年臺海危機期間美國對華政策》，臺北：臺灣商務印書館股份有限公司，1985 年初版。

103. 林克、徐濤、吳旭君等編，《歷史的真實──毛澤東身邊工作人員的證言》，香港：利文出版社，1995 年 12 月。

104. 林孝廷，《臺海、冷戰、蔣介石：解密檔案中消失的臺灣史 1949～1988》，臺北：聯經，2015 年。

105. 林孝庭，〈開羅會議再思考〉，《戰爭的歷史與記憶：抗戰勝利七十週年學術討論會》，臺北：2015 年 7 月，抽印本。

106. 林孝庭著，黃中憲譯，《意外的國度──蔣介石、美國、與近代臺灣的型塑》，臺北：遠足文化，2017 年。

107. 林果顯，《「中華文化復興運動推行委員會」之研究（1966～1975）》，臺北：稻香出版，2005 年。

108. 林能士主編，《中國現代史》，中和：大中國圖書，2009 年。

109. 林桶法，〈從溪口到臺北：第三次下野期間蔣介石的抉擇〉，收錄於呂芳上主編，《蔣中正與民國政治 II》，臺北：國立中正紀念堂管理處，2013 年。

110. 邱宏達編，《現代國際法（下）》，臺北：三民書局，1972 年。

111. 邵毓麟，《使韓回憶錄》，臺北：傳記文學，1980 年。

112. 南京大學臺灣研究所編，《海峽兩岸關係日誌（1949～1998）》，南京：九洲圖書出版社，1999 年 5 月。

113. 查時傑，《中國近代史》，中和：弘揚圖書，2007 年。

114. 若林正丈、劉進慶、松永正義編，《臺灣百科》，臺北：克寧，1993 年。

115. 徐中約，《中國近代史（M）》，香港：香港中文大學出版社，2002 年。

116. 徐中約，《中國近代史》（上、下冊），香港，中文大學出版社，2005 年。

117. 徐世榮，〈悲慘的共有出租耕地業主——臺灣的土地改革〉，收錄於謝國興主編，《改革與改造——冷戰初期兩岸的糧食、土地與工商業變革》，臺北：中央研究院近代史研究所，2010 年。

118. 徐宗本，《中國早期郵票簡介》，臺北：臺灣商務印書館，1979 年。

119. 徐焰，《臺海大戰（上篇）：中共觀點》，臺北：風雲時代出版，1992 年。

120. 時報文化出版事業有限公司譯，《季辛吉回憶錄——中國問題全文》，臺北：時報文化，1979 年。

121. 時報出版社編輯，《季辛吉回憶錄——中國問題全文》，臺北：時報出版社，1979 年。

122. 時報文化編輯委員會，《珍藏 20 世紀中國》，臺北：時報出版，2000 年 10 月。

123. 晏星，《郵票與郵史漫譚》版四，臺北：交通部郵政總局，1984 年 10 月。

124. 晏星，《中華郵政發展史》，臺北：臺灣商務印書館，1994 年。

125. 袁樹基，《反共義士專輯》，臺北：中華史記編譯出版社，1983 年。

126. 馬可波羅，《馬可波羅遊記》，臺北：商周出版社，2010 年 9 月。

127. 馬振犢，《台前幕後——1949～1989 的國共關係》，廣東：廣東人民出版社，2002 年。

128. 馬楚堅，《中國古代郵驛》，臺北：臺灣商務印書館，1999 年。

129. 高明士主編，《中國近現代史——大國崛起的新詮釋》，臺北：五南圖書，2009 年。

130. 高明士主編，《臺灣史》，臺北：五南圖書，2008 年。

131. 高朗，《中華民國外交關係之演變（1950～1972）》，臺北：五南圖書，1994 年。

132. 高學良編著，《中國郵史通覽》（二），瀋陽：瀋陽市集郵協會，1987 年。

133. 孫少穎，《大龍郵票與清代郵票》，臺北：臺灣商務印書館，1989 年。

134. 馬克・奧尼爾（Mark ONeill），《赫德傳：大清愛爾蘭重臣步上位高權重之路》，中文版，香港：三聯書店，2017 年。

135. 國防研究院院長訓詞編纂委員會，《院長訓詞——陽明山講習錄》，臺北：國防研究院，1962 年。

136. 國防部史政編譯局編印，《古寧頭大捷四十週年紀念文集》，臺北：國防部史政編譯局，1989 年。

137. 國防部史政編譯局編印，《金門保衛戰》，附錄：〈節錄中共有關金門戰役之著述〉，臺北：國防部史政編譯局，1997 年。

138. 國防部史政編譯局，《八二三炮戰勝利三十週年紀念文集》，臺北：國防部史政編譯局，1988 年 8 月 23 日。

139. 國史館，《近代國家的類型——中華民國建國一百年國際學術研討會論文集》上冊，臺北：國史館，2013 年。

140. 國史館，《一九四九年：中國的關鍵年代學術討論會論文集》，臺北：國史館，2000 年。

141. 郭立民編，《中共對台政策資料選輯（1949～1991）》上冊，臺北：永業出版社，1992 年 4 月 5 日。

142. 張山克，《臺灣問題大事記》，臺北：華文出版社，1988 年。

143. 張火木，《金門古今戰史》，臺北：稻田出版社，1996 年。

144. 張玉法，《中國現代史略》，臺北：東華書局，2010 年。

145. 張玉法，《近代中國民主政治發展史》，臺北：東大圖書公司，1999 年。

146. 張其昀，《總動員運動概況》，臺北：中國新聞出版，1952 年。

147. 張炎憲，《臺灣 1950～60 年代的歷史省思——第八屆中華民國史專題論文集》，臺北：國史館，2007 年。

148. 張春英主編，《海峽兩岸關係史》第 2 卷，臺北：海峽學術，2008 年。

149. 張春英主編，《海峽兩岸關係史》第 3 卷，臺北：海峽學術，2008 年。

150. 張淑雅，〈蔣介石一瞥：1950 年代後期日記中的觀察〉，收錄於呂芳上主編，《蔣中正與民國政治 II》，臺北：國立中正紀念堂管理處，2013 年。

151. 張翊，《中華郵政史》，臺北：東大圖書公司，1996 年。

152. 張樑任，《中國郵政》上冊，上海：商務印書館，1936 年。

153. 張鍠焜，〈蔣中正與儒家文化教育的復興〉，周愚文主編，《蔣中正與臺灣教育文化發展》，臺北：中正紀念堂，2014 年。

154. 曹聚仁，《蔣經國論》，臺北：一橋出版社，1997 年。

155. 曹潛，《中華郵政史臺灣篇》，交通部郵政總局，1981 年。

156. 梁道群，《中華民國紀念節日要覽》，臺北：華僑文化出版設，1960 年。

157. 許雲樵，《星馬通鑑》，新加坡：新世界圖書有限公司，1958 年。

158. 逄先知、金沖及主編、中共中央文獻研究室編，《毛澤東傳（1949~1976）》，北京：中央文獻出版社，2011 年。

159. 連橫，《臺灣通史》，臺北：幼獅文化，1981 年。

160. 郭岱君，《臺灣經濟轉型的故事——從計畫經濟到市場經濟》，臺北：聯經出版，2015 年。

161. 國史館編，《一九四九年：中國的關鍵年代學術討論會論文集》，臺北：國史館，2000 年。

162. 陳立文主編，《蔣中正與民國外交 II》，臺北：國立中正紀念堂管理處，2013 年。

163. 陳之邁，《患難中的美國友人》，臺北：傳記文學出版社，1979 年。

164. 陳正茂，《臺灣史綱》，臺北：新文京出版，2003 年。

165. 陳正茂，《臺灣經濟發展史》，臺北：新文京出版，2003 年。

166. 陳正茂、林寶琮編著，《中國現代史（含臺灣開發史）》，臺北：新文京出版，2007 年。

167. 賴澤涵、黃俊傑主編，《光復後臺灣地區發展經驗》，臺北：中央研究院中山人文社會科學研究所，1992 年。

168. 陳志奇，《美國對台政策三十年》，臺北：中華日報社，1981 年。

169. 陳芳明，〈鄭成功與施琅——臺灣歷史人物評價的反思〉，張炎憲、李筱峰、戴寶村主編，《臺灣史論文精選》上冊，臺北市：玉山社出版，1996 年。

170. 陳彥博，《決勝看八年：抗戰史新視界》，臺北：遠見，2015 年。

171. 陳建民，《兩岸關係中的美國因素》，臺北：秀威資訊科技，2007 年。

172. 陳紀瀅，〈巨濟島漢賊不兩立〉，《反共義士奮鬥史》，臺北：軍方出版品，1955 年。

173. 陳紀瀅，《文藝運動二十五年》，臺北：重光文藝出版社，1977 年。

174. 陳恭祿，《中國近代史》，香港：中和出版有限公司，2017 年。

175. 陳啟清，《國家與土地改革：戰後初期臺海兩岸比較分析》，臺北：陳啟清，1998 年。

176. 陳誠撰；陳紫楓校訂，《陳誠先生傳》，臺北：反共出版社，1966 年。

177. 陳靜瑜，《美國史》，臺北：三民書局，2007 年。

178. 陳鵬仁，《中日關係史》，臺北：水牛出版社，2003 年 10 月。

179. 陳鵬仁，《中國近現代史概說》，臺北：致良出版社，2013 年 9 月。

180. 陳鵬仁，《中日問題論文集》，臺北：水牛出版社，2002 年 3 月。

181. 陶文釗，《中美關係史（1911～1949）》上卷，上海：上海人民出版社，2004 年。

182. 陶文釗，《中美關係史（1949～1972）》中卷，上海：上海人民出版社，2004 年。

183. 陶文釗主編，《美國對華政策檔集（1949～1972）》第三卷下冊，北京：世界知識出版社，2005 年 12 月。

184. 湯銘新，《奧運百週年發展史》，臺北：中華臺北奧林匹克委員會，1996 年。

185. 彭懷恩，《臺灣發展的政治經濟分析》，臺北：風雲出版，1990 年。

186. 彭瀛添，《民信局發展史──中國的民間通訊事業》，臺北：中國文化大學出版部，1992 年。

187. 彭瀛添，《列強侵華郵權史》，臺北：華岡出版部，1979 年。

188. 曾一士編，《國父紀念館三十週年館慶特刊》，臺北：國立國父紀念館，2002 年。

189. 湯蕙蓀編，《臺灣之土地改革》，臺北：中國農村復興聯合委員會，1954 年。

190. 童小鵬，《風雨四十年》，北京：中央文獻出版，1996 年。

191. 費正清著，張理京譯，《美國與中國》，河北：世界知識出版社，2003 年。

192. 賀允宜，《中華民國建國史綱》，臺北：黎明文化，1985 年。

193. 黃仁姿，《國民黨政權與地方菁英──1950 年代的農會改組》，臺北：國史館，2011 年。

194. 黃世明，《從郵文存》，臺北：黃氏郵學研究工作室，1999 年。

195. 黃自進、潘光哲,《蔣中正總統五記──學記》,卷 35、63,臺北:國史館,2011 年。

196. 黃克武主編,《畫中有話:近代中國的視覺表述與文化構圖》,臺北:中央研究院近代史研究所,2003 年。

197. 黃克武主編,《重起爐灶:蔣中正與 1950 年代的臺灣》,臺北:中正紀念堂,2013 年。

198. 黃定文,《僑匯的研究》,臺北:華僑委員會,1970 年。

199. 黃昭堂、廖為智譯,《台灣民主國研究》,臺北:前衛出版社,2006 年。

200. 黃俊傑,《戰後臺灣的轉型及其展望》,臺北:臺大出版社,2011 年。

201. 黃春木,〈蔣中正與九年國民教育〉,收入在周愚文主編,《蔣中正與臺灣教育文化發展》,臺北:中正紀念堂,2014 年。

202. 黃剛編著,《文獻析述:中華民國／臺灣與美國間關係運作之建制（1979～1999）》,臺北:政大國研中心,2000 年。

203. 解放軍事科學院軍事歷史部編,《中國人民解放軍的七十年》,北京:軍事科學出版社,1997 年 7 月。

204. 楊天石,《找尋真實的蔣介石──蔣介石日記解讀（二）》,香港:三聯書局,2010 年。

205. 楊天石,《找尋真實的蔣介石──蔣介石日記解讀》,香港:三聯書店,2010 年。

206. 楊奎松,〈毛澤東與兩次臺海危機〉,牛大勇、沈志華主編,《冷戰與中國的周邊關係》,北京:世界知識出版社,2005 年 4 月。

207. 楊奎松,《走向破裂──毛澤東與莫斯科的恩恩怨怨》,香港:三聯書店有限公司,1999 年 12 月。

208. 當代中國出版社編,《當代中國叢書‧中國人民解放軍》上卷,北京:當代中國出版社,1994 年 3 月版。

209. 經典雜誌編著,《臺灣人文 400 年》,臺北:經典雜誌出版,2006 年。

210. 葉永烈,《毛澤東與蔣介石》,下篇‧未完的棋,臺北:風雲出版社,1993 年 11 月。

211. 葉飛,《葉飛回憶錄》,北京:解放軍出版社,1988 年。

212. 葛永光,《蔣經國先生與臺灣民主發展:紀念經國先生逝世二十週年學術研究論文集》,臺北:幼獅文化,2008 年。

213. 蔣中正,《中國之命運》,臺北:中央文物,1943 年 3 月 10 日。

214. 僑務委員會編,《中華文化復興運動論文集》,臺北:僑務委員會,1967 年。

215. 廖炳惠等編,《重建想像共同體:國家、族群、敘述;國際學術研討會論文集》,臺北:行政院文化建設委員會,2004 年。

216. 臧榮,《中國古代驛站與郵傳》,臺北:臺灣商務印書館,1994 年。

217. 臺灣文獻委員會,《臺灣府志》(蔣志),臺北:國史館臺灣文獻館,1993 年。

218. 臺灣省行政長官公署宣傳委員會編,《臺灣一年來之教育》,臺北:臺灣省行政長官公署宣傳委員會,1946 年。

219. 臺灣省政府教育廳編,《蔣總統對實施九年國民教育之訓示及其闡述》,臺中:臺灣省政府教育廳,1973 年。

220. 臺灣省政府新聞處編,《臺灣光復四十年專輯》,臺中:臺灣省政府新聞處,1985 年。

221. 臺灣省政府新聞處編印,《教育文化的發展與展望》,臺中:臺灣省政府新聞處,1985 年。

222. 臺灣省政府編印,《臺灣光復後十年施政成果集要——民國 34 年至 44 年》,臺北:臺灣省政府,1955 年。

223. 臺灣史蹟源流研究會編印,《劉銘傳專刊》,南投:臺灣省文獻會,1979 年。

224. 趙既昌,〈美援的運用〉,李國鼎編,《中華民國經濟發展策略叢書》,臺北:聯經出版社,1985 年。

225. 趙春山主編,《兩岸關係與大陸政策》,臺北:三民書局,2013 年。

226. 趙春山編,《兩岸關係與政府大陸政策》,臺北:三民書局,2013 年。

227. 趙效宣,《宋代驛傳制度》,臺北:聯經出版事業股份有限公司,1983 年。

228. 劉世昌,《中華民國節日誌》,臺北:新聞資料供應社,1955 年。

229. 劉志偉,《美援年代的鳥事並不如煙》,臺北:啟動文化,2013 年。

230. 劉宜良(江南),《蔣經國傳》,臺北:李敖出版社,1993 年。

231. 劉承漢,《郵政資料》三集,臺北:臺北郵政博物館,1969 年。

232. 劉振魯編著,《臺灣先賢先烈專輯(第六輯)劉銘傳傳》,臺中:臺灣省文獻委員會,1979 年。

233. 劉進慶，《臺灣戰後經濟分析》，臺北：人間出版社，1992 年。

234. 劉維開，《蔣中正的一九四九——從下野到復行視事》，臺北：時英出版，2009 年。

235. 樓祖詒，《中國郵驛發達史》，卷 374，上海：中華書局，1940 年。

236. 樓祖詒，《交通史郵政篇（一）》，南京：交通部，1930 年。

237. 潘志奇，《光復初期臺灣通貨膨脹之分析》，臺北：聯經出版，1980 年。

238. 潘振球，《臺灣九年國民教育的實施》，臺中：臺灣省政府教育廳，1972 年。

239. 潘振球主編，《中華民國史事紀要（初稿）——中華民國 40 年 1 至 6 月份》，臺北：國史館，1995 年。

240. 蔡錦堂，《從神社到忠烈祠——台灣「國家宗祀」的轉換》，新北市：群學出版，2015 年 3 月。

241. 蔣經國，《蔣總統經國先生言論著述彙編》第二集，臺北：黎明文化，1981 年。

242. 蔣經國，《蔣總統經國先生言論著述彙編》第三集，臺北：黎明文化，1981 年。

243. 鄭梓，《（光復元年）戰後臺灣的歷史傳播圖像》，新北市：稻香出版，2013 年。

244. 鄭梓，《戰後臺灣的接收與重建：臺灣現代史研究論集》，臺北：新化圖書，1994 年。

245. 鄭義，《國共香江碟戰》，香港：香港文化藝術出版社，2009 年。

246. 鄭觀應，《盛世危言》，臺北：中華雜誌社，1965 年。

247. 蕭一山，《清代通史》（四下），臺北：臺灣商務印書館，1967 年。

248. 蕭全政，《臺灣地區新重商主義》，臺北：國家政策研究資料中心，1989 年。

249. 蕭阿勤，《回歸現實——臺灣一九七〇年代的戰後世代與文化政治變遷》，臺北：中央研究院社會學研究所，2010 年。

250. 蕭阿勤、汪宏倫，《族群、民族與現代國家——經驗與理論的反思》，臺北：中央研究院社會學院，2016 年。

251. 賴澤涵、于子橋主編，《臺灣與四鄰論文集》，桃園：中央大學歷史研究所，1998 年 10 月。

252. 戴寶村主編,《臺灣歷史的鏡與窗＝The mirror and the window of Taiwan history》,臺北:國家展望文教基金會出版,2006 年。

253. 薛化元,《臺灣貿易史》,臺北:中華民國對外貿易發展協會,2008 年。

254. 薛月順,《陳誠先生回憶錄──建設臺灣》(上),臺北:國史館,2005 年。

255. 薛月順編輯,《陳誠先生回憶錄──建設臺灣》(上),臺北:國史館,2005 年。

256. 簡永昌,《中華棒球史記》,臺北:簡永昌,1993 年。

257. 謝仕淵、謝佳芬,《臺灣棒球一百年》,南投:玉山社,2017 年。

258. 謝國興,《改革與改造──冷戰初期兩岸的糧食、土地、與工商業變革》,臺北:中央研究院近代史研究所,2010 年。

259. 韓叢耀,《中國近代圖像新聞史(1840～1919)》,南京:南京大學出版社,2012 年。

260. 瞿海源、王振寰主編:《社會學與臺灣社會》,臺北:巨流圖書,2003 年。

261. 聶榮臻,「聶榮臻回憶錄」,香港:明報出版社,1991 年 8 月。

262. 嚴演存,《早年之臺灣》,臺北:時報文化出版,1991 年。

263. 蘇格,《美國對華政策與臺灣問題》,北京:中央文獻出版社,1990 年。

(四)翻譯專書

1. (日)小谷豪冶郎著,陳鵬仁譯,《蔣經國先生傳》,臺北:蘭臺出版,2018 年。

2. (日)尹元吉之助,《台湾の政治改革年表・覺書(1943～1987)》,東京:帝塚山大學,1988 年。

3. (日)藤井志津枝,《近代中日關係史源起:1874～74 年臺灣事件》,臺北:金禾出版社,1992 年。新加的

4. (美)安妮・達勒瓦著,李震譯,《藝術史方法與理論》,南京:江蘇美術出版社,2009 年。

5. (美)麥克法夸爾(R. Macfarquhar)、費正清(Fairbank Code)編,金光等譯,《劍橋中華人民共和國史》(下卷),中國革命內部的革命:1966～1982,北京:中國社會科學出版,1992 年 8 月。

6. (美)麥克法夸爾(R. Macfarquhar)、費正清(Fairbank Code)編,金光等譯,《劍橋中華人民共和國史》(上卷),革命的中國的興起:1949～1965 年,北京:中國社會科學出版社,2006 年。

7. （美）斯塔夫里阿諾斯，董書慧、王昶、徐正源譯，《全球通史》（A GLOBAL HISTORY FROM PREHISTORY TO THE 21ST CENTURY）下冊，北京：北京大學出版社，2005 年。

8. （美）詹姆斯·埃爾金斯，汪悅進，《視覺研究：懷疑式導讀——西方當代視覺文化藝術精品譯叢》，南京：鳳凰傳媒出版集團，2010 年。

9. （美）高棣民（Thomas B. Gold），胡煜嘉譯，《臺灣奇蹟中的國家與社會》（State and Society in the Taiwan Miracle），臺北：洞察出版社，1987 年。

10. （美）理察·尼克森（Richard Milhous Nixon）著，中國時報編輯部譯，《尼克森回憶錄》（中冊），臺北：時報文化，1978 年。

11. （美）陶涵（Jay Taylor），林添貴譯，《蔣介石與現代中國的奮鬥》（上、下卷），臺北：時報出版社，2010 年。

12. （美）陶涵（Jay Taylor），林添貴譯，《臺灣現代化的推手：蔣經國傳》，臺北：時報文化，2000 年。

13. （英）彼得·伯克（Perter Burke）著，楊豫譯，《圖像證史》，北京：北京大學出版社，2008 年。

14. （英）馬克·奧尼爾著，程翰譯，《赫德傳》，香港：三聯書店，2017 年。

15. （英）德波拉·切利（Deborah Cherry）編，《藝術、歷史、視覺、文化》，南京：江蘇美術出版社，2010 年。

16. （澳）Chris Barker 著，許夢芸譯，《文化研究智點》，臺北：韋伯文化，2007 年。

17. H. B. Morse（馬士），張匯文譯，"The Intemational Relations of Chinese Empire"《中華帝國對外關係史》（中譯本），卷三，上海：上海書店出版社，2000 年 9 月。

18. 林·亨特（Lynn Hunt）編，江政寬，《新文化史》，臺北：麥田，2002 年。

19. （德）韋伯（Max Weber）著，康樂等譯，《支配的類型》，臺北：遠流，1996 年。

三、期刊論文

1. 丁玉寶，〈郵票上的國慶〉，《福建黨史月刊》第 6 期，福建，2015 年，頁 63～64。

2. 尹章義，〈中國現代化的實驗室——臺灣〉，《臺灣近代史論》，1988 年，頁 9～17。

3. 尹慶耀,〈「中」美關係的回顧——截至一九九二年〉,《共黨問題研究》第 24 卷第 6 期,1998 年 6 月,頁 4～13。

4. 方維規,〈再論新媒介的能量〉,《北京師範大學文學院——社會科學論壇》第 1A 期(2009 年 7 月 1 日),北京,頁 62～73。

5. 王文裕,〈《豐年》雜誌與臺灣戰後初期的農業推廣(1951～1954)〉,《高雄師大學報》第 30 期,2001 年,頁 1～22。

6. 王正華,〈藝術史與文化史的交界:關於視覺文化研究〉,《近代中國史研究通訊》第 32 期,2001 年,頁 76～89。

7. 王正華,〈從兩蔣檔案看「外蒙古案」史料〉,《近代中國》第 158 / 159 期,2004 年 12 月,頁 226～238。

8. 王正華,〈蔣介石與 1961 年「蒙古人民共和國」入會案〉,《國史館館刊》第 19 期,2009 年 3 月,頁 137～193。

9. 王正華,〈蔣介石與 1971 年聯合國中國代表權問題〉,《國史館館刊》第 19 期,2009 年 3 月,頁 131～176。

10. 王帆,〈從二次臺海危機看美台軍事合作困境〉,《史學研究》,2010 年第 26 期,頁 17～22。

11. 王汎森,〈歷史教科書與歷史記憶〉,《思想》第九期,2008 年,頁 123～139。

12. 王明珂,〈臺灣青少年的社會歷史記憶〉,《國立臺灣師範大學歷史學報》第 25 期,1997 年 6 月,頁 149～182。

13. 王明珂,〈臺灣與中國的歷史記憶與失憶〉,《歷史月刊》第 15 期,1996 年,頁 34～38。

14. 王明珂,〈史料的社會意義:事實、述事與展演〉,《近代中國》,2001 年,頁 6～13。

15. 王明珂,〈過去的結構——關於族群本質與認同變遷的探討〉,《新史學》第 5 卷第 3 期,1994 年,頁 119～140。

16. 王恩美,〈冷戰時期學校教育中的反共形象:以臺灣與韓國兩地小學教科書文中心的分析〉,《思與言》第 48 卷第 2 期,2010 年,頁 49～117。

17. 王愛東,〈砲擊金門背後的政治、外交鬥爭〉,《貴州文史天地》,1999 年 1 月。

18. 王爾敏,〈中國近代知識普及化傳播之圖說形成——《點石齋畫報》例〉,

《明清社會文化生態》，臺北：臺灣商務印書館，1997 年 7 月，頁 227～295。

19. 毛育剛，〈臺灣土地改革之經濟研究〉，收入於余玉賢主編，《臺灣農業經濟發展論文集》，臺北：聯經出版，1975 年，頁 139～172。

20. 史習培，〈1949～1956 年毛澤東解決臺灣問題的方針〉，《中共福建省委黨學報》第 273 期，2004 年，頁 20～26。

21. 史濟增，〈臺灣農業資金對經濟發展的貢獻〉，《臺灣銀行季刊》第 20 卷第 2 期，1969 年，頁 60～75。

22. 魯道夫・瓦格納（Rudolf G. Wagner），《進入全球想像圖景：上海的〈點石齋畫報〉》，《中國學術》第 2 卷第 4 期（總第八期），北京：商務印書館，2001 年 1 月，頁 1～96。

23. 艾凌耀，〈砲擊金門作戰述略〉，《軍事史林》雙月刊，北京，1990 年第 5 期，頁 55～64。

24. 何卓恩、周游，〈共和與革命：民初雙十節詮釋之演變〉，《社會科學研究》，成都，2011 年第 1 期，頁 155～160。

25. 何仲山，〈一九五八年砲擊金門及對兩岸關係的影響〉，《軍事歷史》，1994 年第 2 期，頁 17～23。

26. 何迪，「臺海危機」和中國對金門、馬祖政策的形成」，《美國研究》，北京，1988 年第 3 期，頁 14～25。

27. 吳承瑾，〈動植物郵票中的環保意識與國家認同——兼談郵票的影像文獻價值〉，《新北大史學》第 8 期，臺北，2010 年 10 月，頁 141～159。

28. 吳聰敏，〈美援與臺灣經濟的發戰〉，《臺灣社會研究季刊》第 1 卷第 1 期，1998 年，春季號，頁 145～158。

29. 吳聰敏，〈臺灣戰後的惡性通貨膨脹（1945～1950）〉，《國史館學術集刊》第 25 期，2010 年，頁 73～113。

30. 李明峻，〈一九五〇年代、六〇年代國際組織內部的「兩個中國問題」〉，收入於章炎憲主編：《臺灣 1950～60 年代的歷史省思——第八屆中華民國史專題論文及》，臺北：國史館，2007 年，頁 1～88。

31. 李倍雷，〈圖像還是文本：中國美術史學的基本問題〉，《山西大學學報（社會科學版）》第 25 卷第 1 期，2011 年 2 月，頁 104～107。

32. 李學智，〈政治節日與節日政治——民國北京政府時期的國慶活動〉，《民

國研究》，2006 年第 5 期，天津師範大學，頁 63～75。

33. 李鳳然，〈郵票因緣：臺灣參與冬季奧運會之研究〉，《身體文化學報》第 23 期，2016 年 12 月，頁 77～93。

34. 呂芳上，〈走出「黨國體制」的陰影──中國國民黨的轉型（1950～2000）〉，吳淑鳳、薛月順、張世瑛編，《近代國家的型塑──中華民國建國一百年國際學術研討會論文集》下冊，臺北：國史館，2013 年，頁 641～660。

35. 陳芳明，〈鄭成功與施琅──臺灣歷史人物評價的反思〉，收入於張炎憲、李筱峰、戴寶村編，《臺灣史論文精選（上）》，臺北：玉山社，1996 年，頁 135～156。

36. 汪朝光，〈威權領袖與近代中國的國家型塑──由蔣介石的自由民主觀點論起〉，收錄於吳淑鳳、薛月順、張世瑛編，《近代國家的型塑──中華民國建國一百年國際學術討論會論文集》，臺北：國史館，2013 年。

37. 苗言、霍志慧，〈解放後國共兩黨三次秘密和談〉，《黨史博采》第 3 期，2003 年，頁 14～18。

38. 杜巧霞，〈從經驗中學習──談美國的對外援助〉，《經濟前瞻》第 18 號，1990 年 4 月，頁 39～47。

39. 狄縱橫，〈駐台美軍三十年〉，《亞洲人》（轉載自香港明報月刊），創刊號，1980 年，頁 80～88。

40. 卓仕文，〈臺灣農會政治角色的歷史變遷〉，《大葉大學通識教育學報》第 8 期，2011 年，頁 37～52。

41. 周俊宇，〈光輝雙十的歷史──中華民國國慶日近百年的歷史變貌（1912～2008）〉，《國史館館刊》第 30 期，臺北：國史館，2011 年，頁 1～51。

42. 周俊宇，〈臺灣光復與黨國認同──臺灣光復節歷史之研究（1945～2007）〉，《臺灣風物》第 58 卷第 4 期，2008 年，頁 53～91。

43. 周信敏，〈對臺灣「耕者有其田」政策之若干疑問──從憲法財產權保障之觀點出發〉，《土地問題研究季刊》第 2 卷第 3 期，臺北：中國地政研究所，2003 年 9 月，頁 36～45。

44. 周信燉，〈對臺灣《耕者有其田》政策之若干疑問──從憲法財產權保障之觀點出發〉，《土地問題研究季刊》第 2 卷第 3 期，2003 年，頁 36～45。

45. 周琇環，〈接運韓戰反共義士來臺之研究（1950～1954）〉，《國使館館刊》第 28 期，2011 年，頁 115～154。

46. 周琇環，〈韓戰期間志願遣俘原則之議定（1950～1953）〉，《國史館館刊》第 24 期，2010 年，頁 45～88。

47. 林忠正，〈光復前後兩個政府的經濟角色異同〉，《臺灣風物》第 38 卷第 1 期，1988 年，頁 161～203。

48. 林果顯，〈日常生活中的反共知識建構──《廣播雜誌》為中心（1952～1956）〉，《國使館學術集刊》第 14 期，2007 年，頁 181～213。

49. 林柏州，〈中華民國政府遷臺初期國慶閱兵的政治意義──民國三十八年到五十三年（1949～1964）〉，《史學彙刊》第 23 期，2009 年，頁 193～224。

50. 林桶法，〈抗戰勝利紀念活動與詮釋──九三軍人節的觀察〉，臺北：《近代中國》第 163 期，2005 年，頁 116～131。

51. 林鐘雄，〈臺灣經濟建設與美援〉，《臺銀季刊》第 21 卷第 1 期，1967 年，頁 111～137。

52. 邵銘煌，〈快刀與黑貓：蔣中正反攻大陸的想望〉，收入於呂芳上主編：《蔣中正與民國史研究》下冊，臺北：世界大同出版社，2011 年，頁 587～611。

53. 金牛，〈劉少奇密訪克里姆林宮──來自俄國檔案的秘密〉，《百年潮》第 5 期，1997 年，頁 62～64。

54. 侯家駒，〈光復初期臺灣經濟體系之重建〉，《國父建檔革命一百週年學術討論集》第四冊，1994 年，頁 18～42。

55. 姚村雄，〈從光復初期的社會環境探討當時臺灣的郵票設計〉，《商業設計學報》第 3 期，1999 年 7 月，頁 112～131。

56. 柯偉林，〈中國的國際化：民國時代的對外關係〉，《二十一世紀雙月刊》第 44 期，1997 年 12 月號，頁 33～46。

57. 皇猷欽，〈臺灣偉人形象的服飾意涵──從故宮兩座青銅像說起〉，《故宮文物月刊》第 19 卷第 7 期，2001 年，頁 62～63。

58. 紀蔚然，〈重探一九五〇年代反共戲劇：後世評價與時人之論述〉，《戲劇研究》第 3 期，2009 年，頁 193～216。

59. 孫文雄，〈郵票設計巨將溫學儒〉，《印刷科技》第 9 卷第 1 期，1992 年 9 月，頁 23～35。

60. 孫鼎之，〈美國糧援對臺灣飲食文化之影響（1955～1965）〉，《中興史學》

第 16 期，2014 年，頁 152～173。

61. 范前鋒，〈論析毛澤東和平解決臺灣問題的思路〉，《重慶社會主義學院學報》第 4 期，2003 年，頁 15～18。

62. 徐世榮、蕭新煌，〈戰後初期業佃之探討——兼論耕者有其田政策〉，《臺灣史研究》第 10 卷第 2 期，2003 年，頁 35～66。

63. 徐百柯，〈同時被兩岸所遺忘的傳奇人物〉，《史事本色》，2005 年第 6 期。

64. 徐沛，〈近代畫報研究的文化轉向及其價值〉，四川大學文學與新聞學院，《國際新聞界》第 3 期，2013 年，頁 1～11。

65. 晏星，〈一枚紀念郵票的誕生〉，《郵票與郵史漫譚第四版》，臺北：交通部郵政總局，1984 年，頁 107～108。

66. 晏星，〈郵票設計者的話〉，《郵票與郵史漫譚第四版》，臺北：交通部郵政總局，1984 年，頁 109～110。

67. 栗國成，〈一九五八年「臺海危機」其間臺、美、中之反應與互動〉，《國家發展研究》第 4 卷第 1 期，2004 年，頁 151～206。

68. 馬孟若（Ramon H. Myers），〈臺灣經濟發展史〉，《臺灣風物》第 36 卷第 1 期，1986 年，頁 110～112。

69. 馬凱，〈揭開臺灣土地改革神話的面紗〉，《歷史月刊》第 210 期，2005 年，頁 52～54。

70. 高素蘭，〈中共對台政策的歷史演變〉，《國史館學術集刊》第 4 期，2004 年，頁 189～228。

71. 國史館，〈中山堂受降檔案分析〉，《國史館館訊》第 5 期，臺北，2010 年 12 月，頁 158～163。

72. 康無為（Kahn Harold），〈點石齋畫報與大眾文化形成之前的歷史〉，收錄於黃克武，《畫中有話——近代中國的視覺表述與文化構圖》，2003 年，頁 73～100。

73. 張公權著、姚崧齡譯，〈臺灣光復初期與大陸之經濟關係〉，《傳記文學》第 37 卷第 6 期，1980 年，頁 101～104。

74. 張火木，〈金門古寧頭戰役〉，《金門》第 74 期，2003 年 6 月，頁 23～38。

75. 張玉法，《戰後中國的新局與困局》，收錄於國史館編《戰爭的歷史與記憶》，2015 年，頁 2～25。

76. 張羽、張彩霞，〈近十年臺灣節日變遷與文化認同研究〉，《廈門大學學報

（哲學社會科學版）》第 5 期（總第 189 期），2008 年，頁 92～98。

77. 張克難，〈美援對 1950 年代臺海危機期間臺灣財政融通的重要意義〉，《遠景基金會季刊》第 15 卷第 4 期，2014 年，頁 105～151。

78. 張惟一，〈公有耕地放租——臺灣土地改革的第一大步〉，《土地問題研究季刊》，臺北：中國地政研究所，第 2 卷第 3 期，2003 年 9 月，頁 2～12。

79. 張淑雅，〈「主義為前鋒，武力為後盾」：八二三砲戰與「反攻大陸」宣傳的轉變〉，《中央研究院近代史研究所集刊》第 70 期，2010 年，頁 1～49。

80. 張淑雅，〈一九五〇年代美國對台決策模式分析〉，《中央研究院近代史研究所集刊》第 40 期，2003 年 6 月，頁 1～54。

81. 張淑雅，〈中美共同防禦條約的簽訂：一九五〇年代中美結盟過程之探討〉，《歐美研究》第 23 卷第 3 期，1993 年 9 月，頁 51～99。

82. 張淑雅，〈臺海危機前美國對外島的政策，1953～1954〉，《中央研究院近代史研究所集刊》第 23 期（下），1993 年 9 月，頁 293＋295～330。

83. 張淑雅，〈困境重現之因：1958 年臺海危機與美國的外島政策再思考〉，《中央研究院近代史研究所集刊》第 77 期，2012 年，頁 17～59。

84. 張淑雅，〈臺海危機前美國對外島的政策（1953～1954）〉，《中央研究院近代史研究所集刊》第 23 期，1994 年，頁 293～330。

85. 張淑雅，〈臺海危機與美國對「反攻大陸」政策的轉變〉，《中央研究院近代史研究所集刊》第 36 期，2001 年，頁 231～233＋235～297。

86. 張淑雅，〈擴大衝突、操控美國、放棄反攻？從《蔣介石日記》看八二三砲戰〉，收入於呂芳上主編：《蔣中正與民國史研究》下冊，臺北：世界大同出版社，2011 年，頁 633～658。

87. 張淑雅，〈藍欽大使與 1950 年代美國對台政策〉，《歐美研究》第 28 卷第一期，1998 年，頁 193～262。

88. 張景森，〈虛構的革命：國民黨土地改革政策的形成〉，《臺灣社會研究季刊》第 13 期 1992 年，頁 39～40。

89. 張瑞德，〈紀念與政治——臺海兩岸抗戰勝利五十週年紀念活動的比較〉，收於《紀念七七抗戰六十週年學術研討會論文集》，1998 年，頁 1075～1138。

90. 張瑞德，〈想像中國：倫敦所見古董明信片圖像分析〉，收於張啟雄主編《二十世紀的中國與世界論文選集》下冊，臺北：中央研究院近代史研

究所，2001 年 3 月，頁 73～94。

91. 張福康，〈實施耕者有其田條例的基本精神〉，《法令月刊》第 4 卷第 7 期，1953 年，頁 11～13。

92. 張維一，〈公有耕地放租——臺灣土地改革的第一大步〉，《土地問題研究季刊》第 2 卷第 3 期，2003 年，頁 2～12。

93. 張樹倫，〈臺灣地區的社會變遷與文化發展〉，《公民訓育學報》第 6 輯，1997 年，頁 173～199。

94. 曹益民，〈記錄歷史的「微縮檔案」——改革開放前發行的二十五套國慶郵票〉，《炎黃春秋》第 2 期，2018 年，頁 37～42。

95. 曹曦，〈戰後臺灣教育建設中美援的影響（1945～1965）〉，收於若林正丈、薛化元主編，《跨青年學者臺灣史論集》，臺北：稻香，2008 年，頁 341～382。

96. 梁正育，〈臺灣光復 50 週年建設成果展〉，《師友月刊》第 343 期，1996 年，頁 48～49。

97. 梅家玲，〈戰後初期臺灣的國語運動與語文教育——以魏建功與臺灣大學的國語文教育為中心〉，《臺灣文學研究集刊》第 7 期，2010 年，頁 125～159。

98. 許峰源，〈中國國際化的歷程：以清末民初參與萬國郵政聯盟為例〉，《中興史學》第 11 期，臺中：中興大學，2005 年，頁 1～22。

99. 郭廷以編定，尹仲容撰稿，陸寶千補輯，《郭嵩燾年譜》，《中央研究院近代史研究所專刊》第 29 期，臺北：中央研究院近代史研究所，1971 年。

100. 郭希華，〈毛澤東在臺灣問題上的「絞索政策」〉，《上海黨史與黨建》，1996 年第 2 期，頁 9～11。

101. 陳之邁，《患難中的美國友人》，臺北：傳記文學出版社，1979 年。

102. 陳孔立，〈臺灣的歷史記憶與群體認同〉，《臺灣研究集刊》第 5 期，2011 年 10 月，頁 1～10。

103. 陳令杰，〈赫德與近代中國新式郵政起源之研究〉，臺北：《史穗》第二期，1998 年，頁 81～113。

104. 陳正茂，〈深耕臺灣——記光復初期的國民黨〉，《北臺灣科技學院通識學報》第 6 期，2010 年，頁 159～171。

105. 陳立文，〈蔣中正心目中的「三角形戰鬥群」——聯美、保臺與反攻〉，呂

芳上主編：《蔣中正與民國史研究》下冊，臺北：世界大同出版社，2011年，頁 613～632。

106. 陳世慶，〈劉銘傳在臺灣的交通建設〉，收錄在臺灣史蹟源流研究會編印，《劉銘傳專刊》，南投：臺灣省文獻會，1979 年，頁 131～164。

107. 陳冠任，〈1950～60 年代中華民國對美宣傳政策的轉型〉，《政大史粹》第 27 期，2014 年，頁 91～119。

108. 陳伯璋，〈臺灣四十年來國民教育發展之反省與檢討〉，賴澤涵、黃俊傑主編，《光復後臺灣地區發展經驗》，臺北：中央研究院中山人文社會科學研究所，1992 年，頁 171～203。

109. 陳冠維，〈反共義士專輯下的六義士事件——以政府處置與媒體報導為中心〉，《新北大史學》第 16 期，2014 年，頁 1～51。

110. 陳建守，〈圖像的歷史重量——引介彼得·柏克著《目擊》——當作歷史證據的圖像用途〉，Peter Burke, Eyewitnessing: The Uses of Image as Historical Evidence London: Reaktion Books, 2001. pp. 224，《新史學》第 18 卷第 1 期，2007 年 3 月，頁 197～203。

111. 陳建忠，〈反共作家？鄉土作家？或現代主義作家？——朱西甯文學研究史小考〉，《文史臺灣學報》第 4 期，2012 年，頁 51～78。

112. 陳雪屏，〈「革命」「實踐」「研究」與教育〉，《實踐》第 91 期，1951 年 10 月，頁 6～7。

113. 陳龍廷，〈電視布袋戲與政治：1980 年代一齣另類的反共抗俄劇〉，《民俗曲藝》第 164 期，2009 年，頁 163～189。

114. 陳耀宏，〈中國青年反共救國團成立後初期動態活動之概況～民國 41（1952）年至民國 50（1961）〉年之動態青年活動～〉，《中華民國體育學會體育學報》第 14 輯，臺北，1992 年 12 月，頁 27～45。

115. 陳蘊茜，〈植樹節與孫中山崇拜〉，《南京大學學報》，2006 年第 5 期，頁 76～90。

116. 陸瑋，〈兩次「砲擊金門」的歷史審視〉，《衡陽師範學院學報》第 22 卷第 2 期，2001 年，頁 92～95。

117. 魚宏亮，〈重建觀念史圖像中的歷史真實——中國近代觀念史又的新範式〉，《東亞觀念史集刊》第 3 期，2012 年 12 月，頁 447～477。

118. 彭文顯，〈從郵票看民國時期的通貨膨脹——影像的史料意義，以郵票為

例〉,《新北大史學》第 8 期,臺北,2010 年 10 月,頁 123～139。

119. 曾建元,〈戰後臺灣憲法變遷的歷史回顧:1945～2000〉,《中華行政學報》第一期,2004 年,頁 151～203。

120. 黃克武,〈一二三自由日;從一個節日的演變看當代臺灣反共神話的興衰〉,收入於國史館,《一九四九年:中國的關鍵年代學術討論會論文集》,臺北:國史館,2000 年,頁 643～677。

121. 黃俊傑,〈光復後臺灣農業現代化的歷史意義〉,《臺灣風物》第 36 卷第 3 期,1986 年,頁 25～46。

122. 黃俊傑,〈戰後臺灣文化變遷的主要方向:個體性的覺醒及其問題〉,《歷史月刊》第 144 期,2000 年,頁 86～92。

123. 黃美娥,〈聲音‧文體‧國體──戰後初期國語運動與臺灣文學(1945～1949)〉,《東亞觀念史集刊》第 4 期,2012 年,頁 223～270。

124. 黃新憲,〈論光復後臺灣教育的歷史轉型〉,《東南學術》第 4 期,頁 112～125。

125. 黃猷欽,〈中華民國郵票設計中的觀光與臺灣意象〉,《南藝學報》第 5 期,臺南,2012 年 12 月,頁 107～145。

126. 黃猷欽,〈臺灣與中國郵票裡的中國文字設計與書寫〉,《清華學報》第 40 卷第 3 期,新竹,2010 年 9 月,頁 39～64。

127. 黃震東,〈三十年來臺灣推行地方自治建設三民主義模範省得重大成就〉,《師友月刊》第 161 期,1980 年,頁 31～37。

128. 黃樹仁,〈臺灣農村土地改革的再省思〉,《臺灣社會研究季刊》第 47 期,臺北:臺灣社會研究雜誌社,2002 年 9 月,頁 195～248。

129. 楊奎松,〈毛澤東與兩次臺海危機──20 世紀 50 年代中後期中國對美政策變動原因及趨向(續)〉,《史學月刊》第 12 期,2003 年,頁 48～55。

130. 楊紫瑩,〈海峽兩岸對古寧頭戰役論著及史料之比較研究〉,《華岡史學》第 4 期,臺北:中國文化大學史學研究所,2016 年 12 月,頁 117～160。

131. 蔣中正,〈中山樓中華文化堂落成紀念文〉,收入僑務委員會編印,《中華文化復興運動論文〈中集〉,臺北:僑務委員會,1967 年,頁 1～3。

132. 廖彥豪、瞿宛文,〈兼顧地主的土地改革:臺灣實施耕者有其田的歷史過程〉,《臺灣社會研究季刊》第 98 期,2015 年,頁 69～145。

133. 趙世瑜,〈圖像如何證史:一幅石刻畫面所見清代西南的歷史與歷史記

憶〉，《故宮博物院院刊》，2011 年第 2 期（總第 154 期），2011 年 3 月，頁 24～46。

134. 齊茂吉，〈五○年代毛澤東對臺灣問題的思考與轉變〉，《兩岸發展史研究》創刊號，2006 年 8 月，頁 105～135。

135. 齊茂吉，〈韓戰及臺海二次危機對臺灣安全之影響〉，《臺灣與四鄰論文集》，桃園：中央大學歷史研究所，1998 年 10 月，頁 62～92。

136. 潘振球，〈實施九年國民教育的回顧與前瞻——為臺灣教育輔導月刊二十週年社慶而作〉，《教育輔導月刊》第 20 卷第 11 期，1970 年 1 月，頁 3～5。

137. 劉志偉、柯志明，〈戰後糧政體制的建立與土地制度轉型過程中的國家、地主與農民（1945～1953）〉，臺北：《臺灣史研究》第九卷第一期，2002 年 6 月，頁 107～180。

138. 劉建輝、田潤德，〈琳琅滿目的各國國慶郵票——彰顯各國政體特徵的「國家名片」〉（上），《集郵博覽》第 10 期，2016 年，頁 87～89。

139. 劉泰英，〈中國國民黨與光復後臺灣經濟之發展〉，《國父建檔革命一百週年學術討論集》第四冊，頁 170～183。

140. 劉進慶著、張正修譯，〈戰後臺灣經濟的發展過程〉，《臺灣風物》第 34 卷第 4 期，1984 年，頁 27～62。

141. 歐素瑛，〈戰後初期臺灣中等學校之學風與訓育（1945～1949）〉，《國史館學術集刊》第 2 期，頁 210～244。

142. 歐素瑛，〈戰後初期在台日人之遣返〉，《國史館學術集刊》第 3 期，2003 年 9 月，頁 201～227。

143. 蔡政諭，〈一九五○年韓戰美國臺海政策轉變之研究——國家利益的理性選擇〉，《軍事史評論》，2000 年 6 月，頁 97～117。

144. 蔡美彪，〈葉尼塞州蒙古長牌再釋〉，《中華文史論叢》，2008 年第 2 期，頁 1～26。

145. 蔡盛琦，〈1950 年代圖書查禁之研究〉，《國史館館刊》第 26 期，2010 年，頁 75～130。

146. 蔡錦堂，〈忠烈祠研究——「國殤聖域」建立的歷史沿革〉，「國科會台灣史專題研究計畫成果表研討會」（臺北：中央研究院臺灣史研究所籌備處，2001 年 6 月 28、29 日，頁 42～49。

147. 鄭成，〈反共教育的成功〉，《海峽評論》第 23 期，1992 年，頁 89～91。

148. 蕭阿勤，〈世代與時代，現實與鄉土——70 年代的文化政治〉，《雕塑研究》第 8 期，2012 年，頁 19～40。

149. 蕭阿勤，〈威權統治下國族認同：隱蔽與公開、連續與斷裂〉，《思想》第四期，2007 年，頁 141～175。

150. 蕭阿勤，〈集體記憶理論的檢討：解剖者、拯救者、與一種民主觀點〉，《思與言》第 35 卷第 1 期，臺北，1997 年，頁 247～296。

151. 錢戈天，〈長眠雨花台的特殊使節——毛澤東和蔣介石的神秘貴賓曹聚仁〉，《黨史縱橫》第 1 期，1997 年，頁 32～35。

152. 錢振勤、王建科，〈美國對台政策的五次轉變〉，《南京社會科學》第 6 期，南京，2008 年，頁 62～69。

153. 錢淑華，〈中共發動八二三砲戰的因素分析〉，《中正嶺學術研究集刊》，1999 年 6 月，頁 1～16。

154. 戴萬欽，〈蘇聯在一九五八年臺灣海峽軍事衝突中之角色〉，《淡江史學》第 12 期，2003 年，頁 71～91。

155. 謝森中、李登輝，〈臺灣農業發展的經濟分析〉，《中華農會學報》第 24 期，1958 年 12 月，頁 32～42。

156. 藍適齊，〈從「我們的」戰爭到「被遺忘的」戰爭：臺灣對「韓戰」的歷史記憶〉，《東亞觀念史集刊》第 7 期，2014 年，頁 205～251。

157. 龐建國，〈評康明思「東北亞政經體系的起源與發展：工業部門、生產週期與政治後果」〉，《中山社會科學譯粹》第 1 卷第 1 期，1985 年，頁 9～45。

158. 蘇瑞陽，〈國府反共堡壘觀的臺灣體育（1945～1965）〉，《身體文化學報》第 10 輯，2010 年，頁 65～107。

四、學位論文

1. 尤健州，〈美援與戰後臺灣鐵路的建設（1950～1965）〉，中興大學歷史學研究所碩士論文，2014 年。

2. 尹者江，〈冷戰前臺灣地緣政治〉，政治大學外交學系碩士論文，2004 年。

3. 王漣漪，〈臺幣改革（1945～1952）——以人物及其政策為中心之探討〉，淡江大學歷史學系碩士在職專班學位論文，2009 年。

4. 古蕙華，〈日治後期臺灣皇民化運動中的圖像宣傳與戰時動員（1937～

1945）——以漫畫和海報為中心〉，臺灣師範大學歷史學系碩士論文，2011 年。

5. 江雅真，〈比較兩蔣時代「一個中國」政策之背景分析〉，中山大學中山學術研究所碩士論文，2002 年 6 月。

6. 余大衛，〈兩岸土地政策之比較研究〉，中國文化大學史學系碩士論文，2002 年。

7. 李盈佳，〈戰後臺灣的郵票與黨國認同之形塑（1945～1992）〉，臺灣大學歷史學研究所碩士論文，2017 年。

8. 李鳳然，〈臺灣體育郵票之歷史圖像研究（1960～2012）〉，臺灣師範大學體育學系碩士論文，2014 年。

9. 呂婷婷，〈新中國戲曲郵票研究〉，山西師範大學戲曲文物研究所碩士論文，2012 年。

10. 沈幸儀，〈一萬四千個證人：韓戰期間「反共義士」之研究〉，臺灣師範大學歷史研究所碩士論文，2008 年。

11. 沈碧雲，〈外蒙古進入聯合國之研究〉，臺北：政治大學外交研究所碩士論文，1980 年 12 月。

12. 林柏州，〈中華民國國慶慶典及其相關的文化打造 1912～1987〉，中國文化大學史學系博士論文，2013 年。

13. 邱騰緯，〈蔣經國人格特質與臺灣政治發展（1972～1988）〉，臺灣師範大學政治學研究所博士論文，2008 年。

14. 胡甜甜，〈兩岸四地生肖郵票圖像表現發展比較〉，臺中技術學院商業設計系碩士論文，2010 年。

15. 倪孟安，〈「反共義士」之研究——以投台中共飛行員為中心〉，中央大學碩士論文，2006 年。

16. 徐雪霞，〈近代中國的郵政 1896～1928〉，國立師範大學碩士論文，1984 年。

17. 袁應誠，〈毛澤東對臺政策之研究（1949～1976）〉，中央大學歷史研究所碩士論文，2008 年。

18. 宿金璽，〈尹仲容與戰後臺灣經濟發展〉，中興大學歷史學研究所碩士論文，1998 年。

19. 郭輝，〈民國國家儀式研究〉，華中師範大學博士論文，2012 年。

20. 陳令杰，〈清末海關與大清郵政的建立 1878～1911〉，清華大學歷史研究所碩士論文，2013 年。

21. 彭瀛添，〈列強對華郵權的侵略與中國郵政〉，中國文化大學史學研究所碩士論文，1972 年。

22. 黃榮華，〈近五十年來中美外交關係之演變〉，中國文化大學中美關係研究所碩士論文，1984 年。

23. 黃耀祺，〈臺灣經貿自由化政策之政治經濟分析〉，臺灣大學政治學研究所碩士論文，1999 年。

24. 藍於琛，〈權力平衡、相互依存下的小國外交政策〉，中正大學政治徐研究所碩士論文，1997 年 6 月。

五、報章

1. 《人民日報》，1954 年 12 月 9 日。

2. 《人民日報》，1958 年 7 月 3 日。

3. 《人民日報》，1958 年 8 月 4 日。

4. 《人民日報》，1958 年 9 月 5 日。

5. 《人民日報》，1969 年 6 月 3 日。

6. 《公論報》，1952 年 3 月 24 日。

7. 《中央日報》，1936 年 12 月 24 日。

8. 《中央日報》，1947 年 10 月 25 日。

9. 《中央日報》，1948 年 10 月 26 日。

10. 《中央日報》，1949 年 10 月 9 日。

11. 《中央日報》，1951 年 10 月 25 日。

12. 《中央日報》，1951 年 12 月 26 日。

13. 《中央日報》，1952 年 1 月 27 日。

14. 《中央日報》，1952 年 4 月 4 日。

15. 《中央日報》，1952 年 10 月 25 日。

16. 《中央日報》，1953 年 9 月 24 日。

17. 《中央日報》，1953 年 10 月 4 日。

18. 《中央日報》，1954 年 7 月 26 日。

19. 《中央日報》，1954 年 11 月 12 日。

20.《中央日報》，1954 年 12 月 24 日。

21.《中央日報》，1957 年 10 月 25 日。

22.《中央日報》，1958 年 9 月 8 日。

23.《中央日報》，1958 年 9 月 30 日。

24.《中央日報》，1960 年 8 月 27 日。

25.《中央日報》，1966 年 10 月 25 日。

26.《中央日報》，1971 年 10 月 25 日。

27.《中央日報》，1975 年 4 月 4 日。

28.《中央日報》，1975 年 4 月 6 日。

29.《中央日報》，1975 年 4 月 7 日。

30.《中央日報》，1975 年 7 月 1 日。

31.《中央日報》，1975 年 7 月 3 日。

32.《中央日報》，1975 年 7 月 15 日。

33.《中央日報》，1979 年 1 月 23 日。

34.《中央日報》，1979 年 10 月 31 日。

35.《中華日報》，1952 年 2 月 12 日。

36.《中華日報》，1958 年 8 月 24 日。

37.《民報》，1946 年 10 月 19 日。

38.《自由時報》，2017 年 11 月 7 日。

39.《香港日報》，1895 年 7 月 15 日。

40.《香港日報》，1895 年 10 月 30 日。

41.《香港日報》，1895 年 11 月 16 日。

42.《星島日報》，1978 年 5 月 30 日。

43.《華僑日報》，1954 年 1 月 25 日。

44.《臺灣新生報》，1946 年 9 月 28 日。

45.《臺灣新生報》，1946 年 10 月 22 日。

46.《臺灣新生報》，1946 年 10 月 26 日。

47.《臺灣新生報》，1946 年 12 月 24 日。

48.《臺灣新生報》，1947 年 12 月 24 日。

49.《臺灣新生報》，1954 年 1 月 28 日。

50.《徵信新聞》，1955 年 9 月 3 日。

51.《徵信新聞》，1955 年 9 月 4 日。

52.《聯合報》，1952 年 10 月 12 日。

53.《聯合報》，1958 年 7 月 14 日。

54.《聯合報》，1966 年 11 月 12 日。

55.《聯合報》，1976 年 7 月 17 日。

56.《宣傳週報》第 1 卷第 48 期，1953 年 6 月 26 日。

57.《宣傳週報》第 2 卷第 15 期，1953 年 10 月 9 日。

58.《宣傳週報》第 7 卷第 15 期，1956 年 4 月 6 日。

59.《時事週報》第 6 卷第 19 期，1963 年 11 月 8 日。

60.《中美聯合公報》，外交部，1958 年 10 月 23 日。

61.《總統府公報》第 1436 號，1952 年 1 月 1 日。

62.《總統府公報》第 327 期，1952 年 1 月 1 日。

63.《總統府公報》第 1436 號，1963 年 5 月 17 日。

64.《總統府公報》第 1057 號，1982 年 11 月 8 日。

65.《臺灣省行政長官公署公報》第 15 期，1946 年冬字。

66.《臺灣省行政長官公署公報》第 17 期，1946 年 10 月 21 日。

六、外文資料

1. Chu Chia-hua, *China's Postal and Other Communications Services*, Shanghai, China United Press, 1939.

2. David Scott, *National icons: the semiotics of the French stamp*, French Cultural Studies 1992; 3; 215.

3. Donald M. Reid, *The Symbolism of Postage Stamps: A Source for the Historian*, Journal of Contemporary History (SAGE, London, Beverly Hills and New Delhi), Vol. 19 (1984). P.229, pp.223~429.

4. Douglas Frewer, *Japanese postage stamps as social agents: some anthropological perspective*,《日本論壇》第 14 卷第 1 期，2002 年，頁 1 ～19。

5. Dwight D. Eissenhower, *The White House Years: Mandate for Change, 1953~1956*, New Your: Doubleday, 1963.

6. Emest Renan, *Qu'estce qu'une nation*? Paris:Mille et une nuits, 1997.

7. Harold C Hinton, *Communist China in World Politics*, New Your: Macmillan, 1996.

8. Huang, Yu-Chin, *National Identity and Ideology in the Design of Postage Stamps of China and Taiwan, 1949~1979*, Ph.D. dissertation, School of Oriental and African Studies, University of London, 2007.

9. Jessica Evans and Stuart Hall, *Visual Culture: The Reader*, London: Sage Publications, 1999.

10. MC,Herter with Yeh, *Offshore Island Situation*, September 17, 1958, f: September 1~22, 1958, box10, JEDMC, NA.

11. Mona Ozouf, *Festivals and the French Revolution*, trans, Alan Sheridan, Mass: Harvard University Press, 1994.

12. Morse, Hosea Ballou, *The International Relations of the Chinese Empire*, Chapter XIII, U.S. New York, 1917.

13. Pauliina Raento & Stanley D. Brunn, *Picturing a nation: Finland on postage stamps, 1917~2000*, Volume 10, 2008-Issue 1: *Nation, state and identity in Finland*, pp.49~75.

14. Rankin Karl Lott, *China Assignment*, Seattle: University of Washington Press. 1964.

15. Rebecca Kook, *Changing Representations of National Identity and Political Legitimacy: Independence Day Celebrations in Israel, 1952~1998*. Published online: 23 Aug 2006, pp. 151~171.

16. Roger Bastide, *Memoire colledtive et socilogie du bricolage*（集體記憶和變通社會學），L'Anne'e sociologi que, Vol.21, 1970, pp. 65~108.

17. Phil Dean, *Isolation, Identity and Taiwanese Stamps as Vehicles for Regime Legitimation*, East Asia, 22.2, June 2005, pp. 8~30.

18. *Statement on China White Paper by American China Policy Association, Inc., Aug. 29, 1949*, China White Paper Folder, Presidential Official Files, Truman Papers, Truman Library.

19. The U.S. Department of State, ed., *Foreign Relations of the United States*, [C] (FRUS). United States Dept. of State Foreign Relations of the United States, 1952~1954, Volume XIV, Washington, D. C.: U. S. G. P. O.,1983.

20. U. S. Department of State, *United States Relations with China, 1944~1949*（稱為 *The China White Paper*）,Vol. I, pp. 14~16.

21.（德）費拉爾（Villard, R. A.）,《費拉爾手稿》,北京：中國郵電出版社,1991 年。

22.（日）臺灣銀行,《南洋二於ケル華僑》,臺北編者,大正 5 年。

23.（日）暹羅日本人會,《暹羅事情》,東京東亞印刷會社,大正 11 年。

24.（日）臺灣總督府編,《海南島志》,臺北：臺灣總督府,昭和 11 年。

25.（日）南洋協會編纂,《南洋の華僑》,東京：南洋協會,1940 年 4 月,昭和 15 年。

26.（日）藤井志津枝,《近代中日關係史源起：1874～74 年臺灣事件》,臺北：金禾出版社,1992 年。

27. 洪健昭,《新台灣史》（日文）,臺北：洪健昭,2014 年。

七、電子書、網頁

1. 大紀元——《歷史上的今天》,2011 年 5 月 5 日,網址：http://www.epochtimes.com/b5/11/5/1/n3244404.htm,檢索日期：2018/12/1。

2. 中正文教基金會,《中華民國抗日戰爭圖錄》電子書,網址：http://www.ccfd.org.tw/ccef001/ebook/ebook,檢索日期：2019/5/30。

3. 中央研究院,財團法人張榮發基金會國策中心臺灣史料編纂小組編纂,1982 年 8 月 17 日,《戰後臺灣歷史年表》第三冊,網址：http://twstudy.iis.sinica.edu.tw/twht/,檢索日期：2018/12/1。

4. 中央研究院,《漢籍電子資料文獻》,網址：http://hanji.sinica.edu.tw/。

5. 中央研究院主題計畫‧臺灣研究網路化：http://twstudy.iis.sinica.edu.tw/twht/,檢索日期：2018/12/1。

6. 中研院近代史研究所檔案館,《行政院美援運用委員會》,網址：http://archives.sinica.edu.tw/project,檢索日期：2018/8/28。

7.〈中國男女童軍的起源〉,網址：https://market.cloud.edu.tw。

8. 中國青年救國團全球資訊網,〈救國團六十週年〉,網址：https://www.cyc.org.tw/,檢索日期：2018/11/03。

9.《中華文化總會》,網址：https://www.gacc.org.tw/events/life-in-taiwan,檢索日期：2019/03/21。

10. 中華民國總統府：https://www.president.gov.tw/Page/93，檢索日期：2018/11/30。

11. 中華民國童軍總會，〈童軍徽〉，網址：http://www.scout.org.tw，檢索日期：2018/11/26。

12. 中國文化大學，《中華百科全書》，網址：http://ap6.pccu.edu.tw，檢索日期：2018/11/10。

13. 中華郵政全球資訊網，《郵票寶藏》，網址：https://www.post.gov.tw/post/internet/W_stamphouse/default.jsp。

14. 中華郵政全球資訊網，《集郵業務專區》，〈個人化郵票規範條款〉：https://www.post.gov.tw/post/internet/Philately/index.jsp？ID=5040203。

15. 《中國哲學書電子化計畫》，網址：https://ctext.org/analects/yan-yuan/zh。

16. 中華奧林匹克委員會，網址：http://www.tpenoc.net/，檢索日期：2018/10/11。

17. 中國哲學書電子書計劃，維基，網址：https://ctext.org/wiki.pl?if=gb&chapter=141955，檢索日期：2018/12/10。

18. 天主教輔仁大學圖書資訊學系，《世界人權宣言》，網址：http://lins.fju.edu.tw/mao/humanrights.htm，檢索日期：2018/12/05。

19. 全國法規資料庫，https://law.moj.gov.tw，檢索日期：2018/11/30。

20. 《李國鼎網站》，網址：http://ktli.sinica.edu.tw，檢索日期：2018/10/27。

21. 香港政府新聞網，〈人體五感官兒童郵票本月發售〉，網址：https://www.news.gov.hk/tc/categories/health/html/2017/07/20170703_134042.shtml，檢索日期：2019/6/25。

22. 故宮博物院，《百年傳承　走出活路——中華民國外交史料特展——力爭平等》，網址：https://www.npm.gov.tw/exh100/diplomatic/page_ch03.html，檢索日期：2018/05/04。

23. 《星島日報》，網址：http://std.stheadline.com，檢索日期：2019/6/25。

24. 說文解字，網址：http://ccamc.co/cjkv_shuowen.php，檢索日期：2017/01/04。

25. 姜勝智，《姜朝鳳宗族部落格》，網址：http://nicecasio.pixnet.net/blog/post/434251340，檢索日期：2019/02/15。

26. 財團法人臺北市雲五圖書館基金會，〈王雲五先生介紹〉，網址：http://www.wangyun-wu.org.tw/introduction/index-2.htm。

27. 財政部史料陳列室,網址:http://museum.mof.gov.tw,檢索日期:2018/12/2。

28. 遠東郵票拍賣公司,《雲龍郵票》,網址:http://fareast.chch.tw/bidfiled.php3?vol=2019S&page=1&no=1987,檢索日期:2019/02/15。

29. 國史館,《國家歷史資料庫》,〈戰後臺灣的棒球發展〉,網址:http://museum02.digitalarchives.tw/ndap/2005/AHDPortal-DRNH/nhd.drnh.gov.tw/AHDPortal/banner.html,檢索日期:2017/6/5。

30. 國家圖書館,數位影音服務系統,網址:http://dava.ncl.edu.tw/SecondCategory.aspx?SubjectID=Subject07&id=93,檢索日期:2018/12/2。

31. 國家清史纂修工程,《中華文史網》,〈台灣民主國的性質及其影響〉,網址:http://ww.ginghistory.cn,檢索日期:2019/6/23。

32. 張慶,《歐洲博物館傳奇》,雲書 bestbook,google 電子書店。網址:https://books.google.com.tw,檢索日期:2018/6/7。

33. 童軍精神——諾言、規律、銘言,網址:http://scout.ericchen.info,檢索日期:2018/11/2。

34. 郵政博物館,《典藏研究——郵徑探幽》,發佈時間:2018/4/11,網址:http://museum.post.gov.tw,檢索日期:2018/10/7。

35. 郵政博物館,《典藏精選》,網址:https://museum.post.gov.tw,檢索日期:2019/5/15。

36. 新唐人電視台,網址:https://www.ntdtv.com,檢索日期:2018/12/1。

37. 臺中女中,〈女童軍徽〉,網址:http://www4.tcgs.tc.edu.tw,檢索日期:2018/11/26。

38. 臺灣區生管會,中研院近史所檔案館,網址:http://archives.sinica.edu.tw//?project,檢索日期:2018/6/7。

39. 臺灣史檔案資源系統,網址:http://tais.ith.sinica.edu.tw,檢索日期:2018/8/27。

40. 維基文庫——自由的圖書館,網址:https://zh.wikisource.org/zh-hant/Wikisource,檢索日期:2018/5/16。

41. 鍾南,《童子軍傳入中國的經過和早期的發展》,網址:https://market.cloud.edu.tw,檢索日期:2018/11/18。

42. 蘇永明,《教育大辭書》(2000.12),國家教育研究院網站,網址:http://

terms.naer.edu.tw，檢索日期：2018/11/25。

43. Louis Liu，欣傳媒，〈收藏會唱歌的郵票，你在不丹不能錯過的紀念品〉，網址：https://flipermag.com/2015/01/29/bhutan/，檢索日期：2019/5/5。

八、工具書

1. 中國社會科學院近代史研究所翻譯室，《近代來華外國人名辭典》，北京：社會科學院，1984 年。

2. 中華集郵聯合會編，《中國集郵大辭典》，北京：中國大百科全書出版社，2009 年。

3. 臺北郵政博物館，《大清海關服務人名錄》影本，1895 年。

4. 朱文原等編輯，《中華民國建國百年大事記》，臺北：國史館，2012 年。

5. 許雪姬，《臺灣歷史辭典》，臺北：遠流出版，2003 年。

6. 楊碧川，《臺灣歷史辭典》，臺北：前衛文化出版，1997 年。